ACCESO GRATIS ***a la Lectura en la Nube***

Para visualizar el libro electrónico en la nube de lectura envíe junto a su nombre y apellidos una fotografía del código de barras situado en la contraportada del libro y otra del ticket de compra a la dirección:

ebooktirant@tirant.com

En un máximo de 72 horas laborales le enviaremos el código de acceso con sus instrucciones.

La visualización del libro en **NUBE DE LECTURA** excluye los usos bibliotecarios y públicos que puedan poner el archivo electrónico a disposición de una comunidad de lectores. Se permite tan solo un uso individual y privado

FEDERALISMO Y CONSTITUCIONALISMO LOCAL A 200 AÑOS DE LA FEDERACIÓN DE CHIAPAS A MÉXICO

FEDERALISMO Y CONSTITUCIONALISMO LOCAL A 200 AÑOS DE LA FEDERACIÓN DE CHIAPAS A MÉXICO

MANUEL GUSTAVO OCAMPO MUÑOA
MARÍA JOSÉ OSEGUERA NARVÁEZ
JORGE ALBERTO PASCACIO BRINGAS
LUCIA ELENA FERNÁNDEZ ZAMORA
Coordinadores

tirant lo blanch
Ciudad de México, 2024

En caso de erratas y actualizaciones, la Editorial Tirant lo Blanch publicará la pertinente corrección en la página web www.tirant.com/mex/

Este libro será publicado y distribuido internacionalmente en todos los países donde la Editorial Tirant lo Blanch esté presente.

© EDITA: TIRANT LO BLANCH
DISTRIBUYE: TIRANT LO BLANCH MÉXICO
Av. Tamaulipas 150, Oficina 502
Hipódromo, Cuauhtémoc, 06100 Ciudad de México
Telf: +52 1 55 65502317
infomex@tirant.com
www.tirant.com/mex/
www.tirant.es
ISBN: 978-84-1095-010-8
ISBN UNACH: 978-607-561-272-0

Si tiene alguna queja o sugerencia, envíenos un mail a: *atencioncliente@tirant.com*. En caso de no ser atendida su sugerencia, por favor, lea en *www.tirant.net/index.php/empresa/politicas-de-empresa* nuestro procedimiento de quejas.

Responsabilidad Social Corporativa: *http://www.tirant.net/Docs/RSCTirant.pdf*

Índice

Prólogo

JORGE ALBERTO PASCACIO BRINGAS
Director del Instituto de Investigaciones Jurídicas
de la Universidad Autónoma de Chiapas

La obra que se dispone a leer, titulada "Federalismo y Constitucionalismo Local a 200 años de la Federación de Chiapas a México" tiene una importancia significativa tanto en el ámbito académico como en el político y social, por diversas razones, que a continuación se comparten.

En primer lugar, permite una reflexión profunda sobre el proceso histórico que llevó a la integración de la región a México en 1824 y un análisis de cómo la adhesión de Chiapas ha influido en el desarrollo de la federación mexicana y el papel que este estado ha jugado en la consolidación de la república. Este texto es fundamental también, para estudiar el federalismo en México, ofreciendo una visión crítica de cómo ha evolucionado este sistema a lo largo de dos siglos. Examina los retos y oportunidades que el federalismo ha enfrentado en la gobernanza de una nación tan diversa como México, así como el impacto que ha tenido en las relaciones entre el gobierno central y los estados, con un enfoque particular en Chiapas.

A través de los diferentes ensayos que integran la obra se analiza cómo Chiapas, uno de los estados más desiguales y con una gran diversidad étnica, ha experimentado y gestionado el federalismo en comparación con otros estados; proporciona además un análisis del constitucionalismo local en Chiapas, es decir, cómo las constituciones estatales han reflejado y adaptado los principios del federalismo a nivel local. Esto incluye la forma en que Chiapas ha construido y modificado sus leyes y estructuras gubernamentales para alinearse con los principios de la Constitución mexicana, mientras responde a las necesidades locales, como los derechos indígenas, el desarrollo económico y la participación política.

Un aspecto crucial es la descripción de la evolución de la autonomía local, especialmente en lo que respecta a los pueblos originarios, quienes constituyen una parte importante de la población de Chiapas. Se analiza cómo el constitucionalismo local ha abordado los derechos de estas comunidades a lo largo de 200 años, destacando los conflictos y avances en su reconocimiento dentro del sistema federal.

El libro auxilia en la identificación de los desafíos actuales que enfrenta el federalismo en México, con un énfasis en Chiapas. Temas como el centralismo, la desigualdad entre los estados, la falta de recursos para el desarrollo regional, la inseguridad y la pobreza, se presentan desde una perspectiva crítica.

Se ofrecen en la obra propuestas para la reforma del federalismo y el constitucionalismo local, con base en las lecciones aprendidas a lo largo de dos siglos, es decir genera argumentos para el debate académico y político sobre cómo mejorar las relaciones entre el gobierno federal y los estados, especialmente en regiones marginadas como Chiapas.

Para los académicos, estudiantes y profesionales del derecho, ciencias políticas e historia, este libro es una fuente clave para entender las dinámicas del federalismo en México desde una perspectiva regional. También es relevante para quienes investigan el constitucionalismo comparado, ya que proporciona un caso de estudio detallado sobre cómo un estado ha interactuado con las estructuras federales y locales a lo largo del tiempo.

Dado que el federalismo impacta la vida cotidiana de los ciudadanos, desde la distribución de recursos hasta los servicios públicos, este texto ayuda a la sociedad civil a entender mejor cómo influir en el proceso democrático y mejorar la vida comunitaria.

Por último, es necesario dejar constancia que es motivo de contento para el Instituto de Investigaciones Jurídicas de la Universidad Autónoma de Chiapas en el marco del 50 aniversario de la creación de nuestra máxima casa de estudios y del 12 aniversario del Instituto, presentar esta obra compilada bajo la guía de nuestro Grupo Colegiado de Investigación *Derecho, Diversidad y Gobernanza.*

Introducción

GRUPO COLEGIADO DE INVESTIGACIÓN DERECHO, DIVERSIDAD Y GOBERNANZA

Dra. Laura Eloyna Moreno Nango
Dr. Luis Manuel Martínez Vela
Dr. Manuel Gustavo Ocampo Muñoa
Dra. María José Oseguera Narváez
Dr. Jorge Alberto Pascacio Bringas
Dr. Adrián Alberto Reyes Vázquez
Dr. Alberto N. Zuarth Garduño
Mtra. Lucia Elena Fernández Zamora

La federalización de Chiapas a México, formalizada el 14 de septiembre de 1824, tiene una gran relevancia tanto histórica como política, económica y jurídica, debido a varios factores clave entre los que se destaca la consolidación del territorio mexicano, la legitimación del sistema federal, identidad cultural y pertenencia histórica, estabilidad política y económica, relevancia geoestratégica y el desarrollo regional.

En efecto, la incorporación de Chiapas fortaleció la integridad territorial de México, que en ese momento aún estaba en proceso de conformarse como una nación independiente tras la guerra de independencia. Chiapas fue el último territorio que se anexó a México, lo que permitió la consolidación del país.

Ahora bien, Chiapas se integró a México bajo un sistema federalista que estaba emergiendo en la Constitución de 1824. La decisión de Chiapas de unirse mediante un plebiscito significó un respaldo popular al modelo federal, en contraste con el centralismo que caracterizaba a otros territorios y gobiernos de la época.

La anexión fortaleció los lazos históricos, culturales y económicos entre Chiapas y México. Chiapas compartía una larga historia de interacción con los territorios de lo que sería la Nueva España y luego México. El sentido de pertenencia cultural también fue un factor importante en la decisión de adherirse a la federación mexicana.

Para Chiapas, unirse a México ofrecía mayores garantías de estabilidad y desarrollo. Durante el siglo XIX, las tensiones entre México y Centroamérica eran comunes, y la adhesión a México brindaba mayor protección ante posibles conflictos. A nivel económico, Chiapas pudo beneficiarse de las políticas de infraestructura y comercio de México.

Por otro lado, Chiapas, por su ubicación al sur del país, se convirtió en una región clave para la seguridad y expansión de las fronteras del país. Su situación fronteriza con Centroamérica le otorgó una importancia estratégica en las relaciones exteriores de México con los países del sur.

La integración de Chiapas a México permitió que la región participara de los beneficios del desarrollo económico, aunque este proceso ha sido desigual. A lo largo del tiempo, la federalización ha abierto oportunidades para la construcción de infraestructuras, programas sociales y el fortalecimiento de las instituciones educativas, aunque los retos en términos de desarrollo siguen presentes.

La federalización de Chiapas sigue siendo un acontecimiento histórico que ha tenido un impacto profundo en la conformación del México moderno y en el desarrollo de la región chiapaneca, a 200 años de su federalización, la Entidad Federativa enfrenta varios desafíos profundos, que reflejan tanto las características históricas de la región como las nuevas demandas del siglo XXI.

Algunos de los principales desafíos son: pobreza y desigualdad socioeconómica, bajo nivel educativo, déficit en infraestructura de salud, economía dependiente de sectores tradicionales, poco desarrollo industrial, tensiones étnicas y territoriales, movimientos sociales, infiltración del crimen organizado, migración y trata de personas, deforestación y degradación ambiental, cambio climático, infraestructura insuficiente, conectividad digital limitada, tensiones fronterizas, flujo migratorio, autonomía Indígena y derechos Humanos.

En efecto, Chiapas es uno de los estados más pobres de México, con altos índices de pobreza extrema. Según datos recientes, una gran parte de la población vive en condiciones de pobreza y marginación, particularmente en áreas rurales e indígenas. A pesar de los esfuerzos para mejorar las condiciones de vida, la desigualdad en el acceso a servicios básicos, empleo digno, y oportunidades económicas persiste, afectando especialmente a las comunidades indígenas.

Chiapas tiene uno de los niveles más bajos de escolarización en el país. La falta de acceso a una educación de calidad y el rezago educativo siguen siendo problemas estructurales, especialmente en comunidades rurales.

De igual manera, las condiciones de acceso a servicios de salud son limitadas, con infraestructura deficiente en varias zonas y falta de personal médico calificado. La pandemia de COVID-19 expuso aún más la vulnerabilidad del sistema de salud en Chiapas.

La economía Chiapaneca es dependiente de sectores como la agricultura y el comercio informal. Aunque es una región rica en recursos naturales (como agua y biodiversidad), no ha logrado diversificar su economía de manera sostenida hacia sectores más productivos y de valor agregado. El sector industrial sigue siendo limitado, lo que reduce las oportunidades de empleo formal y de ingresos más estables.

Por otra parte, el estado ha sido escenario de movimientos sociales que luchan por la justicia social, la distribución de tierras y el respeto a los derechos humanos. Sin embargo, estos conflictos reflejan una falta de atención integral a las problemáticas estructurales de la región. Chiapas ha experimentado en años recientes un aumento de la presencia de grupos del crimen organizado debido a su ubicación fronteriza con Guatemala.

Esto ha generado violencia, tráfico de personas y drogas, lo que pone en riesgo la seguridad de las comunidades.

Al ser una región fronteriza, enfrenta también problemas graves relacionados con la migración, el tráfico de personas y la violación de derechos humanos de migrantes centroamericanos que transitan por la zona.

La riqueza en biodiversidad de Chiapas está amenazada por la deforestación, el cambio de uso de suelo y la expansión de la agricultura y ganadería. Las áreas naturales protegidas y la Selva Lacandona enfrentan serios riesgos. Chiapas es vulnerable a fenómenos meteorológicos extremos, como huracanes y sequías. El cambio climático ha intensificado estos fenómenos, afectando tanto la producción agrícola como las comunidades rurales.

La infraestructura carretera, energética y de telecomunicaciones en muchas zonas del estado sigue siendo inadecuada, dificultando el desarrollo económico y el acceso a servicios básicos. En la era de la tecnología, muchas regiones de Chiapas aún carecen de acceso a internet y tecnología de calidad, lo que limita el desarrollo de nuevas industrias, educación en línea y comercio digital.

Por su ubicación estratégica en la frontera con Guatemala, Chiapas enfrenta desafíos relacionados con la gestión de la migración y las relaciones internacionales. Esto incluye la crisis migratoria con centroamericanos, y las dificultades para gestionar la seguridad en la región fronteriza.

El estado es uno de los principales puntos de tránsito de migrantes, lo que representa un desafío tanto en términos humanitarios como de seguridad. Las condiciones de los migrantes que pasan por Chiapas a menudo son críticas, y los recursos para su atención son limitados.

Aunque las comunidades indígenas tienen un papel fundamental en la identidad de Chiapas, siguen enfrentando la falta de reconocimiento pleno de sus derechos, especialmente en términos de autonomía, justicia y acceso a recursos naturales.

Estos desafíos requieren soluciones integrales que promuevan el desarrollo sostenible, el respeto a los derechos humanos, la inclusión social, y el fortalecimiento de las instituciones en el estado. A 200 años de su federalización, Chiapas sigue enfrentando retos que reflejan tanto su pasado como las nuevas realidades del presente, en esta obra en diferentes ensayos elaborados por expertas y expertos se describen diferentes escenarios del federalismo Chiapaneco resultado de dos siglos de interacción con el estado Mexicano.

En el Capítulo I denominado "El combate a la corrupción a la luz del federalismo contemporáneo" Omar David Jiménez Ojeda, presenta una visión panorámica que nos acerca a la discusión de la temática de la corrupción en entornos diseñados en gobiernos con modelo federalista, en lo que pese a que se han desarrollado marcos normativos y metodologías se advierte que no ha sido suficiente y preocupa que, recurriendo incluso a la convencionalidad en los casos europeo y americano, como un reconocimiento expreso a la afectación de los derechos humanos de las personas, poco se ha logrado.

En el Capítulo II "Antecedentes de la construcción del estado nacional mexicano y la federalización de Chiapas" sus autoras Adriana Yolanda Flores Castillo y Adriana Sarahi Jiménez López, analizan los antecedentes de la construcción del Estado Nacional Mexicano, desde ser una monarquía bajo la corona española, con la independencia de México transitar a un imperialismo, y consecuentemente lograr estar en un sistema federal, conectando lo anterior con el evento de anexión de Chiapas a México, señalando sus motivos y el contexto en que se presentó.

En el capítulo Capítulo III denominado "¿Es el cosmopolitismo un ideal de la razón?", Francisco Javier González Rivas expone sucintamente la caracterización kantiana de la razón, así como el papel que juegan sus ideales en el uso regulativo de las experiencias objetivas, detalla también la propuesta cosmopolita kantiana considerada como un ideal racional exigido por la universalidad de la razón humana y demuestra los dos sentidos posibles en los que el cosmopolitismo es entendido como ideal, el primero para organizar la experiencia histórica de la humanidad, y el segundo como una obligación moral para con la humanidad. Propone desde la perspectiva Kantiana la creación de leyes trans-fronterizas en orden a la racionalización del Estado, como orden legaliforme monopólico de la violencia.

En el capítulo IV bajo el título "La prisión preventiva oficiosa. Un México dividido por la jurisprudencia", Jorge Tadeo González Estrada, aborda la problemática y los posibles caminos que se presentan para erradicar la prisión preventiva oficiosa, pronunciando una nueva línea argumentativa que puede ser utilizada por los tribunales federales y estatales para mantener el respeto a la presunción de inocencia y libertad personal, sin necesidad de esperar modificaciones legales o soluciones jurisprudenciales de la Suprema Corte de Justicia de la Nación.

En el capítulo V "La Unidad de Inteligencia Financiera en el marco del Federalismo" Jimena Alcántara Navarrete, pretende identificar el origen y las funciones de la Unidad de Inteligencia Financiera, debido a su impacto en la prevención y el combate al blanqueo de capitales, el financiamiento al terrorismo y la proliferación de armas de destrucción masiva, ya que constituye un factor clave para evitar la colocación de recursos de procedencia ilícita en el sistema bancario, puesto que dichos capitales dotan de liquidez a las organizaciones criminales.

En el Capítulo VI "Los alcances democráticos del constitucionalismo", Benjamín Jiménez Villarreal, demuestra que la actual democracia constitucional implica más que la elegibilidad de nuestros gobernantes, tiene que ver con la garantía de los derechos humanos conferidos a todos, lo que debería permitir que nadie quede excluido de su tutela.

En el Capítulo VII denominado "Movilidad internacional e indígena. Retos para el federalismo en Chiapas" el autor Mario Ernesto Meneses Díaz, hace un breve estudio del fenómeno de desplazamiento, la migración y los retos que esto genera en el contexto de la autonomía que representa el federalismo en Chiapas, destacando su pluriculturalidad y antecedentes históricos.

En el Capítulo VIII, "Una aproximación al análisis de la relación entre el federalismo y la democracia. Perspectivas del caso mexicano", el autor Oswaldo Chacón Rojas, hace un retrato del federalismo vigente y plantea los desafíos que enfrenta con miras al proceso electoral 2024 y a la vida democrática que se avecina.

En el Capítulo IX denominado "Elección popular de jueces de primera instancia y magistrados de salas de apelación en las materias civil y familiar del Poder Judicial del Estado de Chiapas. Propuesta sobre cómo organizarlas sin fracturar el servicio civil de carrera", su autor Daniel Barceló Rojas, reflexiona acerca de la posibilidad de que en materia civil y familiar se elijan a jueces y magistrados del poder judicial de Chiapas democráticamente sin afectar el denominado servicio civil de carrera.

En el Capítulo X "El federalismo en Chiapas: Retos de la gestión local y la organización municipal potenciados por la Inteligencia Artificial", Lucía Elena Fernández Zamora y Veranda Guadalupe Ramírez Coronado, argumentan que el federalismo en Chiapas ha demostrado ser un elemento esencial en su estructura política y administrativa, exponen la manera en que el federalismo se convierte en un vehículo hacia una mayor autonomía regional, fortaleciendo al mismo tiempo la unidad y la integridad de la nación en su conjunto.

En el Capítulo XI bajo el título "La paridad de género a la luz del constitucionalismo mexicano" sus autores Laura Eloyna Moreno Nango y Luis Manuel Martínez Vela, reflexionan acerca del impacto del principio de paridad de género en el federalismo mexicano y en el estado de Chiapas al constituir un cambio de paradigma no solo para las mujeres, sino también para fortalecer y pluralizar la participación ciudadana.

En el Capítulo XII se hace un "Acercamiento al federalismo y constitucionalismo Chiapaneco desde un enfoque intercultural" en el que sus autores Manuel Gustavo Ocampo Muñoa y Jorge Alberto Pascacio Bringas, abordan el federalismo y el constitucionalismo en Chiapas desde una perspectiva intercultural, enfocándose en la protección de los derechos colectivos de los pueblos originarios de la región. Se examina la evolución histórica de estos derechos, incluyendo su reconocimiento en las constituciones, el Convenio 169 de la OIT, y el concepto de nación multiétnica. El análisis destaca la necesidad de adaptar el sistema de justicia para que sea más inclusivo y respetuoso de las particularidades culturales, enfatizando el debido proceso penal intercultural.

En el Capítulo XIII denominado "Los Dilemas de la Política Criminal del Estado Mexicano" su autora Alicia Azzolini, describe el modelo de política criminal del Estado Mexicano y analiza las figuras contradictorias en el texto constitucional y el impacto negativo en la legislación secundaria y en las practicas institucionales, incluidas las entidades federativas como Chiapas.

Finalmente en el capítulo XIV "Evolución del sistema penitenciario mexicano en el marco del Federalismo", María José Oseguera Narváez, revisa el sistema penitenciario mexicano estructurado bajo un esquema normativo nacional e internacional, dando cuenta de una evolución en el sentido humanista y protector de derechos, sin embargo, no es así en cuanto a las prisiones, pues siguen enfrentando retos más allá del sistema normativo, los cuales, se derivan de las exigencias sociales, el diseño de la política criminal, los factores culturales y económicos.

Capítulo I.
"El combate a la corrupción a la luz del federalismo contemporáneo."

"THE FIGHT AGAINST CORRUPTION IN THE LIGHT OF CONTEMPORARY FEDERALISM."

OMAR DAVID JIMÉNEZ OJEDA[1]

SUMARIO: *I. METODOLOGÍA, II. INTRODUCCIÓN. III. CONCEPTUALIZACIÓN DE LA CORRUPCIÓN. IV. PREVENCIÓN DE LA CORRUPCIÓN. V. EL MODELO FEDERALISTA, SU DESPLAZAMIENTO AL CENTRALISMO Y EFECTOS CORRUPTORES. VI. CONCLUSIONES. VII. FUENTES CONSULTADAS.*

---

1 En el gobierno federal participó activamente en el órgano implementador del sistema de justicia penal e integró misiones oficiales a Haití y Chile. Fue director del Instituto de Investigaciones Jurídicas de la Universidad Autónoma de Chiapas de 2019 a 2023. Es profesor investigador de tiempo completo en la Universidad Autónoma de Chiapas, en la que preside la Comisión de Legislación del H. Consejo Universitario. Es integrante del cuerpo académico: "Justicia, Derechos Humanos y Sociedad", ha coordinado proyectos de investigación y cuenta con diversas publicaciones científicas en su línea de investigación. Realizó estancias de investigación en la Pontificia Universidad Católica de Valparaiso, Chile; en el año 2016 y en la Universidad de Salamanca, España; en el año 2018.
Es integrante del Sistema Estatal de Investigadores en Chiapas y del Sistema Nacional de Investigadores del CONAHCYT con el nivel 1, la Secretaría de Educación Pública lo reconoce con el perfil PRODEP.

RESUMEN: El objetivo del documento es generar una visión panorámica que nos acerque a la discusión de la temática de la corrupción en entornos diseñados en gobiernos con modelo federalista, pese a que se han desarrollado marcos normativos y metodologías se advierte que no es suficiente y preocupa que, recurriendo incluso a la convencionalidad en los casos europeo y americano, como un reconocimiento expreso a la afectación de los derechos humanos de las personas, poco se ha logrado. En efecto, se han desarrollado múltiples conceptos a manera de sistemas nacionales que pretenden atender las temáticas de seguridad, salud, educación, combate a la corrupción que nos refieren a los principios y fines de la norma, a fin de su legitimización ante la sociedad y así, esta última los haga suyos de manera sustantiva como se expone en el texto. Ante este escenario pretendo demostrar la necesidad de contener los efectos de la corrupción a través de una visión efectivamente federalista, pues en los hechos, el gobierno mexicano está más próximo a un modelo centralista lo que ha generado aún más incentivos para la corrupción con una ineficaz estrategia de control organizacional a través de lo que se llaman "sistemas nacionales", por ello desde una perspectiva integral y jurídica se debe retornar al modelo federalista de atribuciones de los órganos de gobierno municipal, local y por supuesto federal que permitan el efectivo despliegue institucional en temáticas como educación, salud, seguridad pública y también en el modelo recaudatorio mexicano y de combate a la corrupción para repensar el federalismo como el sistema que distribuye competencias, facultades y recursos.

PALABRAS CLAVE: Centralización administrativa, combate a la corrupción, federalismo, México.

ABSTRACT: The objective of the document is to generate a panoramic vision that brings us closer to the discussion of the issue of corruption in environments designed in governments with a federalist model. Although regulatory frameworks and methodologies have been developed, it is noted that it is not enough and there is concern that, even resorting to conventionality in European and American cases, as an express recognition of the impact on people's human rights, little has been achieved. In fact, multiple concepts have been developed as national systems that aim to address the issues of security, health, education, combating corruption that refer to the principles and purposes of the norm, in order to legitimize it before society and thus, the latter makes them its own substantively as set forth in the text. Given this scenario, I intend to demonstrate the need to contain the effects of corruption through an effectively federalist vision, since in reality, the Mexican government is closer to a centralist model, which has generated even more incentives for corruption with an ineffective organizational control strategy through what are called "national systems", therefore from a comprehensive and legal perspective we must return to the federalist model of powers of the municipal, local and of course federal government bodies that allow effective institutional deployment in topics such as education, health, public security and also in the Mexican tax collection model and the fight against corruption to rethink federalism as the system that distributes powers, powers and resources.

KEYWORDS: Administrative centralization, fight against corruption, federalism, Mexico.

I. METODOLOGÍA

La elaboración del presente capítulo exigió la utilización de una metodología cualitativa a efecto de aproximarnos y comprender el objeto de estudio y así realizar un abordaje a partir de la observación con el apoyo de técnicas de investigación como la revisión documental bibliográfica y la comprensión del contexto en el escenario nacional a fin de tomar una postura.

II. INTRODUCCIÓN

La corrupción históricamente ha estado presente en las organizaciones que configuran el entorno institucional en el que nos desenvolvemos, en algunas de ellas en mayor medida que en otras, pero en todas ha dejado una marca en la manera en que el ejercicio del poder se despliega y el costo económico que evidentemente impacta en el presupuesto gubernamental, como también en las relaciones de los mercados financieros y en el detrimento de las oportunidades de desarrollo, llegando incluso a volver inviables los esfuerzos gubernamentales retóricos que se desplegaron durante décadas a grandes costos, como en el caso de la región latinoamericana y particularmente en México.

El interés académico de finales del siglo XX por estudiar los elementos y las causas posibles de la corrupción surgió de la consagración de las democracias y del diseño de un estado social de derecho. Pero en el origen de los países como actualmente los conocemos se apreció que estas naciones carencian de cultura tanto jurídica como política derivada del control que ejercieron los países colonizadores, por consiguiente, tenían intereses públicos diferentes que debían consagrarse dentro de una nuevo andamiaje jurídico ya no dependiente de la metrópoli europea donde se especificarán los objetivos comunes a alcanzar por parte de sus sociedades, así como también los valores y tradiciones características.

En esa tesitura, la nula actuación de los países o la insuficiencia de las medidas establecidas por cada nación en su vida interna, hizo patente la necesidad de tomar medidas de carácter internacional de tipo multilateral, obligatorias, con el objetivo de armonizar "el derecho interno referente a la materia, a crear mayor cooperación entre las naciones, a la extensión del ámbito de aplicación espacial de los ilícitos sancionados por las normas nacionales, incorporando aquellas acciones cometidas fuera de los territorios de los países parte".[2] Este es el caso del tema de combate a la corrupción, donde se han elaborado normas y políticas locales e internacionales que tienen el propósito de prevenir, combatir, controlar y, en su caso, señalar las sanciones por corrupción.

Aunque no es el único espacio debemos afirmar que dichas medidas se encuentran más enfocadas en el ámbito gubernamental, sector en donde se realizan más actos de corrupción y, por ende, es de mayor importancia tener un combate frontal y objetivo, toda vez que estos fenómenos –tal como indica el ex secretario general de la ONU Kofi A. Annan— en la introducción de la Convención de las Naciones Unidas contra la corrupción: "socava la democracia y el estado de derecho, da pie a violaciones

---

2 Rojas Amandi, Víctor; *Los tratados internacionales sobre corrupción*, en Méndez-Silva, Ricardo (Coordinador), Lo que todos sabemos sobre la corrupción y algo más, primera edición, Universidad Nacional Autónoma de México, Instituto de Investigaciones Jurídicas, 2010, pp.166 y 167.

de los derechos humanos, distorsiona los mercados, menoscaba la calidad de vida y permite el florecimiento de la delincuencia organizada y otras amenazas a la seguridad humana".[3]

Lo afirmado por Kofi Annan no debe pasarse por alto pues no es una cuestión menor en los países de la región y en particular en México que desde mediados del siglo pasado padecemos una corrupción galopante que en efecto ha minado el estado de derecho y en los últimos 15 años generó incentivos para que la delincuencia organizada controle amplias regiones del país al aprovechar la debilidad institucional en gobiernos municipales y estatales con la consecuente pérdida de la seguridad pública a niveles no antes vistos en los doscientos años de vida del país.

Así, se tienen identificados ciertos instrumentos de carácter internacional que tienen el propósito de combatir, prevenir y erradicar los actos de corrupción, estos son: La Convención de las Naciones Unidas Contra la Corrupción, la Convención Interamericana contra la Corrupción y; los Convenios Números 173 y 174 del Consejo de Europa. Conviene señalar que se registra un documento considerado como el precedente jurídico de los instrumentos anteriores, este es el *Foreign Corrupt Practices Act* en Estados Unidos.

Por otra parte, el advenimiento de los estados nación una vez superado el absolutismo y tras la consumación de los movimientos insurgentes que desembocaron en las independencias de los países colonizados se generó la necesidad de implementar un modelo de nación, bien sea federal o central. El caso mexicano es sui géneris pues en el periodo de 1821 a 1824 pasó por tres escenarios: En 1821 se marca el fin de tres siglos del Virreinato de la Nueva España que tuvo en Juan de O´Donoju a su último Virrey, en 1822 tuvimos la experiencia breve del Imperio Mexicano con Agustín de Iturbide que heredó los territorios de la Nueva España y de la

---

3 Naciones Unidas. Oficina contra la Droga y el Delito, *Convención de las Naciones Unidas Contra la Corrupción.*

Capitanía General de Guatemala y finalmente en 1824 la creación del estado nación mexicano teniendo en Guadalupe Victoria el primer Presidente bajo un modelo híbrido con influencia europea y norteamericana, es decir en menos de cuatro años fuimos parte de un Reino, fuimos un Imperio y finalmente una República, lo que en otros países de Europa esto fue un proceso de larga data. También México no estuvo exento de ensayar los modelos presidenciales centralistas y federalistas, así las constituciones de 1824, 1857 y 1917 en sus procesos de elaboración fueron fértiles en los debates para definir qué modelo tomar.

Ahora bien, se tiene que el vocablo federación tiene su raíz en el latín "foederation" que proviene de "foederis" que significa elaborar un pacto, para nuestro objetivo de estudio puede entenderse que ese pacto es entre estados a manera de un pacto de unión para formar un Estado federal.[4] Por lo tanto, si seguimos el concepto esgrimido por Guillén López el federalismo se concibe como una forma de organizar el poder político y estructurar el Estado, distinguible de otras formas como es el modelo del Estado unitario, caracterizado por condensar el poder político en una sola organización institucional".[5]

III. CONCEPTUALIZACIÓN DE LA CORRUPCIÓN

Para tener un contexto general de lo que conlleva el término "corrupción" es importante, en primer lugar, conceptualizarlo; lo anterior con el propósito de comprender el significado y los alcances que esta problemática puede acarrear a los sistemas democráticos de los estados modernos. En ese sentido, el sustantivo corrupción proviene del latín *corruptio* que, para los romanos,

---

4 Covían Andrade, Miguel, *Teoría Constitucional*, México, CEDIPC, 2001, p. 387.

5 Guillén López Tonatiuh, Federalismo, gobiernos locales y democracia, cuadernos de divuñgación de la cultura demorátuca, INE, México, 2016, p 19.

significaba algún tipo de alteración, pero dicha alteración en una interpretación estrictamente de carácter negativa.[6] En ese orden de ideas, dicha etimología proviene del verbo *corrumpere* que este a su vez tiene el significado de echar a perder, descomponer, destruir o pervertir. Es así que ambas concepciones pueden determinar lo siguiente:

> *Corrumpere añade al carácter de alteración que separa lo que había significado corruptio al hecho de romperse. La corrupción es entonces una alteración que separa rompiendo. La corrupción es un proceso de desnaturalización. A medida que ella evoluciona, la cosa va dejando de ser lo que era.*[7]

De esta forma, en el plano contemporáneo, se han desarrollado distintas propuestas de conceptos a partir de áreas de conocimiento que reflejan el fenómeno de la corrupción como tal, sin embargo, existen diferencias entre estas mismas conceptualizaciones. Un ejemplo de lo anterior es que algunos conceptos contemplan como corrupción las acciones cometidas por agentes del sector privado, así como los funcionarios públicos, es decir, el concepto es más amplio toda vez que consideran que estos actos ilícitos cuentan con la participación de ambos sectores (público y privado). Por otra parte, algunas opiniones –equivocadas desde mi perspectiva— sólo se limitan a señalar que la corrupción se efectúa únicamente por servidores públicos.

Por estas razones se debe enfatizar que, a pesar de que un gran índice de ilícitos de corrupción se lleva a cabo en el sector

---

6 Estévez, Alejandro M., *Reflexiones teóricas sobre la corrupción: sus dimensiones política, económica y social,* Revista Venezolana de Gerencia, Vol. 10, No. 29, Recuperado el 27 de febrero de 2024, Disponible en: http://ve.scielo.org/scielo.php?script=sci_arttext&pid=S1315-99842005000100004&lng=es&nrm=iso

7 Ibidem

público,[8] éstos no corresponden únicamente al monopolio de las acciones del gobierno. Aquella teoría que caracterizaba a la corrupción como prácticas efectuadas exclusivamente por personas que ocupaban algún cargo público ha quedado rebasada. Y es que la propia sinergia de la evolución, tanto de la economía como de la política global, propició nuevas interacciones en las naciones, originando la apertura de sus mercados teniendo como consecuencia nuevas formas de relaciones comerciales que a su vez conllevó a tener que regular dichos cambios.

En efecto, la corrupción se manifiesta también en las relaciones entre particulares, en temáticas mercantiles y de derecho civil. Así, cuando se habla de corrupción, la definición considera en su acepción más amplia la inclusión de las relaciones entre particulares o de un particular en relación con la norma jurídica, y concordando con lo señalado por Sandoval Ballesteros, la corrupción no siempre radica en obtener un beneficio pecuniario, sino también en acumular poder y privilegios de manera ilegítima.[9]

---

8 Ante este señalamiento se pueden citar conceptos como el empleado por Andvig y Odd-Helge cuando señalan que la corrupción es el comportamiento de un representante del Estado y de la autoridad pública orientada hacia la consecución de ganancias privadas, en Ídem, Estévez, Alejandro M.; De igual manera el propuesto por Johnston: *el abuso del poder público para la ganancia privada que amenaza el interés público.* En *Enfoque de la corrupción estructural: poder, impunidad y voz ciudadana,* Universidad Autónoma de México, Instituto de Investigaciones Sociales, Revista Mexicana de Sociología 78, núm. 1 (enero-marzo, 2016), 119-152, pág.120.

9 Sandoval Ballesteros, Irma Eréndira, *Enfoque de la corrupción estructural: poder, impunidad y voz ciudadana,* Universidad Nacional Autónoma de México, Instituto de Investigaciones Sociales, Revista Mexicana de Sociología 78, núm. 1, pág.124.

El tema de la conceptualización de la corrupción[10] ha evolucionado y, por ende, se ha tomado en cuenta que el sector privado también puede jugar un papel dentro de las conductas ilícitas que convergen con este fenómeno, es decir, no hay validez en la especulación que las conductas de este tipo recaen solo en una mera responsabilidad del sector público y debe adherirse que hay nexo y participación del sector privado. En ese contexto, las organizaciones de carácter internacional también han generado posturas para dar una respuesta respecto al fenómeno de la corrupción y todo lo que conlleva el mismo. Por tal razón el Programa Global contra la Corrupción de la ONU, la define como "el comportamiento de los individuos y funcionarios públicos que se desvían de las responsabilidades establecidas y usan su posición para satisfacer fines privados y asegurar sus propias ganancias".[11]

Por otro lado, Transparencia Internacional señala un concepto más práctico y general, el cual indica que la corrupción es el mal uso del poder encomendado para obtener beneficios privados.[12] Esta definición logra recoger la esencia misma de lo que es la corrupción, pero no el numeroso conjunto de conductas que engloba: la taxativa de la corrupción.[13] La "taxativa de la corrupción" no es un término ampliamente reconocido o

---

10 Casar, María Amparo, *México: Anatomía de la Corrupción*. Centro de Investigación y Docencias Económicas A.C. (CIDE) e Instituto Mexicano para la Competitividad A.C. (IMCO), 2015, pág. 9.

11 United NatIons Office on Drugs and Crime (UNODC) (2004). The Global Program against Corruption. Viena: Organización de las Naciones Unidas. Disponible en: https://www.unodc.org/documents/corruption/Toolkit_ed2.pdf

12 Transparencia Internacional, en Sandoval Ballesteros, Irma Eréndira, *Enfoque de la corrupción estructural: poder, impunidad y voz ciudadana*. Universidad Nacional Autónoma de México-Instituto de Investigaciones Sociales. Revista Mexicana de Sociología 78, núm. 1 (enero-marzo, 2016): 119-152. México, D.F. pág. 120

13 Casar, María Amparo. Op. Cit, p. 9.

definido en la literatura sobre corrupción. Sin embargo, si consideramos "taxativa" en el contexto general del español, significa algo que es categórico, terminante o definitivo. Aplicando esto al concepto de corrupción, podríamos interpretar "taxativa de la corrupción" como una categorización o una lista exhaustiva y definitiva de actos de corrupción.

Las diferentes conceptualizaciones que se han propuesto para entender el fenómeno de la corrupción se han planteado desde ópticas diversas, es decir, desde enfoques económicos, culturales, políticos; sin embargo, también debe mencionarse un posible enfoque jurídico para lo cual se puede retomar la definición de Malem. Éste señala que son actos de corrupción: *"aquellos que constituyen la violación, activa o pasiva, de un deber posicional o del incumplimiento de alguna función específica realizados en un marco de discreción con el objeto de obtener un beneficio extraposicional, cualquiera sea su naturaleza"*.[14]

IV. PREVENCIÓN DE LA CORRUPCIÓN.

La problemática de la corrupción afecta a los regímenes democráticos toda vez que transgrede el buen servicio público, es decir, las buenas prácticas y la ética profesional; en ese sentido, estas características deben estar enfocadas en respetar las normativas jurídicas señaladas en las legislaciones con el firme propósito de que la ciudadanía confíe en sus instituciones y servidores públicos. Lo anterior partiendo de la premisa que el heraldo público se conforma con las contribuciones monetarias que la sociedad

---

14 Malem Seña, Jorge F., *La corrupción. Aspectos éticos, económicos, políticos y jurídicos,* Barcelona, Gedisa, 2002, pág. 35. En Fonseca Luján, Roberto Carlos, *Derecho constitucional anticorrupción en México: temas y enfoques.* Universidad Nacional Autónoma de México, Revista de la Facultad de Derecho de México, Tomo LXIX, Número 275, septiembre-diciembre 2019, pág. 450, Recuperado el 01 de marzo de 2024, DOI: http://dx.doi.org/10.22201/fder.24488933e.2019.275-1.69622

realiza a través del pago de los impuestos y que estos conforman el presupuesto de dichas instituciones y, por consiguiente, el pago de nómina del personal que labora en ellas. A decir de Jiménez Franco, "Toma carta de naturaleza la idea de que la corrupción pública, y en particular la corrupción política, es decir, de los altos cargos y partidos políticos, es algo habitual, insuficientemente penalizado e incluso beneficiado por zonas de impunidad, y en cualquier caso menos perseguido de lo que se debería, situándose a la cabeza de los principales problemas del Estado."[15]

Con lo anterior, tenemos que una característica importante para la aparición de actos de corrupción se enfoca en el mal ejercicio del poder (público o privado) y la discrecionalidad en la toma de decisiones. Bajo ese argumento se retoma lo señalado por Klitgaard cuando conceptualizó la corrupción como función de la discrecionalidad, el monopolio y la falta de transparencia.[16] Ahora bien, el Programa de Naciones Unidas para el Desarrollo (PNUD) en el año 2004 conceptualizó el fenómeno de corrupción como: *"El mal uso del poder público o de la autoridad para el beneficio particular, por medio del soborno, la extorsión, la venta de influencias, el nepotismo, el fraude, el tráfico de dinero y el desfalco"*.[17]

---

15 Jiménez Franco, Emmanuel, *Administración Pública y Corrupción: iniciativas legislativas de lege ferenda para una nueva cultura de integridad.* Pág. 550, Actualidad Administrativa, No 5, Quincena del 1 al 15 Mar. 2012, tomo 1, Editorial La Ley.

16 Cfr. En Klitgaard, R., *"Political corruption: strategies for reform, Journal of Democracy"*, Vol. 2, No. 4, 1991, p. 86-100. Retomado de Oficina de las Naciones Unidas contra la Droga y el Delito de Colombia y Cámara de Comercio de Bogotá, *Guía Anticorrupción para las Empresas. Basada en el Estatuto Anticorrupción,* Bogotá, 2017, pp. 25 y 26.

17 Programa de las Naciones Unidas para el Desarrollo–PNUD, Anticorrupción, disponible en: https://www.unodc.org/documents/colombia/2016/Agosto/Tipologias_de_corrupcion.pdf P. 13

En efecto, la presencia de la corrupción dentro de una nación ocasiona costos de índole económico[18], social, político e inclusive ambiental. En México, los costos económicos afectan puntos de relevancia, como son: la inversión; el ingreso de las empresas; el producto interno bruto; pero este fenómeno, de igual manera, promueve la presencia y venta de productos ilegales que van en contra de los derechos de autor, propiedad intelectual y patentes, lo que ocasiona pérdidas de empleos. En ese orden de ideas, desde México el Instituto Nacional de Estadística y Geografía (INEGI) a través de su comunicado de prensa número 768/23 de fecha 06 de diciembre de 2023 determinó los siguientes datos:[19]

- *"En 2023, 22 % de la población mexicana consideró que la corrupción era uno de los problemas más importantes en su entidad federativa. Se ubicó sólo por debajo de la inseguridad y la delincuencia".*
- *"En 2021, la prevalencia de corrupción fue de 14.7 % de la población de 18 años o más y 2.8 % de las unidades económicas víctimas de algún acto de corrupción".*
- *"En 2021, el costo promedio de la corrupción fue de 3 044 pesos por persona en términos reales. En el caso de las empresas, fue de 7,419 pesos en 2020".*

---

[18] El INEGI documentó que en el caso mexicano en el año 2023, las personas adultas expresaron que la corrupción es uno de los tres problemas que más les preocupan y a partir de ahí la policía y los partidos políticos fueron las instituciones que se percibieron más corruptas a nivel nacional, lo que contrasta con la percepción que se tiene de los organismos autónomos o de las escuelas públicas de nivel básico. (INEGI), ESTADÍSTICAS A PROPÓSITO DEL DÍA INTERNACIONAL CONTRA LA CORRUPCIÓN (6 DE DICIEMBRE), Comunicado de Prensa número 768/23 de fecha 06 de diciembre de 2023, p. 5, Recuperado el 01 de febrero de 2024, disponible en: https://www.inegi.org.mx/contenidos/saladeprensa/aproposito/2023/EAP_vsCorrup23.pdf

[19] Recuperado el 01 de marzo de 2024, disponible en: https://www.inegi.org.mx/contenidos/saladeprensa/aproposito/2022/EAP_DMC_22.pdf

Es importante señalar que la problemática de la corrupción no es un tema de reciente aparición o emergente, sino todo lo contrario es una situación que se ha perpetrado y, en algunas naciones inclusive se ha arraigado como parte de una aculturación, dicho de otras palabras, que la sociedad ya considera como algo completamente normal las acciones que transgreden los principios jurídicos y éticos de la democracia, con especial referencia a la prestación de servicios a cargo de las administraciones públicas lo cual de suyo, es grave.

Por tal razón, las organizaciones de carácter Internacional han emitido herramientas de corte preventivo para que los Estados que forman parte de dichas estructuras se adhieran y adopten mecanismos para la prevención de actos de corrupción.[20] De la misma manera, existen organismos de índole privado que han otorgado herramientas concretas para que las personas jurídicas[21] como la Organización Internacional de Normalización (ISO por sus siglas en inglés) que emite desde su perspectiva ciertos instrumentos con base a las directrices jurídicas internacionales para que las organizaciones retomen elementos para garantizar que su funcionamiento es con apego a Derecho.[22] En este tenor, existen las

---

20 Algunos instrumentos de carácter internacional que tienen el propósito de combatir, prevenir y erradicar los actos de corrupción son: La Convención de las Naciones Unidas Contra la Corrupción; La Convención Interamericana contra la Corrupción.

21 Para entender el tema de la concepción y diferenciación entre persona física y persona jurídica dentro de la normativa mexicana, podemos señalar en un primer momento lo que contempla el Código Civil Federal en su Libro Primero "De las Personas".

22 "Las funciones y objetivos de las ISO son las siguientes: elaboración, discusión y presentación de los proyectos de normas técnicas internacionales; facilitar la utilización de las nuevas normas para ser empleadas internacionalmente y en el ámbito local de cada país; coordinar para los países miembros las recomendaciones necesarias para la unificación de criterios de las normas ISO nacionales en cada Estado; y elaboración de las normas internacionales con el apoyo, participación

normas ISO 37001 (Sistema de Gestión Antisoborno); ISO 37301 (Sistema de Gestión de Compliance o Cumplimiento); de igual manera, existe la norma UNE (Norma Española) 19601 que es la única certificable y que aporta criterios para la puesta en marcha en las empresas de un Sistema de Gestión de Compliance o cumplimiento penal con la finalidad de reducir el riesgo de comisión.

En un sentido estricto, para revertir todos los estragos que ocasiona la corrupción dentro de una sociedad, es importante que las medidas, instrumentos o acciones sean objetivas y contundentes, no basta con aumentar penas o sanciones a aquellas personas que cometan un ilícito que tenga que ver con la corrupción, sino que deben efectuarse campañas de prevención desde el ámbito de la educación formal e informal, implementar mecanismos de prevención y control para disminuir la incidencia de estos actos.

V. EL MODELO FEDERALISTA, SU DESPLAZAMIENTO AL CENTRALISMO Y EFECTOS CORRUPTORES.

En líneas anteriores hemos dado un esbozo de la discusión teórica sobre la conceptualización de la corrupción y algunas herramientas para su combate desde las perspectivas internacionales, por lo que corresponde hacer un acercamiento al modelo federalista mexicano.

¿Existe un auténtico federalismo mexicano?, mi percepción es que no y esto ha sido abandonado al menos desde los últimos cuatro sexenios que coinciden con el inicio de la alternancia política en la presidencia de la República mexicana. Lo que se aprecia es la concentración del poder y ahí donde hay poder sabemos que existirá la corrupción, pero donde hay un gran poder, la corrup-

---

y aceptación de todos sus miembros". Cfr. en Magaña Herrera, Pedro Pablo, *Normalización y Normas ISO*, pp. 5 y 6, recuperado el 5 de marzo de 2024, disponible en: https://www.emagister.com/uploads_courses/Comunidad_Emagister_38542_Microsoft_Word_-_38541.pdf

ción alcanza niveles inusitados. La concentración de recursos en el escenario nacional mexicano es lastimosa y tampoco da resultados,

A partir de la implementación de las 56 leyes generales[23] que dan competencias a la federación, a los estados y a los municipios, el modelo nacional implementado propone crear sistemas nacionales en las materias más importantes, así tenemos por ejemplos el sistema nacional de salud, el sistema nacional de seguridad pública y muy relacionado a este tema de estudio, la Ley General del Sistema Nacional Anticorrupción del 18 de julio de 2016 que crea el sistema nacional del mismo nombre, aunque excluye a los Ayuntamientos de poder generar su sistema municipal y sólo los contempla como parte del Sistema Estatal anticorrupción respectivo.

Mientras se observa que hay concentración de funciones por entidades nuevas con la denominación de sistemas nacionales y sistemas estatales, apreciamos que el recurso público se concentró también y tenemos que el presupuesto de egresos de la federación para el año 2024 ascendió a 9 billones, 66 mil millones de pesos. Es por lo tanto el presupuesto más alto en la historia del país, pero de cada 100 pesos de presupuesto, 80 pesos los gasta la federación. Y así el pacto federal ahora es en los hechos, de corte central, la realidad así lo manifiesta, las actividades se descentralizaron, pero los recursos se centralizaron. Por lo que los gobernadores y presidentes municipales son gestores presupuestales, los legisladores ya no inciden en la derrama presupuestal de regiones estratégicas y la soberanía de las entidades al menos en lo presupuestal, es todo menos federalista y si traemos a colación la reciente pandemia, apreciaremos que el control presupuestal fue aún más central.

---

[23] Las leyes generales tienen su origen en cláusulas constitucionales que obligan al Congreso de la Unión a dictarlas, por lo tanto, una vez promulgadas y publicadas, deben ser aplicadas por las autoridades federales, locales, de la Ciudad de México y municipales.

Por ello en los foros académicos surgen cada vez las cuestiones siguientes: ¿Se requiere refundar el federalismo desde lo local?, ¿deberíamos repensar el federalismo como el sistema que distribuye competencias, facultades y recursos?, ¿Cuál ha sido la efectividad de los gobiernos estatales y municipales?

En la temática de combate a la corrupción ninguno de los grandes casos de corrupción ha llegado a sentencias definitivas. Ni la Estafa Maestra (con un desvío estimado en 7 mil millones de pesos), o el caso SEGALMEX-DICONSA-LICONSA (con un desvío estimado en cerca de 9,500 millones de pesos) han llegado a sentencias en firme. Por cuarto año consecutivo, México mantuvo la misma calificación en el Índice de Percepción de la Corrupción: 31 puntos. La escala del IPC va de cero a 100, siendo 100 la mejor calificación posible, con 31 puntos, México se ubica en la posición 126 de los 180 países evaluados por Transparencia Internacional. México comparte puntuación con El Salvador, Kenia y Togo, todos con 31/100 puntos, en tanto que los puntajes más altos del IPC corresponden a Dinamarca (90/100), Finlandia (87/100) y Nueva Zelanda (85/100). Los países peor calificados son Sudán del Sur (13/100), Siria (13/100), Venezuela (13/100) y Somalia (11/100).

Entre el grupo de países que conforman la Organización para la Cooperación y el Desarrollo Económico (OCDE), México se ubica en el último lugar. En el G20, el grupo de las 20 economías más grandes del mundo, México se encuentra en la penúltima posición, solo por encima de Rusia (26/100 puntos). En América Latina, México se ubica por encima de Bolivia (29/100), Paraguay (28/100), Guatemala (23/100), Honduras (23/100), Haití (17/100), Nicaragua (17/100) y Venezuela (13/100).

Este breve estudio plantea como una fortaleza de la temática la necesaria discusión que sobre el particular se está dando en el foro académico y en la administración pública, pero también urge responder a la siguiente interrogante: ¿Requerimos el Derecho humano a vivir en un ambiente libre de corrupción y a una buena administración pública?, la respuesta no debe ser simple y caer en lugares comunes, pues por obvia que sea la respuesta afirmativa deberá cuidarse en no caer en la tentación de declarar como derecho o principio a todo, porque corremos el riesgo que después, ya nada sea derecho humano.

VI. CONCLUSIONES

La corrupción en el sector público es costosa en muchos sentidos y ese precio se traslada a la sociedad que la padece ordinariamente, así los escenarios van más allá de lo estrictamente económico que por sí mismo ya es gravoso, pero debe reconocerse además el efecto que tiene en lo social, político y en el ejercicio de las libertades en general. La ineficiente atención que se da al combate a la corrupción gubernamental y también privada se ha demostrado incentiva la proliferación de mercados paralelos en la ilegalidad, incluso alcanzando escenarios que hasta hace poco se mantenían alejados del fenómeno, como el académico o el medioambiental por citar un par de ejemplos.

En el contexto mexicano el Instituto Nacional de Estadística, Geografía e Información (INEGI); documentó científicamente que la sociedad considera a la corrupción como un problema complejo e importante que le aqueja, tan solo por detrás de la inseguridad y la delincuencia; pero debemos apreciar que normalmente hay una asociación entre corrupción, inseguridad y delincuencia que afecta a la sociedad y erosiona la fortaleza institucional. Por ello la corrupción genera incentivos para que la inseguridad y los altos índices delictivos se mantengan año con año a la alza sin que parezca eficiente el modelo generado desde la autoridad para su contención y lo que es peor aún, pareciera que la sociedad en Latinoamérica y en particular en México empieza a normalizar las actividades antijurídicas y aceptar la debilidad institucional, lo que de continuar con esa línea ascendente, en el mediano plazo pondrá en riesgo la viabilidad del estado social y democrático de derecho.

Para la comunidad internacional el fenómeno de la corrupción en Latinoamérica no pasa desapercibido, desde la Organización de las Naciones Unidas se impulsó la convencionalidad, retomando los esfuerzos que en Europa y en América se habían gestado desde sus sistemas regionales de protección de derechos humanos, mismo ejemplo que siguieron desde lo privado los integrantes de la Organización Internacional de Normalización, ampliamente conocida como ISO y su difusión a partir de la ISO 37001 e ISO 37301 que pretende coordinar las recomendaciones necesarias para la unificación de criterios para blindar a las instituciones de los estragos de la corrupción. Sin embargo, pareciera que se confirma que endurecer y reglamentar jurídicamente los escenarios contra la corrupción no ha dado los resultados esperados pues lo que se observa es el resultado inverso en los indicadores aumentando año con año, por ello este es el momento para regresar a la prevención formal como puede ser la figura del control organizacional desde el escenario administrativo y desde su difusión en espacios académicos para eficientar las instancias de combate a la corrupción. Justamente ahí es donde el papel del federalismo jugará un papel fundamental al fortalecer los tres niveles de gobierno. Por ello las Universidades y sus centros de investigación debemos participar y asumir un papel que nos permita comunicar con mayor rigor a efecto de escoltar los esfuerzos del Sistema Nacional Anticorrupción que en México se implementa, aunque con resultados famélicos.

En México, la reforma constitucional del año 2015 tocó aspectos formales y obligó al sector público y privado a alinear sus procesos conforme a la ley y al espíritu del poder reformador de la constitución, a la legislación administrativa y al marco penal. Así, en México el debido control organizacional se encuentra previsto en el Código Nacional de Procedimientos Penales, en su capítulo II *"Procedimientos para Personas Jurídicas"*, artículo 421. Mientras que, en el derecho administrativo, su recepción se encuentra descrita en el artículo 25 de la Ley General de Responsabilidades Administrativas como directrices o procesos que tienen que considerar las personas jurídicas para coadyuvar a su mejor funcionamiento y que puedan prevenir las faltas administrativas dentro de su estructura.

Al cierre de la elaboración del presente capítulo, derivado de los comicios electorales del proceso electoral 2023-2024 una nueva correlación de fuerzas políticas gobernará a México del 2024 al 2030 volveremos al modelo de partido hegemónico con mayoría calificada en la cámara de diputados y muy cerca de obtenerla en cámara de senadores, gobernando 24 de 32 entidades federativas y con el control de 27 de 32 congresos locales, lo que no se vivió desde las elecciones de 1994, ya que en las intermedias de 1997 el entonces partido hegemónico perdió la mayoría en ambas cámaras. Debe asumirse que la existencia y viabilidad de un estado constitucional y democrático solo transitará si es apegado a la ley, no hacerlo planteará que se es todo menos un estado constitucional y democrático. A eso le conocemos como fidelidad y lealtad jurídica aplicable a los diferentes niveles y órdenes de gobierno, como también se exige el mismo actuar a las organizaciones privadas y de la sociedad civil. En efecto, hace falta mucho trabajo en México en temas de construcción de ciudadanía con sentido sustantivo de adhesión y respeto a las reglas que nos permita ser un país confiable.

El sexenio 2024-2030 definirá nuestra vocación federalista, advertimos cambios significativos tomados desde el nuevo constitucionalismo latinoamericano como pueden ser la desaparición de organismos constitucionalmente autónomos, la elección por voto popular de la judicatura en los niveles federal y locales, que aunque no compartimos si reconocemos que esos modelos son perfectibles. En cualquier instancia el federalismo debe fortalecerse y superar la concentración fáctica que se ha realizado en el país los últimos 24 años, hacerlo nos conviene a todos y esto fortalecería la sana separación –que no división—del poder y sus efectos en la democracia y la gobernabilidad.

VII. FUENTES CONSULTADAS

ARTAZA Osvaldo, Sistemas de prevención de delitos o programas de cumplimiento. Breve descripción de las reglas técnicas de gestión del riesgo empresarial y su utilidad en sede jurídico penal. Política criminal, Vol. 8, No 6.

BERDUGO GÓMEZ DE LA TORRE, Ignacio y LIBERATORE S. BECHARA, Ana Elisa (coordinadores), *Estudios sobre la Corrupción. Una reflexión hispano brasileña,* Universidad de Salamanca, España, 2013.

BERDUGO GÓMEZ DE LA TORRE, Ignacio y FABÍAN CAPARRÓS Eduardo A. *Corrupción y derecho penal: nuevos perfiles, nuevas respuestas.* Revista Brasileira de Ciencias Criminais. 2019

BRESCIA, V. (2017), "Corruption and ISO 37001: a New Instrument to Prevent It in International Entrepreneurship" en Lizarzaburu, Edmundo.

CASAR, María Amparo, *México: Anatomía de la Corrupción.* Centro de Investigación y Docencias Económicas A.C. (CIDE) e Instituto Mexicano para la Competitividad A.C. (IMCO), 2015.

COVÍAN ANDRADE, Miguel, *Teoría Constitucional,* México, CEDIPC, 2001.

Estadísticas a propósito del día internacional contra la corrupción, Comunicado de Prensa número 735/22 de fecha 07 de diciembre de 2022, disponible en: https://www.inegi.org.mx/contenidos/saladeprensa/aproposito/2022/EAP_DMC_22.pdf

ESTÉVEZ, Alejandro M., *Reflexiones teóricas sobre la corrupción: sus dimensiones política, económica y social,* Revista Venezolana de Gerencia, Vol. 10, No. 29, Maracaibo, enero 2005.

FIX-ZAMUDIO, Héctor y CARMONA VALENCIA, Salvador, *Derecho Constitucional Mexicano y Comparado,* Edit. Porrúa, México, 2011.

FONSECA LUJÁN, R.C., Derecho constitucional anticorrupción en México: Temas y enfoques. Revista de la Facultad de Derecho de la Universidad Nacional Autónoma de México, 2019.

JIMÉNEZ FRANCO, Emmanuel, Administración pública y corrupción: iniciativas legislativas de *lege ferenda* para una nueva cultura de integralidad. Revista Actualidad Administrativa, No 5, 2012.

KLITGAARD, R., *"Political corruption: strategies for reform, Journal of Democracy",* Vol. 2, No. 4, 1991, p. 86-100. Retomado de Oficina de las Naciones Unidas contra la Droga y el Delito de Colombia y Cámara de Comercio de Bogotá, *Guía Anticorrupción para las Empresas. Basada en el Estatuto Anticorrupción,*

Bogotá, 2017, Disponible en: https://www.unodc.org/documents/colombia/2014/Diciembre/Guia_Anticorrupcion_empresas_UNODC_Web.pdf

LABAQUI, Ignacio. Las causas de la corrupción: un estudio comparado. *Colección*, 2003.

LAPORTA, Francisco J. *La Corrupción Política. Introducción General.* Alianza Editorial, SA Madrid, 1997.

LEFF, Nathaniel. "Economic Development through Bureaucratic Corruption". American Behavioral Scientist (noviembre 1964): 8-14. En *Corrupción: Una revisión conceptual y metodológica.* En Números, Documento de Análisis y Estadísticas. Vol. 1, Número 7, jul-sep 2016, Instituto Nacional de Estadística y Geografía (INEGI), página 3 URL: http://internet.contenidos.inegi.org.mx/contenidos/Productos/prod_serv/contenidos/espanol/bvinegi/productos/nueva_estruc/702825090340.pdf

MAGAÑA HERRERA, Pedro Pablo, Normalización y Normas ISO, disponible en: https://www.emagister.com/uploads_courses/Comunidad_Emagister_38542_Microsoft_Word_-_38541.pdf

NEVADO-BATALLA MORENO, P.T.: "La gestión del fondo de bienes decomisados: aproximación al desempeño administrativo". En la obra "Decomiso y recuperación de activos crime doesn't pay". Edit. Tirant Lo Blanch. Valencia, 2020.

Organización para la Cooperación y el Desarrollo Económicos, *Resumen de los Principios de la OCDE para el gobierno corporativo,* Universidad Nacional Autónoma de México, disponible en: http://www.ejournal.unam.mx/rca/216/RCA21608.pdf

POLAINO-ORTS, Miguel, Persona y Persona Jurídica, en ONTIVEROS ALONSO, Miguel y POLAINO-ORTS, Miguel (Coord.), Persona Jurídica. Responsabilidad Penal de las Empresas y Criminal Compliance. Edit. Flores, Ciudad de México, 2019

Programa de las Naciones Unidas para el Desarrollo–PNUD, Anticorrupción. Guia práctica para evaluar capacidades de las agencias anticorrupción, disponible en https://www.undp.org/sites/g/files/zskgke326/files/publications/ACAs%20Practitioners_spanish.pdf

QUERALT JIMÉNEZ, Joseph y SANTANA VEGA, Dulce M. (directores), *Corrupción Pública y Privada en el Estado de Derecho,* Edit. Tirant lo Blanch, Valencia, 2017.

REYES VÁZQUEZ, Adrián Alberto, La implementación de los programas de cumplimiento en México, Revista Iberoamericana de Producción Académica y Gestión Educativa Vol. 9 Núm. 17 (2022): Enero–Junio 2022 ISSN: 2007-8412.

ROJAS AMANDI, Víctor, Los tratados internacionales sobre corrupción, en Méndez-Silva, Ricardo (Coordinador), Lo que todos sabemos sobre la corrupción y algo más, primera edición, Universidad Nacional Autónoma de México, Instituto de Investigaciones Jurídicas, 2010.

SANDOVAL BALLESTEROS, Irma Eréndira, *Enfoque de la corrupción estructural: poder, impunidad y voz ciudadana,* Universidad Nacional Autónoma de México, Instituto de Investigaciones Sociales, Revista Mexicana de Sociología 78, núm. 1 (enero-marzo, 2016).

TAPIA TOVAR, José, *Nuevo Sistema Nacional Anticorrupción,* Editorial Porrúa, 1ra. Edición, México, 2017.

VALADÉS, Diego, *El Control del Poder,* Editorial Porrúa, México, 2011.

Capítulo II. Antecedentes de la construcción del estado nacional mexicano y la federalización de Chiapas

BACKGROUNDD OF THE CONSTRUCTION OF THE MEXICAN NATIONAL STATE AND THE FEDERALIZATION OF CHIAPAS

DRA. ADRIANA YOLANDA FLORES CASTILLO[1]
MTRA. ADRIANA SARAHI JIMÉNEZ LÓPEZ[2]

---

1 Cursó la licenciatura en Derecho en la Facultad de Derecho de la Universidad Autónoma de Chiapas. Ha realizado estudios de especialización en Derecho Inquisitorial y máster en Historia del Derecho y las Instituciones en la Universidad Complutense. Fue investigadora del Institudo de Investigaciones de la Universidad Nacional Autónoma de México y Visitor Research of University of Texas. Autora de varios artículos, capítulos y libros. Actualmente es investigadora de tiempo completo del Instituto e Investigaciones Jurídicas de la Universidad Autónoma de Chiapas.

2 Originaria de Tuxtla Gutiérrez Chiapas, cuenta con una licenciatura en Derecho por la Universidad de las Américas Puebla, así como dos Maestrías, la primera en Derecho Empresarial impartida por dicha institución; mientras que la segunda en Derecho Electoral y Procesal Electoral por la Benemérita Universidad de Oaxaca. Actualmente es Doctorante en el Instituto de Investigaciones Jurídicas de la UNACH.

SUMARIO. I. INTRODUCCIÓN. II. METODOLOGÍA. III. EL PROCESO DE CONSTRUCCIÓN DEL ESTADO NACIONAL MEXICANO. IV. ANTECEDENTES DEL FEDERALISMO CHIAPANECO. V. CONCLUSIÓN. VI. FUENTES DE INFORMACIÓN.

RESUMEN

El presente trabajo versa sobre los antecedentes de la construcción del Estado Nacional Mexicano, como empezó desde ser una monarquía bajo la corona española, posteriormente y con la independencia de México transitar a un imperialismo, y consecuentemente con la caída del Imperio de Agustín de Iturbide lograr estar en un sistema federal. Una vez expuesto lo anterior, se explicará sobre la anexión de Chiapas a México, señalando sus motivos y el contexto que tuvo que pasar para poder ser parte de la nueva nación mexicana.

ABSTRACT

The present work it´s about the background of the construction of the Mexican Nactional State, how it began from being a monatchy under the Spanich Crown, later with the mexican Independence how it transitioned to imperialism, anf consequently with the fall os the Empire of Agustin de Iturbide, it achieved be in a federal system. Once the above has been explained, the annexation of Chiapas to Mexico will be explained, pointing out its reasons and the context that had to happen in order to be part of the new Mexican nation.

PALABRAS CLAVES. Nación, México, Federalismo, Constitución, anexión.

KEY WORDS. Nation, Mexico, Federalism, Constitution, Annexation.

I. INTRODUCCIÓN

El presente trabajo tiene como finalidad presentar el proceso evolutivo que tuvo primeramente el estado mexicano, respecto a como pasó de estar a la merced de la corona española, es decir en una monarquía, a transitar al imperialismo con la independencia de la nación mexicana y posteriormente llegar al federalismo, situación en la que actualmente sigue permaneciendo el Estado mexicano.

Ante ello, es importante traer a colación como estaba anteriormente el Estado mexicano. De tal manera, que este comenzó con las denominadas conquistas; en el caso de México fue por parte de Hernán Cortés en 1522 que establece el gobierno español en este territorio. Sin embargo, fue hasta el año de 1535, que se define como la colonia de la Nueva España. Es decir, desde esta anualidad hasta la independencia de 1821, esta se denominó de esa manera.

Sin embargo, esto no fue fácil, tuvieron que haber conflictos, rebeliones, acuerdos, pactos y negociaciones para llegar a la tan anhelada independencia de México. Siendo que este movimiento comenzó con la intervención de Agustín de Iturbide contra Vicente Guerrero; sin embargo, estos personajes venían de corrientes distintas y por ende ideologías completamente diferentes. No obstante, Vicente Guerrero respaldó a Iturbide, teniendo así el inicio de una época que marcaría no solo a la historia de México si no la visión que tuvo este país ante los anteojos de los países de todo el mundo, siendo además un referente y ejemplo en Centroamérica.

Ante el avance y el progreso que genero el que México se involucrara en el sistema federal, los reflectores de otros países estaban enfocados en este. El entonces departamento de Guatemala, Chiapas no fue la excepción, y ante un constante cabildeo entre las ciudades más representativas de ahí, al final a través del sufragio fue que votaron por anexarse como parte del Estado mexicano; no obstante, no en su totalidad; sin embargo, posteriormente el Soconusco hizo lo propio.

II. METODOLOGÍA

La investigación que se ha realizado es de tipo cualitativa, toda vez que busca estudiar la historia del proceso de construcción del Estado nacional mexicano y el federalismo chiapaneco. En ese sentido, las técnicas de investigación que se utilizaron son:

- Análisis documental de contenidos
- Análisis del contexto

Lo anterior, en virtud que el estudio es meramente descriptivo, ya que se busca ejemplificar el contexto histórico que tuvo que transitar el Estado mexicano en la búsqueda de estar en un sistema federalista hasta el punto de que Chiapas logró anexarse al mismo.

III. EL PROCESO DE CONSTRUCCIÓN DEL ESTADO NACIONAL MEXICANO

Antes de iniciar con el tema central de este apartado, se tiene que profundizar respecto que se entiende por el término federal, ante ello Melgar[3] señala que esta deriva del latín foedus, que significa alianza, argumentando que este pacto se establece entre iguales desde la postura política, aunque no estén en las mismas conficiones socioeconómicas o bien históricas, sin embargo, que llegan a un acuerdo de formar una unidad en donde exista la integridad, pero con la autonomía de las partes. Aseverando pues, que este término nace con la Constitución de Estados Unidos de Norteamérica en 1787.

Cabe destacar que en la obra de Carbonell[4] se señala que el federalismo responde a tres necesidades, las cuales son:

1. Organizar racional y políticamente los espacios geográficos agregando relaciones de paridad y suprimiendo las relaciones de subordinación.
2. Integrar estados autónomos en una Nación., cuidando las particularidades de cada una.

[3] Melgar, Mario "Surgimiento del Estado Federal Mexicano", *UNAM*, pp.157 y 158, https://ifc.dpz.es/recursos/publicaciones/19/75/08 melgaradalid.pdf

[4] Carbonell, Miguel, "El federalismo en México: ´principios generales y distribución de competencias", Anuario de Derecho Constitucional Latinoamericano, *UNAM*, México, 2003, p. 381, https://gc.scalahed.com/recursos/files/r161r/w23970w/Fedrelismo mexico u3.pdf

3. Necesidad de fraccionar el poder para proteger la libertad.

Ahora bien, la construcción sólida del Estado Nacional Mexicano fue un proceso largo que conllevo primeramente a una independencia, la cual se logró en 1821. Sin embargo, esto fue producto de las inconformidades de quienes habitaban en la entonces Nueva España, pero además de la ola de conocimiento que llegó en esa época a dicho territorio, consecuencia del pensamiento liberal inglés y de ideales de la ilustración, como lo fueron: Montesquieu, Rousseau, Voltaire Locke y Diderot.

No obstante, hechos fundamentales que motivaron a quienes vivían en la Nueva España, fueron que en 1808, se dio el golpe de Yermo, considerado el primer golpe de estado en la historia de México o bien conocido como la crisis política en Nueva España de esa anualidad; así como las noticias que dieron a conocer que a inicios de 1810 las tropas francesa habían irrumpido gran parte de España; lo cual generó que varios criollos se reunieran regularmente, entre ellos: Miguel Hidalgo, Ignacio Allende y Juan Aldama.

Consecuentemente de haber descubierto dichas reuniones clandestinas, Hidalgo el 15 de septiembre de 1810, en la villa de Dolores convocó a todo el pueblo para efectos de iniciar un movimiento de carácter popular, ya que había una diversidad de personas involucradas, las cuales no tenían armas, más que machetes, garrotes y hondas; pero si tenían en común ideales como lo eran: frenar la exaltación de la religión, del patriotismo y de la búsqueda de la libertad[5].

Una vez, que se inició en Querétaro, se trasladaron a la ciudad de Guanajuato al mando de Allende, así como a Valladolid con Hidalgo. Por otro lado, otras ciudades se levantan en armas, como son: Guadalajara, San Luis y Zacatecas. Sin embargo, tras

5 Miranda, María, "La independencia de México y el derecho a la revolución", *alegatos,* núm. 73, México, septiembre- diciembre de 2009, pp. 449 y 450, https://www.corteidh.or.cr/tablas/r23948.pdf

una constante batalla, fueron abatidos y por ende provocaron la muerte de Hidalgo y Allende. Pero esto, no fue razón suficiente para que el movimiento finalizará, al contrario, este siguió en Zitácuaro, siendo el responsable Ignacio Rayón y por otro lado en el sur José María Morelos y Pavón.

Sin embargo, José María Morelos y Pavón aparte de tener la ideología revolucionaria era muy buen estratega político, ya que no le bastó con tener a una diversidad de personas, si no invitó a dicho movimiento a intelectuales como: Joaquín Fernández de Lizardi, Fray Servando Teresa de Mier, así como otro de los ayuntamientos como son: el doctor Cos y Quintana Roo, abogados, escritores o predicadores como lo son: Bustamante, Velasco, Liceaga, Rosáins y Verduzco[6].

Ante ello, se presentaron documentos en donde plasmaban los derechos de los criollos, como fue el Plan de Paz, escrito por el doctor José María Cos, no obstante, este no avanzó porque los intelectuales de esa época desconfiaban del movimiento, porque su piso era meramente popular.

Posteriormente surgió la Constitución Política de la Monarquía Española, de 19 de marzo de 1812, conocida como la Constitución de Cádiz, la cual establecía un gobierno representativo en tres niveles según Rodríguez[7], el municipal, el provincial y el imperial; en esta, la mayoría de las diputaciones eran españoles. Cabe destacar que en la misma concedía el predominio a las cortes y a la par limitaba a la corona.

Consecuentemente en los Sentimientos a la Nación de 14 de septiembre de 1813 de José María Morelos, fue considerado el documento en donde se originó el presidencialismo, en el

---

6 Ibidem, pp. 452 y 453

7 Rodríguez, Jaime, "La Constitución de 1824 y la formación del Estado", *El Colegio de México*, vol. XL, núm. 3, enero-marzo de 1991, P.509, https://historiamexicana.colmex.mx/index.php/RHM/article/view/2172

cual se postularon y a la vez se propusieron cambios económicos y sociales, buscando con ello lograr un orden de igualdad y justicia social, basándolo en la erradicación de privilegios, en la protección de los trabajadores y en la propiedad.

Seguidamente la Constitución de Apatzingán de 22 de octubre de 1814, fue la primera constitución de la nación mexicana, ya que se rechazó a la monarquía; de tal forma, que esta carta magna fue basada en una ideología liberal moderna. En ella, se constituyó a la nación declarando que el congreso fuera una reunión de ciudadanía, representantes del pueblo facultados para constituir un nuevo estado. Aquí es un punto fundamental, para retomar, toda vez que da margen al proceso de construcción del Estado Nacional Mexicano.

En dicha constitución, los artículos claves para hablar del proceso de construcción de una nueva nación, son: 2, 4, 5, 18 y 24, los cuales señalan lo siguiente:

> "Art. 2° La facultad de dictar leyes y establecer la forma de gobierno que mas convenga a los intereses de la sociedad, constituye la soberanía...
>
> Art. 4° Como el gobierno no se instituye por honra ó interés particular de ninguna familia, de ningún hombre ni clase de hombres, sino para la protección y seguridad general de todos los ciudadanos, unidos voluntariamente en sociedad, esta tiene derecho incontestable a establecer el gobierno que más le convenga, alterarlo, modificarlo y abolirlo totalmente cuando su felicidad lo requiera.
>
> Art. 5° Por consiguiente, la Soberanía reside originalmente en el pueblo, y en su ejercicio en la representación nacional compuesta de diputados elegidos por los ciudadanos bajo la forma que prescriba la constitución...
>
> Art. 18. Ley es la expresión de la voluntad general en orden a la felicidad común: esta expresión se enuncia por los actos emanados de la representación nacional...

> Art. 24. La felicidad del pueblo y de cada uno de los ciudadanos, consiste en el goce de la igualdad, seguridad, propiedad y libertad. La íntegra conservación de estos derechos es el objeto de la institución de los gobiernos y el único fin de las asociaciones políticas."[8]

Es decir, desde aquí se empieza a dilucidar que existe ya una potestad ciudadana de poder transitar de estar sometidos ante una monarquía a independizarse y con ello crear una nación, en este caso la mexicana; por enmarcar que el poder recae en la voluntad de la sociedad y no en una persona, si no en la representación, a través de un congreso. En ese sentido, y de acuerdo con Miranda[9] el congreso simbolizó una herramienta que quitaba el poder real de manos del pueblo, ya que en ese momento no contenían decisiones que cambiaran las condiciones relativas a la propiedad de la tierra o reformas económicas.

Lo anterior, sucedió aún en una época de conflictos, por lo que aún no se podía hablar de una independencia, hasta que esta cesará. De tal forma, que el principio del fin fue cuando en 1820 nombran a Agustín de Iturbide jefe del ejército para atacar a Vicente Guerrero; sin embargo, él le apuesta a la negociación, toda vez que ambos buscaban la independencia, por lo que se unen.

Es así como recorrieron el territorio, y al llegar a Veracruz, Juan O´Donojú al ver el panorama, acepta y hace tratos con Iturbide, por lo que en la ciudad de Córdoba firman un tratado que aceptan la independencia, pero sin tocar los derechos de la casa reinante española, es decir, este dependía aún de la monarquía. Consecuentemente el 27 de septiembre de 1821, Agustín de Iturbide ingresa a la ciudad de México al frente del ejército de las tres garantías que representaban la religión, unión e independencia.

---

8 Constitución de Apatzingán 1814, pp. 47 y 48, https://www.diputados.gob.mx/biblioteca/bibdig/const_mex/const-apat.pdf

9 Miranda, María, op. cit., p.450.

Es así, que, el Plan de Iguala, siendo este documento la base de la independencia, el cual fijó tal y como lo señala Serrano[10] si bien no fue una constitución si son los principios de la primera organización política de un nuevo estado. Por lo tanto, dicha organización política consecuencia del citado Plan de Iguala y los Tratados de Córdoba crean las primeras instituciones para la entonces reciente nación independiente, considerándose así un imperio.

En esa época se crea la Junta Provisional Gubernativa, la cual actualmente se le considera poder legislativo, integrado por 38 miembros; entre ellos no había ningún miembro de la insurgencia, teniendo, así como consecuencia que se creará un Congreso Constituyente y se definió una Regencia quien era la encargada del Poder Ejecutivo, conformada por cinco integrantes, siendo presidida por Iturbide y estuvo inmerso O´Donojú. Para ello el 12 de febrero de1822, España desconoce los Tratados de Córdoba y condenó la independencia; no obstante, esto provocó que el 21 de julio de 1822 Iturbide se proclamara emperador.

Posteriormente el 2 de noviembre de 1822 nace el Reglamento Provisional Político del Imperio Mexicano, el cual quedó en un proyecto ya que nunca se aprobó; sin embargo, su relevancia es más histórica ya que se estableció un modelo de Gobierno monárquico, representativo, constitucional y hereditario, el cual llevaría por nombre Imperio Mexicano.

Ahora bien, a finales de 1822 y 1823, ya existía un debate sobre la importancia del gobierno provisional, ya que de acuerdo con Rodríguez[11] los mexicanos de las provincias estaban convencidos de que solo el federalismo podía mantener unidad a la nación. Es decir, que las provincias tuvieran soberanía, pero en unidad

---

10 Serrano, Fernando, México 1821-1824, *La construcción del Estado*, México, Universidad Nacional Autónoma de México, 1ra. ed., 2021, pp.14 y 25, https://museodelasconstituciones.unam.mx/wp-content/uploads/2023/03/Mexico-1821-1824-La-construccion-del-Estado.pdf

11 Rodríguez, Jaime, op. cit., pp.517 y 518

nacional, sin fragmentarse, tal y como también lo refiere Mora[12] de que solo el federalismo podría tener la unidad de la nación.

Lo anterior, también lo confirma De Hoyos[13] ya que señala que esta discusión de encaminarse la forma de gobierno a través del federalismo fue consecuencia de la caída del Imperio dirigido por Agustín de Iturbide; por lo que, posteriormente a la instauración del primer Congreso Constituyente, la cual tuvo como consecuencia la aprobación del Acta Constitutiva de la Federación Mexicana, en enero de 1824, la cual tuvo injerencia en la promulgación de la Constitución Federal de los Estados Unidos Mexicanos el 4 de ese mismo mes y año; siendo publicada al día siguiente.

De tal manera que, la Constitución de 1824, como bien señala Rodríguez[14], fue la primera considerada independiente; con este escrito, se asentó que los habitantes de la entonces Nueva España dejaran de ser súbditos y se les reconociera como ciudadanos mexicanos.

En ese sentido, se entiende que la carta magna de 1824 fue la más real y la más apegada a las necesidades que la sociedad mexicana exigían, ya que concedieron a los estados lo que requerían, logrando con ello la unidad nacional que tanto se deseaba.

Como bien, se puede observar el proceso que llevó México para federalizarse fue complejo, ya que pasó de la monarquía, a un imperio, incluso se hablaba de una centralización, y ante el reclamo de los demás estados de unificaron ya como federación. De tal forma, que ese año es de gran importancia para la

---

12 Mora, Cecilia, "1824: Un año de definiciones. "El Acta Constitutiva de la Federación Mexicana y la Constitución Federal", *Análisis retrospectivo de las Constituciones de México,* México, Instituto de Investigaciones Jurídicas UNAM, 1ª. Ed., 2019, https://archivos.juridicas.unam.mx/www/bjv/libros/13/6468/7.pdf

13 De Hoyos, Santiago, *"Federalismo en México: Origen y evolución del Estado federal", Abogacía,* 2023, https://www.revistaabogacia.com/federalismo-en-mexico-origen-y-evolucion-del-estado-federal/

14 Rodríguez, Jaime, op. cit., p.1.

historia mexicana, ya que no solo representó ese panorama, si no la anexión de Chiapas a México; por lo que, se puede afirmar que fue la primera vez que el Estado mexicano adoptó el sistema federal en su constitución, tal como ejemplifica en el entonces artículo cuarto: "Art. 4°. La nación mexicana adopta para su gobierno la forma de republica representativa popular federal[15]."

IV. ANTECEDENTES DEL FEDERALISMO CHIAPANECO

Por lo que hace a Chiapas, la población de esa zona estaba inconforme por el abandono que existía por parte de la entonces Capitanía General de Guatemala, asimismo por el aislamiento interno consecuencia de la nula o poca comunicación entre las aldeas. Ante ello, es que se propone la idea de independizar a dicha provincia tanto de Guatemala como de España. Ello, por tres razones según Vázquez[16]que son:

1. Reclamo de la autonomía, es decir romper con la capital guatemalteca.
2. Hacer lo anterior, a través de una alianza con el gobierno mexicano.
3. El protagonismo de los ayuntamientos como instancias de representación y acción política de las llamadas élites locales.

Esto empezó a visualizarse como una posibilidad a partir de que en 1821 los coletos se percataron del gran éxito del movimiento Trigarante en la Nueva España, por lo que comenzaron a impulsar por ellos mismos el proyecto de autonomía relativo a la separación de Guatemala.

---

15 Artículo 4°, Constitución Política de los Estados Unidos Mexicanos, 1824, http://www.ordenjuridico.gob.mx/Constitucion/1824B.pdf

16 Vázquez, Mario, *Chiapas Mexicana,* México, Universidad Autónoma de México, 2018, p.83

Quienes iniciaron estas movilizaciones fueron Ignacio Barnoya y Fray Matías de Córdova, con el "Plan de Chiapas Libre", en el que como bien se señala por parte del Instituto Nacional para el Federalismo y el Desarrollo Municipal[17], ratificó las tres garantías del Plan de Iguala y declaró libre e independiente a dicha zona para efectos de decidir al respecto.

En el verano de 1821, cuando estaba Agustín Iturbide en la campaña Trigarante se comunicó con simpatizantes y amistades de él en Chiapas y Guatemala, quienes asumieron una gran actividad proselitista a favor de la independencia y del proyecto del Imperio Mexicano.

Por lo que, que derivado de las inconformidades de la ciudadanía, consecuencia de una reunión realizada en Comitán, el 28 de agosto de 1821 se declaró su independencia del Imperio Español y su adhesión al Plan de Iguala.

Lo anterior, dio pie a que Pedro José Solórzano, quien era cura del pueblo de Huixtán e integrante de la diputación chiapaneca, se trasladara a la capital de México, para efectos de gestionar la integración de Chiapas a México. Quedando asentado el 16 de enero de 1822, con base en el decreto signado por Agustín de Iturbide.

No obstante, posterior a la caída del imperio de Agustín de Iturbide, esta zona volvió a ser causa de controversia en lo referente a si era parte o no de México o de Guatemala, de tal forma que provocó que en Ciudad Real la Junta Suprema Provisional declarara la división de la provincia de Chiapas de México. Es así, como el 26 de octubre de 1823 se proclamó el Plan de Chiapas Libre, el cual era relativo a declarar a dicha provincia en completa libertad para poder constituirse libremente en la manera que creyeran más prudente.

---

17 Instituto Nacional para el Federalismo y el Desarrollo Municipal, *Hace 193 años Chiapas se Integró como Estado de la República Federal Mexicana*, https://www.gob.mx/inafed/articulos/hace-193-anos-chiapas-se-integro-a-la-republica-mexicana

Consecuentemente, el 23 de enero de 1824, el Ayuntamiento de Ciudad Real requirió su unión a México, posteriormente se sumó a ello el ayuntamiento de Comitán; no obstante, el ayuntamiento de Tuxtla Gutiérrez señalaba que era mejor sumarse a Guatemala. Es así como no se llegó a un debido acuerdo, provocando que entonces Chiapas no estuviera integrado como miembro de la entonces reciente nación federal mexicana, estando ausente en el Acta Constitutiva de la Federación Mexicana.

Sin embargo, esta situación tenía que resolverse, por lo que, de forma pacífica y democrática, a través de una democracia directa en la que los chiapanecos a través de plebiscito hecho el 12 de septiembre de esa anualidad argumentaron que estaban a favor de separarse y anexarse a México; el resultado final fue que estaban a favor de anexarse a México 96,829 votos, 60,400 por la anexión a Guatemala y 15,724 se declararon neutrales. No obstante, solo el Partido del Soconusco se mantuvo como entidad independiente.

Es así como el 14 de septiembre de 1824 formalmente ante el Congreso Mexicano se anexaron a la federación mexicana; siendo aprobada dicha integración el 2 de octubre de 1824. Por otro lado, el Soconusco se incorporó al Estado de Chiapas y por ende a México hasta el 11 de septiembre de 1842, esto a través del decreto de gobierno centralista del entonces presidente Antonio López de Santa Anna. Es así, como fue que Chiapas se incorporó formalmente al Pacto Federal Mexicano, mediante un acto solemne el día 14 de septiembre de 1824.

V. CONCLUSIÓN

Derivado de lo estudiado se puede finalizar aseveranque que la evolución que ha tenido México desde el ser parte de la Nueva España y estar bajo el control de la corona española, denotó un contexto de abusos e inconformidades de quienes habitaban dicha zona, lo que provocó que con el tiempo se levantaran movimientos en búsqueda de la independencia de México.

Sin embargo, el independizarse no es algo que solo en México pasó, si no en gran parte de las colonias que fueron en su momento conquistadas; desde ideales que llegaron a América como consecuencia de la ilustración, con autores como: Montesquieu, Rosseau, Voltaire, Locke y Diderot. Hasta la independencia de Estados Unidos de América, la Revolución Francesa, la independencia de Haití, por mencionar algunas.

Por lo que, aunque los españoles hicieron hasta lo imposible por prohibir la distribución de obras de la ilustración para evitar la rebelión de sus colonias, la información llegó a estas, provocando como ya se vio que en México se informaran al respecto, y con ello tuvieran herramientas para poder iniciar ese movimiento de independencia.

Es así, como bien se presentó que esta rebelión desencadenó una serie de hecho que marcaron indestructiblemente la historia de México, pero que al final se vio reflejada en la transición de cambio de mando; es decir desde estar bajo una monarquía hasta hablar de una federalización, en la cual buscaba que cada entidad federativa tuviera soberanía, pero sin perder de vista que deben de estar todos unidos.

En ese contexto se puede entender que el federalismo mexicano no es la copia de otros federalismos, si no fue empleada desde la influencia de diversas doctrinas, pero con base en el entorno histórico, político y económico del momento.

Desde nuestro punto de vista, estamos convencidas que el estar en una federación es mejor a como ha estado anteriormente México, ya que ha generado que se impulse el avance en las entidades federativas; lo que ha provocado que no existan estados en el que se promueva el favoritismo, al contrario, se dé un trato igualitario o al menos eso se busque. Prueba de ello, es que Chiapas buscó anexarse y no solo en una ocasión si no dos veces, toda vez que creían en la independencia mexicana.

Finalmente, se puede decir, que México y Chiapas, evolucionaron históricamente porque han alcanzado esa libertad deseada y por parte de Chiapas la atención requerida para poder mejorar la región.

VI. FUENTES DE INFORMACIÓN:

CARBONELL, Miguel, "El federalismo en México: ´principios generales y distribución de competencias", Anuario de Derecho Constitucional Latinoamericano, *UNAM*, México, 2003, https://gc.scalahed.com/recursos/files/r161r/w23970w/Fedrelismo_mexico_u3.pdf

CONSTITUCIÓN de Apatzingán 1814, https://www.diputados.gob.mx/biblioteca/bibdig/const_mex/const-apat.pdf

CONSTITUCIÓN Política de los Estados Unidos Mexicanos, 1824, http://www.ordenjuridico.gob.mx/Constitucion/1824B.pdf

DE HOYOS, Santiago, *"Federalismo en México: Origen y evolución del Estado federal", Abogacía,* 2023, https://www.revistaabogacia.com/federalismo-en-mexico-origen-y-evolucion-del-estado-federal/

INSTITUTO Nacional para el Federalismo y el Desarrollo Municipal, Hace 193 años Chiapas se Integró como Estado de la República Federal Mexicana, https://www.gob.mx/inafed/articulos/hace-193-anos-chiapas-se-integro-a-la-republica-mexicana

MELGAR, Mario "Surgimiento del Estado Federal Mexicano", *UNAM,* https://ifc.dpz.es/recursos/publicaciones/19/75/08melgaradalid.pdf

MIRANDA, María, "La independencia de México y el derecho a la revolución", alegatos, núm. 73, México, septiembre- diciembre de 2009, https://www.corteidh.or.cr/tablas/r23948.pdf

MORA, Cecilia, "1824: Un año de definiciones. "El Acta Constitutiva de la Federación Mexicana y la Constitución Federal", *Análisis retrospectivo de las Constituciones de México,* México, Instituto de Investigaciones Jurídicas UNAM, 1ª. Ed., 2019, https://archivos.juridicas.unam.mx/www/bjv/libros/13/6468/7.pdf

RODRÍGUEZ, Jaime, "La Constitución de 1824 y la formación del Estado", *El Colegio de México,* vol. XL, núm. 3, enero-marzo de 1991, https://historiamexicana.colmex.mx/index.php/RHM/article/view/2172

SERRANO, Fernando, México 1821-1824, *La construcción del Estado,* México, Universidad Nacional Autónoma de México, 1ra. ed., 2021, https://museodelasconstituciones.unam.mx/wp-content/uploads/2023/03/Mexico-1821-1824-La-construccion-del-Estado.pdf

VÁZQUEZ, Mario, Chiapas Mexicana, México, Universidad Autónoma de México, 2018.

Capítulo III.
¿Es el cosmopolitismo un ideal de la razón?

IS RATIONAL THE IDE AL OF COSMOPOLITISM?

FRANCISCO JAVIER GONZÁLEZ RIVAS[1]

Resumen

En la primera sección se expone sucintamente la caracterización kantiana de la razón, así como el papel que juegan los ideales de la razón en su uso regulativo de las experiencias objetivas, pero al mismo tiempo, sostuvimos, las ideas señalan el carácter evaluativo y práctico que estas desempeñan en la filosofía moral, política y del derecho de Kant. Después, en la segunda sección se detalla la propuesta cosmopolita kantiana considerada como un ideal racional exigido

---

1 Licenciado en filosofía por la Universidad Autónoma Metropolitana (2011). Maestro en filosofía por el Instituto de Investigaciones Filosóficas, UNAM (2014). Docente de filosofía de la Facultad de Humanidades Campus VI, UNACH, Chiapas. Hace tres años se desempeña como coordinador del programa de la licenciatura en Filosofía de la Facultad de Humanidades Campus VI, UNACH. francisco.rivas@unach.mx; ORCID: https://orcid.org/0000-0002-8533-5621

por la universalidad de la razón humana. Por último en la sección tercera, se demuestran los dos sentidos posibles en lo que el cosmopolitismo es entendido como ideal, mostrando que mientras por un lado el ideal puede servir para organizar la experiencia histórica de la humanidad, mientras que por otro lado ese ideal se vuelve una obligación moral para con la humanidad. Se concluye con la sugerencia kantiana de una humanidad entendida en términos cosmopolita exige políticamente la creación de leyes trans-fronterizas en orden a la racionalización del Estado, como orden legaliforme monopólico de la violencia.

Abstrac

In the first section we succinctly exposed the Kantian characterization of reason, as well as the role played by the ideals of reason in its regulative use of objective experiences, but at the same time, we argued, the ideas point to the evaluative and practical character that these play in Kant's moral, political and legal philosophy. Then, in the second section was the Kantian cosmopolitan proposal considered as a rational ideal demanded by the universality of human reason. Finally, in the third section, it was intended to show the two possible senses in which cosmopolitanism is understood as an ideal, showing that while on the one hand the ideal can serve to organize the historical experience of humanity, on the other hand this ideal becomes a moral obligation to humanity. We will conclude that the Kantian proposal of a humanity understood in cosmopolitan terms politically demands the creation of trans-border laws in order to rationalize the state as a legalistic monopoly order of violence.

Palabras clave: Razón Dialética, Ideal, Cosmopolitismo Paz

Keywords: Reason Dialectics, Ideal, Cosmpolitism Peace

I. LA NATURALEZA CONTRADICTORIA Y CONFLICTIVA DE LA RAZÓN EN SU INTERÉS DE UNIVERSALIDAD: CONOCIMIENTO E IDEAS.

I.I Introducción: La experiencia y lo universal

En este apartado examinaremos la naturaleza contradictoria de la razón caracterizada por Immnauel Kant (1724-1824) en el prólogo a la primera edición de su obra cumbre *Crítica de la razón pura*[2], cuya empresa se caracteriza comúnmente como un esfuerzo por unir el afán de universalidad de las escuelas racionalistas y el empirismo en la expresión de David Hume (1711-1776). Ya desde el prólogo de 1771, Kant anuncia que la razón, en su búsqueda interesada por conocimientos y verdades, cae en contradicciones, que le impiden seguir el camino, cayendo en el dogmatismo más extremo o el escepticismo más vacuo. Como ejemplo de esto pone a la metafísica, o lo que a mi juicio es la espina dorsal de la filosofía. Contradicciones interminables, debates estériles, desacuerdos triviales y una gran cantidad de visiones negativas sobre el uso de la razón en su intento por responder preguntas que no se pueden ni plantear.

A la filosofía de Kant presentada hace dos siglos, también se le ha caracterizado como un intento infructuoso de manera de pensar y filosofar. Bertrand Russell (1872-1970) en su clásico *A History of Wester Philosophy* caracteriza a la filosofía del idealismo trascendental kantiano como perniciosa porque *produced a dry professorial way of thinking* (1946::Pp.595.). Como señala una lectora más mesurada, y con una comprensión mayor del impacto del racionalismo en la estructura universitaria de lo que ahora llamamos Alemania, como es Rae Langton (2002), la filosofía kantiana pretendía introducir en el medio alemán una modernidad ilustrada, secular, universal y sobre todo racional, a una sociedad

---

2 Aunque revisamos la versión alemana editada en Colonia, Alemania bajo el sello editorial anaconda intitulado *Die Drein Kritiken*, utilizaremos la versión de Pedro Ribas, editada en Alfaguara por ser la más disponible y conocida en nuestro medio. Sin embargo, la versión castellana a cargo de Mario Caimi y editada en el Fondo de Cultura Económica, en México es de las más recomendadas para los estudiantes, al ser bilingüe y contar con un estudio introductorio magnífico. Sigo la citación usual para las obras de Kant: *KrV: Crítica de la razón pura*, con letra A o B indico las ediciones canónicas en vida de Kant, y los arábigos son las páginas correspondientes a la edición citada.)

cuyas coerciones sociales seguían siendo: el derecho de vasalle feudal, la religión, y las escuelas gremiales, además de las familias.

Con Rae Langton (2002) compartimos la lectura de que la *Crítica de la razón pura,* es un texto que concita mucha crítica porque la manera de manejarse en el naciente medio profesional de la filosofía en las academias modernas, permitía un espacio informal de citas o referencias. Leibniz era un lugar común en alemán, para los filósofos y los científicos; de ahí partió Kant para mostrarnos la humildad epistémica que debemos guardar en uno de los intereses de la razón: el conocimiento humano cuyo límite es la experiencia; que siempre es relativa y única, pero que nuestro entendimiento capta en funciones conceptuales. No hay más conocimiento: la experiencia es el límite. Pero, eso, según el análisis kantiano no le es suficiente a la razón: ella quiere Totalidades e Ideas, vamos a ver el reino de la razón en la sección siguiente.

I.II El reino de la razón pura: Ideas e Ideales

Examinar la naturaleza de la razón, sus ideas, ideales, inferencias, capacidades y límites, es, según Kant, uno de los principales objetivos de toda la *Crítica de la Razón pura,* sin embargo la sección dedicada a la dialéctica trascendental hace de esta facultad superior de conocimiento su objeto de análisis. Como bien señala Strawson[3] una lectura poco cuidadosa nos haría cometer el error de pensar que los objetivos de la dialéctica trascendental son puramente negativos, sin embargo en el curso de la exposición podemos percatarnos de que existe una agenda propia e independiente que Kant pretende llevar a cabo.

Uno de estos objetivos supuestamente independientes, según la influyente lectura de Strawson, es mostrar que en el curso de la investigación sobre los objetos de la experiencia surgen ciertas ideas

---

3 Strawson, P. (1966): 155ss

que vienen a apoyar y a dirigir nuestras investigaciones. Estas Ideas, que se caracterizan por ser conceptos de la razón que no tienen ninguna referencia en la experiencia y se dirigen únicamente a la síntesis del entendimiento; apuntan a darle una unidad sistemática a aquello que el entendimiento conoce. Las famosas ideas kantianas son: Mundo, Alma y Dios, además de la idea moral de libertad.

Ahora bien, Kant sostiene que no sólo existen ideas de la razón, como conceptos de la misma, sino también ideales que no son otra cosa que "la idea no sólo *in concreto*, sino *in individuo*, es decir, una cosa singular que es únicamente determinable, o incluso, determinada a través de la idea."[4] Esto quiere decir que la razón también produce ciertos prototipos que adquieren una fuerza regulativa o práctica que se determinan únicamente mediante las ideas. El ejemplo del Cristo o el Sabio son ideales que se determinan en un solo individuo gracias a la idea de santidad o de sabiduría. Tal vez ningún cristiano o ningún filósofo se asemejen jamás al ideal, pero esto no basta para desechar los ideales como meras quimeras pues "[La razón] necesita el concepto de aquello que enteramente completo *en su especie*, con el fin de apreciar y medir el *grado de insuficiencia* de lo que es incompleto."[5]

Así, parece que Kant le otorga un valor práctico al ideal que consiste evaluar si aquellas síntesis del entendimiento se acercan o se alejan de aquello que la razón considera completo en su especie. Sin embargo con lo dicho hasta aquí no queda claro de dónde proviene esa fuerza práctica o valorativa, simplemente se destaca el carácter "regulativo" del ideal sobre las diversas síntesis condicionadas del entendimiento.

En el apéndice a la dialéctica trascendental se nos presenta la tesis de que las ideas no sólo tienen un carácter trascendente respecto a las condiciones de conocimiento, sino que pueden

---

4 KrV A 568/ B 596

5 KrV A 569-570

llegar a tener un uso inmanente a las condiciones de la experiencia. Este uso inmanente no es tal que constituya los objetos propios del conocimiento, antes bien este uso apunta sólo a la diversidad sintética del entendimiento, con vistas a ordenarlo bajo un principio que abarque cada vez más fenómenos, al mismo tiempo que sea igualmente profundo en la explicación de los mismos. Este uso regulativo de las ideas dirige al conocimiento del entendimiento a su mayor unidad y coherencia sistemática, no obstante que no constituye ni un conocimiento de los fenómenos o las condiciones de posibilidad de los mismos. Esta postura es ambigua pues si bien se reconoce que el uso regulativo de las ideas no *constituye* los objetos en la experiencia:

> La ley racional que dirige la búsqueda de tal unidad posee un carácter necesario, pues, a falta de esa ley, careceríamos de razón, y sin esta, no habría ningún uso coherente del entendimiento y, en ausencia de este uso, no tendríamos criterio alguno suficiente de verdad empírica; en orden a ese criterio, nos vemos, por tanto, obligados a dar por supuesto que esa unidad sistemática es necesaria y posee plena validez objetiva. (KrV A 651/ B 679)

Lo impresionante de esta cita es que parece transformar el uso regulativo de las ideas en una condición indispensable, sin la cual no es posible ni el conocimiento ni el uso adecuado del entendimiento. Entiendo que esto es así porque: sin la presuposición de que existe un orden sistemático en la naturaleza misma –desconocido por nosotros y sin embargo necesario –sería imposible establecer clasificaciones, conceptos y juicios sobre los objetos. Así pues, el ideal regulativo podría convertirse en la condición de posibilidad de los diversos objetos que pretenda reunir, aunque estos no sean pensados sino como simples copias de aquel ideal. Será justo en la llamada *Primera introducción a la* Critica del Juicio[6], en donde Kant aborde a detalle el tema de la organicidad y el

---

[6] Cfr. Kant, (2017). *Primera introducción a la* Crítica del Juicio. Madrid: Guillermo Escobar Editor.

principio trascendental-universal de todo sistema, que se ordena bajo principios, o mejor dicho *tipos ideales* a la Max Weber, más allá de ser un simple agregado de elementos funcionales.

Más allá de la controversia sobre esta cita me interesa destacar que en la exposición del uso regulativo de la razón destaca el papel heurístico que desempeñan. Así como en la experiencia del mundo objetivo de los fenómenos, los esquemas son ciertas reglas bajo las cuales entendimiento y sensibilidad se unen para conocer objetos, las Ideas son los principios bajo los cuales es posible la unidad sistemática de todo uso del entendimiento.[7] Pero la analogía termina cuando consideramos el estatus epistémico de la aplicación de unos y otros. Mientras los esquemas son reglas bajo las cuales se subsumen las intuiciones en los conceptos[8], bajo el *a priori* del infinito sensible del tiempo, las ideas sirven para darle una unidad sistemática –que aunque indeterminada –necesaria para *ordenar jerárquicamente* nuestros conocimientos, pero que está fuera de toda posibilidad de experiencia inmanente en los infinitos sensibles de espacio y tiempo.[9]

De este modo nuestros conocimientos de los objetos dependen de las condiciones de la experiencia expuestos en la analítica y la estética trascendental, mientras que el orden y el lugar que ocupan dentro de un indeterminado –aunque necesario –sistema vendrá dado por el uso regulativo que tienen las ideas. Entonces si las ideas tienen un uso regulativo este opera sobre los productos propios del entendimiento y nunca sobre los objetos de conocimiento. Las ideas entonces apuntarán a regular la manera en la que ordenamos los conocimientos y hacemos valoraciones sobre ellos, y nunca constituirían una condición de posibilidad de los objetos de conocimiento mismos.

---

7 A 665

8 A 137/ B 176

9 Una discusión interesante sobre la tensión entre principios constitutivos y regulativos de la experiencia se encuentra en Stepanenko (1996)

El papel que la razón juega al regular con las ideas las síntesis del entendimiento, no es otro que guiar al entendimiento y al conocimiento de sus objetos hacia una meta, que aunque sólo sea una idea, sirve para dotar de mayor unidad y profundidad la diversidad de las síntesis. Esto lo hace la razón porque una de sus pretensiones es sistematizar bajo un *único* principio la diversidad de fenómenos, leyes, conceptos y reglas.[10] Sin embargo debemos evitar considerar que este principio único, al que todas las diversas síntesis empíricas parecen apuntar, sea un objeto de la experiencia o incluso que sea parte constitutiva de la experiencia. En el uso hipotético de la razón, no se puede establecer la verdad de la premisa de manera apodíctica pues las ideas con las que trabaja presentan el carácter de problemáticas[11], pues aunque se exija esa unidad sistemática está no es dada en la experiencia, sino tan sólo podemos *proyectarla* y por tanto, debemos considerar el punto de convergencia al que tienden los fenómenos como algo problemático (no dado), que no obstante, nos permite medir nuestra proximidad o lejanía de la universalidad pensada en la razón.

Así pues, aunque tanto los ideales como las ideas en su uso regulativo no sean jamás objetos de la experiencia y en ella siempre se presenten como conceptos problemáticos, Kant trata de defender que su uso regulativo es perfectamente legítimo, en tanto que permiten evaluar, corregir y aproximar nuestras teorías y experiencias hacía esa unidad sistemáticamente pensada in *individuo.*

La razón muestra en su interés teórico que ciertas ideas son necesarias para dar organización y coherencia a nuestras síntesis empíricas o incluso que son estas ideas las que nos guían en la investigación de la naturaleza. Si la razón tiene un papel positivo en la construcción de la experiencia no se debe a que sus principios constituyan la condición de conocimiento de los objetos, sino que

---

10 A 644-645/ B672-673

11 A 647

estos nos permiten darle mayor coherencia, profundidad y amplitud a nuestros conocimientos. De esta forma, la razón al buscar lo incondicionado en la experiencia, le permite a ésta ser susceptible de evaluación y comparación con aquella *unidad sistemática proyectada.*

II. ESBOZO DE UNA FILOSOFÍA DE LA HISTORIA HUMANA EN CLAVE COSMOPOLITA: DERECHO, PAZ Y REHABILITACIÓN DE LA RACIONALIDAD POLÍTICA DE LA FEDERACIÓN EN LA MODERNIDAD.

II.I Introducción: El cosmopolitismo para Immanuel Kant

El cosmopolitismo kantiano es difícil de definir en términos puramente políticos, pues la discusión que origina esta propuesta está acompañada, al mismo tiempo, de reflexiones sobre la historia, la moral, la religión y la cultura humana. Otra dificultad para entender cabalmente la propuesta cosmopolita es la diversidad de argumentaciones y pruebas –en las que existen tensiones fuertes o incluso se sostienen puntos de vista contradictorios[12]–ofrecidas por Kant para abogar a favor de su postura. A pesar de ello no deja de llamar la atención el hecho de que cada vez que Kant piensa en el cosmopolitismo este resulta ser un proyecto que sólo puede ser llevado a cabo por la *Humanidad* en su conjunto y nunca por un solo sujeto o ciudadano.

Más allá de esta advertencia trivial, sobre la que volveré al final de mi intervención, el hecho claro es que el cosmopolitismo se presenta en Kant como el *deber* de salir de un natural estado de guerra a la implantación de la paz en las relaciones entre los Estados. Siguiendo la tradición, Kant considera que el

---

12 Cfr. Lazos, E. (2009). "Demonios con entendimiento. Política y moral en la filosofía práctica de Kant." En *ISEGORÍA. Revista de Filosofía Moral y Política* N.° 41, julio-diciembre, 2009, 115-135

estado de naturaleza se caracteriza porque cada uno defiende su derecho por la fuerza, generando así una situación intolerable de conflicto violento donde nadie puede asegurar la integridad de su vida o posesiones. Pero a diferencia de la tradición, este estado de guerra parece tener condiciones positivas:

> De este modo van desarrollándose poco a poco todos los talentos, así van formándose el gusto e incluso, mediante una continúa ilustración, comienza a constituirse una manera de pensar que, andando el tiempo, puede transformar la tosca disposición natural hacia el discernimiento ético en *principios prácticos determinados*, y finalmente, transformar un consenso social urgido *patológicamente* en un ámbito *moral*.[13]

II.II Desarrollo: La teleología y la insociable sociabilidad humana: el reino del derecho

La famosa idea de la insociable sociabilidad expuesta en *Ideas para una historia universal en clave cosmopolita*, es una de las más importantes para entender el tránsito de un estado de naturaleza a un estado civil. Sin embargo llevar a cabo este proceso es "El mayor problema para la *especie humana*, a cuya solución le fuerza la Naturaleza"[14].

Aceptando un cierto pesimismo sobre la posibilidad de que exista una "revolución en los corazones" de los hombres, el problema por el establecimiento de una constitución civil justa es confiada a un relato teleológico que cualquier espinosista atento podría rebatir.

Más allá del problema originado por la introducción de un relato teleológico, donde la Naturaleza forzará a los hombres a constituirse en seres morales, es evidente que la idea del antagonismo entre los hombres adquiere un carácter positivo. Gracias a la envidia y a la

---

[13] Kant, (1784/ 2010). "Ideas para una historia universal en clave cosmopolita." En *Ensayos sobre la paz, el progreso y el ideal cosmopolita*. Cátedra, Madrid: 33-51

[14] *Ibíd.*:39

soberbia, los seres humanos pueden desarrollar sus potencialidades, del mismo modo como los arboles de las selvas, en su constante lucha por la luz solar, se elevan majestuosos. La idea de la insociabilidad de los hombres y sus múltiples antagonismos le sirve a Kant para explorar la posibilidad de que la *Humanidad* pase del estado de la libertad sin ley a una comunidad internacional pacifica.

La dialéctica de esta tensión entre la disposición a romper la sociedad y a la vez la necesidad de mantenerla se replica a nivel internacional. La guerra entre los diversos Estados es pensada por Kant como la lucha interindividual por establecer su derecho mediante la fuerza. En el relato kantiano la Naturaleza utiliza la diversidad de sociedades y los cuerpos políticos del mismo modo que utiliza el antagonismo natural de los hombres para que, en medio de las guerras, descubran una manera de entrar en relaciones pacificas que permitan asegurar la soberanía de un Estado sin necesidad de la fuerza de guerra. Sin embargo, no se trata solo de una simple repetición en plano internacional de aquellos antagonismos individuales, sino que Kant hace depender la solución del problema por la constitución civil nacional de la respuesta al reto que se plantea a nivel internacional.

Es evidente que en medio de un clima internacional donde las relaciones entre los Estados son lo más parecido al estado de naturaleza descrito por Hobbes, la seguridad y la paz que la humanidad anhela sólo serán posibles si entre los Estados se establecen relaciones que garanticen la paz mediante el derecho internacional. Ahora, si ligamos el concepto de derecho a la noción de coacción como hace Kant en la *Metafísica de las costumbres*[15], el problema por la garantía del derecho mediante la coacción se agrava. Debido a que ningún Estado es capaz de reconocer alguna autoridad capaz de coaccionarle, superior a su propia soberanía, la posibilidad de coacción por parte de un organismo supra-estatal queda vedada.

---

15 Kant, I. (1797/1993). *Metafísica de las costumbres.* [Trad. Adela Cortina y Jesús Conill] Altaya: Barcelona : §E

Ante este problema la solución propuesta por Kant no es hacer un Estado mundial o "Estado de pueblos" que garantice la aplicación del derecho mediante la coacción. La idea de confederación de Estados donde el derecho de cada una de las constituciones nacionales será respetado por la legislación surgida por la propia federación de estados. Sin embargo, ante la falta del poder coactivo esta federación debe recurrir al derecho de gentes, sobre el que se basará el respeto al derecho particular de los estados y sus ciudadanos. Así, el derecho de gentes no tendrá tanto que ver con las relaciones entre los diversos estados sino entre los ciudadanos extranjeros con los diversos Estados.

Es claro que sin coacción la garantía del derecho sólo es un bonito deseo, pero lo que no es claro es cómo la federación de estados puede garantizar el derecho de cada Estado soberano y así establecer la paz. Tal vez sea el reto más grande que la Naturaleza nos ha propuesto.

Dejando abierto este problema, podemos emparejar estas dos primeras secciones. En *Sobre la paz perpetua*, Kant trata el mismo tema, aunque la naturaleza del relato teleológico varía en cuestiones fundamentales. En la garantía que Kant pretende establecer sobre el establecimiento de la paz entre los estados mediante el relato teleológico vuelve a aparecer esta manera de argumentar, sólo que ahora el énfasis no es puesto tanto en el hecho de que a partir de los antagonismos seamos capaces de llegar a un estado civil, sino que la prioridad está dada en aquello que, si bien es exagerado en el plano teórico, tiene una fuerte importancia en el plano práctico[16].

Del mismo modo como el ideal de la razón sólo es un prototipo que sirve para juzgar la media de incompletud de las series condicionadas, pero que no podemos conocer, del mismo modo, el ideal de la paz perpetua resultado de la confederación de

---

16 Kant. *Op.Cit.*: 162

estados tiene un alto contenido regulativo, ya sea, en un cierto sentido teórico, para ordenar sistemáticamente y bajo un principio aquel rapsódico agregado de acciones humanas[17], al mismo tiempo que este carácter regulativo se convierte en constitutivo si pensamos que la idea detrás del ideal es de tal carácter que nos veamos obligados a realizarla, y en ese sentido, si aceptamos que el cosmopolitismo es un ideal surgido de una idea moral, tenemos que pensar que ella constituye la condición *sine qua non* de la realización de aquella idea moral. Examinaremos estos dos aspectos del ideal cosmopolita en la siguiente sección.

III. LA FEDERACIÓN DE ESTADOS O HACIA LEYES TRANSFORNTERIZAS RACIONALES

La federación de Estados regida bajo el derecho cosmopolita, capaz de garantizar la soberanía de los Estados y la autonomía de los ciudadanos, no es sólo una quimera surgida de los anhelos filosóficos de paz del anciano Kant. En su opúsculo *En torno al tópico: tal vez eso sea correcto en teoría, pero no sirve para la práctica,* nuestro autor discute contra Mendelsshon la posibilidad del progreso moral de los hombres. La historia humana nos muestra que no podemos asegurar en el curso de la experiencia que el género humano logre desarrollar su finalidad moral, guerras y miseria acompañan a la historia humana. En términos teóricos la filantropía se muestra como un absurdo. Sin embargo, argumenta Kant, debido a que los hombres progresan en el plano de la *cultura,* cabe esperar que éstos mejoren en términos morales, por lo que la idea de un progreso moral se vuelve legítima.

Más allá de la sospechosa introducción de la posibilidad de que el género humano progrese moralmente, Kant señala que es el adversario de esta tesis el que debe hacerse cargo de la prueba. Según él,

---

[17] Kant. *Ibid.*: 47

existe un deber innato, que consiste en actuar en la posteridad de tal forma que esta se haga cada vez mejor, para que dicho deber *pueda transmitirse* a las siguientes generaciones de forma legítima[18]. Este mandato es de tal forma que contiene un componente moral, pero que no apunta a la autonomía de los diversos agentes particulares, sino que es un deber para con la *Humanidad tomada en su conjunto.*

No encuentro muy convincente la explicación de este deber, sin embargo su aparición nos sugiere la tercera formulación del imperativo categórico, en donde Kant se refiere expresamente a la humanidad. Tal vez sirva recordarlo de pasada.

En la tercera formulación del imperativo categórico en donde Kant considera a la especie humana como un fin en sí mismo[19]. En su discusión sobre el suicidio Kant sugiere la idea de que no sólo tenemos deberes individuales, sino que incluso en tanto que individuos de una especie, podemos juzgar si la acción es universalizable tomando a la especie humana como un fin en sí mismo. El agente que comete suicidio o aquel que hace falsas promesas usa su persona y a las demás, de tal forma que considera a la humanidad como un medio para la propia voluntad.

En esta tercera formulación, encontramos una seria defensa de la tesis de que este principio de humanidad como fin en sí mismo tiene un carácter racional puro que determina objetivamente a la voluntad. Considerar la posibilidad de una razón práctica legisladora en los otros agentes racionales, me hace considerar, al mismo tiempo, que existe cierta *dignidad*[20] en mi congénere pues también él cae bajo el mandato de la razón práctica legisladora.

La idea de humanidad viene a funcionar en la lógica como aquel género u especie bajo el cual caen todos los seres humanos, pero no sólo eso. La idea de humanidad contiene tal unidad y

---

18 Kant. *Ibid.*: 134

19 Kant, I (1946): 83

20 Ibíd.: 91ss

singularidad que difícilmente puede ser el resultado de la totalidad de los seres humanos existentes. La diversa multiplicidad de los individuos que componen la especie se agrupa bajo una única especie o género supone que entre los seres humanos, no importa que tan diferentes sean, existe un principio común a todos. Así en el ámbito moral, según esta tercera formulación, aquello que agrupa a todos los agentes morales es la capacidad de dictarse fines, pero sobre todo de ser un fin en sí mismo.

De este modo la idea de humanidad se nos presenta más nítidamente como una obligación moral. Debemos procurar, tanto en nuestra persona como en la de nuestros congéneres, evitar la instrumentalización pues para la *humanidad*, tomada en su conjunto, así como para sus diversos individuos, es un deber constituirse como fin en sí mismo.

Así, la humanidad –concepto de género o de especie –debe ser pensada como algo que deberíamos esforzarnos por realizar pues ella misma se nos impone como deber según la tercera forma del imperativo categórico.

Si es cierto que tenemos un deber para con la humanidad, entonces no podemos "trocar el deber (que es lo *liquidum*) en regla de prudencia consistente en no dedicarse a lo impracticable (que sería lo *illiquidum*)"[21]. Por más catástrofes históricas y retrocesos humanos no podemos negar la validez moral de la idea de un derecho internacional o en el ideal de una paz surgida por el cosmopolitismo.

Los acontecimientos traumáticos que marcaron el siglo XX muestran una gran desconfianza en el poder de las filosofías de la historia de corte progresista. Sin embargo el ideal cosmopolita señala un nuevo terreno de posibilidad moral que va más allá de la autonomía de los sujetos y de sus propiedades, un ideal al que nunca nos aproximaremos, pero que, debido a su contenido

---

21 Kant. *Op.Cit.*:134

moral *para con la humanidad* estamos obligados a realizar. Basta pues con que un deber no se muestre como imposible para estar obligados a llevarlo a cabo.

Por otra parte, la utilidad heurística-comparativa del ideal cosmopolita puede servirnos como una guía que nos permita medir el punto actual en el que se encuentra la humanidad. Comparados con el ideal cosmopolita, y viendo nuestra necesaria inadecuación, podemos encontrar en medio del caos y la contingencia de la historia un principio moral que unifique a los hombres, como miembros de un sistema histórico-moral en el cual cada uno está obligado a fomentar las relaciones pacificas entre los estados y los ciudadanos.

En este sentido el ideal cosmopolita representa un producto tardío del pensamiento kantiano. Un producto de la mente sistemática de un pensador que en sus escritos sobre la filosofía de la historia, la política, la paz y la religión, abre la gran problemática del último trabajo crítico: ¿Qué me es licito esperar? Pregunta que es a la vez teórica y práctica y que apunta a la resolución del problema de la moralidad en el mundo de los fenómenos. Pregunta sin embargo que no se resolverá en los individuos aislados, "sino tan sólo de una progresiva organización de los ciudadanos de la Tierra dentro de la especie y para la especie como un *sistema unificado cosmopolíticamente.*"[22]

IV. CONCLUSIONES: HACIA UNA PAZ Y MODERNIDAD TRANSFORNTERIZA

El cosmopolitismo kantiano se refiere al concepto de cosmopolitismo desarrollado por el filósofo alemán Immanuel Kant en su obra *La Paz Perpetua* (1795). Según Kant, el cosmopolitismo

---

22 Kant, I. (2004):281

es un proyecto político y jurídico que busca erradicar la guerra y establecer un mundo pacífico y justo. Kant considera que la guerra es una forma de violencia y que es necesario abolirla para establecer un mundo pacífico.

El filósofo de Königsberg, afirma que todos los seres humanos tienen derechos universales y que estos derechos deben ser respetados y protegidos por leyes en clave cosmopolita. Por lo anterior, propone la creación de una sociedad de naciones que trabajen juntas para mantener la paz y resolver conflictos de manera pacífica.

No gobierno mundial: Kant rechaza la idea de un gobierno mundial y propone en su lugar una sociedad de naciones que trabajen juntas para mantener la paz.

Influencia del cosmopolitismo kantiano.

El cosmopolitismo kantiano ha influido en la filosofía política y la teoría de la justicia internacional. Autores como Martha Nussbaum (2021) y Anthony Appiah han desarrollado ideas similares al cosmopolitismo kantiano y han aplicado estas ideas a la práctica de la ciudadanía y el respeto a las diferencias culturales.

A pesar de que el cosmopolitismo kantiano fue desarrollado hace más de dos siglos, sigue siendo relevante en la actualidad. La creciente globalización y la interconexión entre las naciones han hecho que la idea de una sociedad de naciones que trabajen juntas para mantener la paz sea más importante que nunca. Además, la defensa de los derechos humanos y la lucha contra la violencia y la injusticia siguen siendo temas importantes en la actualidad.

VII. BIBLIOGRAFÍA

Obras de Kant:

Kant, I. (2015). *Die drei Kritiken–Kritik der reinen Vernunft. Kritik der praktischen Vernunft. Kritik der Urteilskraft.* Cöln: Anaconda.

Kant, I. (1781A-1787B/2008) [Trad. Pedro Rivas]. *Crítica de la razón pura.* México: Alfaguara.

(1785/1946) [Trad. Manuel García Morente]. *Fundamentación de la metafísica de las costumbres.* Buenos Aires: Espasa-Calpe

______ (1784/ 2010) [Trad. Concha Roldán y Roberto Rodríguez]. "Ideas para una historia universal en clave cosmopolita.", En *Ensayos sobre la paz, el progreso y el ideal cosmopolita.* Madrid: Cátedra.

(1793/2010) [Trad. Miguel Palacios, Francisco Pérez y Roberto Rodroguez]. "En torno al tópico: tal vez eso sea correcto en teoría, pero no sirve para la práctica", En *Ensayos sobre la paz, el progreso y el ideal cosmopolita.* Madrid: Cátedra.

(1795/2010) [Trad. Joaquín Abellán]. "Sobre la paz perpetua", En *Ensayos sobre la paz, el progreso y el ideal cosmopolita.* Madrid: Cátedra.

(1797/1993) [Trad. Adela Cortina y Jesús Conill]. *Metafísica de las costumbres.* Barcelona: Altaya.

(2004) [Trad. José Gaos]. *Antropología en sentido pragmático.* Madrid: Alianza

, (2017). *Primera introducción a la* Crítica del Juicio. Madrid: Guillermo Escobar Editor

Obras secundarias:

Appiah, A. (1997). "Cosmopolitan Patriots". En *Critical Inquiry,* Vol. 23, No. 3, Front Lines/Border Posts (Spring, 1997), pp. 617-639

Foucault, M. (2009) [Trad. Ariel Dilon]. *Una lectura de Kant. Introducción a la* Antropología en sentido pragmático. Buenos Aires: Siglo XXI

Langton, R. (2007). Kantian Humillity. Oxford: Clarendon Press

Lazos, E. (2009). "Demonios con entendimiento. Política y moral en la filosofía práctica de Kant." En *ISEGORÍA. Revista de Filosofía Moral y Política* N.º 41, julio-diciembre, 2009, 115-135

Nussbaum, M. (2021). *The Cosmopolitan tradition.* Cambridge Mass.: Harvard University Press.

Russell, B. (1943). *A History of Wester Philosophy.* Londres: George Allen & Unwin

Stepanenko, P. (1996) "Sistematicidad y unidad de la experiencia en Kant" en *Diánoia* XLII, México D.F.: UNAM/FCE.

Strawson, P. (1966). *The bounds of sense.* London & New York: Methuen

Capítulo IV. La prisión preventiva oficiosa. Un México dividido por la jurisprudencia

AUTOMATIC PREVENTIVE PRISON A MEXICO DIVIDED BY JURISPRUDENCE

JORGE TADEO GONZÁLEZ ESTRADA[1]

SUMARIO: *I. INTRODUCCIÓN; II. MÉTODO; III. OBJETIVO; IV. LA PRISIÓN PREVENTIVA OFICIOSA; V. LA JURISPRUDENCIA A PARTIR DE 2021; VI. EL NORTE Y EL SUR, VII. EXPECTATIVAS SOBRE LA PRISIÓN PREVENTIVA OFICIOSA; VIII. CONCLUSIONES; IX. BIBLIOGRAFÍA.*

Resumen

La prisión preventiva oficiosa mexicana fue declarada inconvencional por la Corte Interamericana de Derechos Humanos en las sentencias Tzompaxtle Tecpile

---

1 Licenciado en Derecho por la Universidad Veracruzana, especialidad en Curso Básico de Formación y Preparación de secretarios del Poder Judicial de la Federación, maestro en Ciencias Jurídicas y Sociales por la Universidad de las Naciones, maestro en Juicios Orales y doctor en Derechos Humanos por el Instituto Profesional Educativo del Sureste. Cursó las especializaciones en Bases del Razonamiento Probatorio y la Prueba Testifical desde el Razonamiento Probatorio y la Psicología del Testimonio por la Universidad de Girona. Email: tadeo.gonzalez@unach.mx

y otros y García Rodríguez y otro vs México. En dichas sentencias se ordenó al estado mexicano la adecuación del derecho interno al Pacto de San José, sin que hasta la fecha se haya cumplido legislativamente. En el ámbito jurisdiccional, los Plenos Regionales Centro Norte y Centro Sur adoptaron criterios divergentes, por un lado, acatando los fallos internacionales y por el otro manteniendo la doctrina de la prevalencia de las restricciones constitucionales a los derechos humanos previstos en un tratado internacional. Este trabajo abordó la problemática y los posibles caminos que se presentan para erradicar la prisión preventiva oficiosa, incluso pronunciando una nueva línea argumentativa que puede ser utilizada por los tribunales federales y estatales para mantener el respeto a la presunción de inocencia y libertad personal, sin necesidad de esperar modificaciones legales o soluciones jurisprudenciales de la Suprema Corte de Justicia de la Nación.

Palabras clave: Prisión preventiva oficiosa, jurisprudencia, Plenos Regionales, Restricciones Constitucionales.

Abstrac

The Mexican automatic preventive detention was declared unconventional by the Inter-American Court of Human Rights in the sentences Tzompaxtle Tecpile and others and García Rodríguez and another vs. Mexico. In these rulings, the Mexican state was ordered to adapt domestic law to the Pact of San José, without legislative compliance to date. In the jurisdictional field, the Central North and Central South Regional Plenaries adopted divergent criteria, on the one hand, abiding by international rulings and on the other maintaining the doctrine of the prevalence of constitutional restrictions on human rights provided for in an international treaty. This work addressed the problem and the possible paths that arise to eradicate informal preventive detention, even pronouncing a new line of argument that can be used by federal and state courts to maintain respect for the presumption of innocence and personal freedom, without need to wait for legal modifications or jurisprudential solutions from the Supreme Court of Justice of the Nation.

Keywords: Automatic preventive detention, jurisprudence, Regional Plenary Sessions, Constitutional Restrictions.

I. INTRODUCCIÓN

La característica inequívoca de la jurisprudencia es su obligatoriedad hacia los tribunales de una jerarquía inferior de quien la emitió. En este sentido, el artículo 94 de la Constitución Política de los Estados Unidos Mexicanos establece que será la ley la que determine los términos en que será obligatoria la jurisprudencia sobre la interpretación de la Constitución y demás normas generales. En México, tal como lo establece la Ley de Amparo, el Pleno de la Suprema Corte de Justicia de la Nación, sus Salas, los Plenos Regionales y los Tribunales Colegiados de Circuito son los encargados de emitir los criterios jurisprudenciales que tratan de dar seguridad jurídica a los gobernados.

Un tema recurrente en la jurisprudencia mexicana, desde la implementación del sistema penal acusatorio ha sido la tensión existente entre la prisión preventiva oficiosa establecida en el artículo 19 constitucional y los derechos humanos de los imputados, como lo son la libertad personal y la presunción de inocencia. El punto de quiebre han sido las sentencias Tzompaxtle Tecpile y otros y García Rodríguez y otro vs México dictadas por la Corte Interamericana de Derechos Humanos, en las que ha declarado la inconvencionalidad de la prisión preventiva oficiosa. Los criterios señalados, lejos de ser acatados por el estado mexicano han dado pie a posturas contradictorias por los Plenos Regionales en Materia Penal Centro Norte y Centro Sur, dividiendo al país entre la inaplicación de la medida cautelar automática y su defensa, esta última postura, a la luz de la doctrina de las restricciones constitucionales. Todo lo anterior merece ser analizado, a fin de entender el momento crítico para la seguridad jurídica de México en que nos detuvimos y los posibles caminos que nos queda recorrer.

II. OBJETIVO

El objetivo de este ensayo es dar a conocer los criterios jurisprudenciales que han abordado los dos Plenos Regionales en materia penal de nuestro país sobre la inconvencionalidad de la prisión preventiva oficiosa, precisando si la divergencia implica un problema para el respeto irrestricto a los derechos humanos de los imputados y si, en todo caso, existen posibles soluciones al respecto.

III. MÉTODO

Se utilizarán los métodos documental y deductivo, partiendo de las generalizaciones de la jurisprudencia, para posteriormente relacionarla con la realidad jurídica que atraviesa el estado mexicano.

IV. LA PRISIÓN PREVENTIVA OFICIOSA

La Reforma Constitucional en Materia de Seguridad y Justicia de 2008 es el origen de la prisión preventiva oficiosa, que se encuentra reconocida en el artículo 19 constitucional como medida cautelar que será impuesta por el juez ante determinados delitos, sin que se requiera que el Ministerio Público la solicite, pues la propia naturaleza del delito probablemente cometido la habilita de manera automática[2].

Así, la figura a la que nos referimos se impone cuando se trate de aquellos delitos en los que el legislador ha establecido que no procede otra medida cautelar más que la prisión preventiva[3]

Según datos del INEGI en el Censo Nacional de Sistema Penitenciario Federal y Estatales 2023, al momento de su levantamiento, del total de población privada de la libertad sin sentencia en México, 50.2 % se encontraba en prisión preventiva oficiosa[4].

---

2 Diez García, Javier, "La prisión preventiva oficiosa desde la perspectiva de la justicia penal" en Barras Uscanga, Abril (comp) *Los derechos como límites al poder,* México, UNAM, Instituto de Investigaciones Jurídicas de la UNAM, 2023, p.100.

3 Pérez Loyo, Erik, *Las audiencias del proceso penal mexicano desde la práctica,* México, Editorial Flores, 2018, p. 185.

4 https://www.inegi.org.mx/contenidos/programas/cnspef/2023/doc/cnsipef_2023_resultados.pdf

Esta medida cautelar sigue constituyendo un problema toral del sistema de justicia penal, habida cuenta que lo oficioso ha sido interpretado como automático, esto es, que su aplicación viene aparejada de la simple imputación de un delito establecido en el artículo 19 constitucional.

Lo anterior ha trascendido a nivel internacional, pues en 2023, la Corte Interamericana de Derechos Humanos en el caso García Rodríguez y otro,[5] condenó a México a modificar en dicho aspecto su propia constitución, sin que hasta se haya cumplido.

Así, ante el silencio legislativo ha correspondido a los jueces mexicanos y fundamentalmente al Poder Judicial de la Federación, la tarea de desarrollar a través de la jurisprudencia la manera de justificar la aplicación o inaplicación de la prisión preventiva automática, lo que tiene al país dividido, como se verá más adelante, en una divergencia de criterios, sin que, hasta la fecha la Suprema Corte de Justicia haya fijado un precedente claro al respecto.

V. LA JURISPRUDENCIA A PARTIR DE 2021

La voz jurisprudencia está compuesta por los vocablos latinos: *iuris* (derecho) y *prudentia* (conocimiento), y se entiende como las reiteradas interpretaciones que hacen los tribunales en sus resoluciones de las normas jurídicas, y puede consituir una de las fuentes del derecho[6].

Una característica esencial de la jurisprudencia radica en su carácter de obligatoria y vinculatoria para los diferentes órganos jurisdiccionales que integran el sistema jurídico mexicano, brin-

---

5 Un antecedente importante fue el caso Tzomapxtle Tecpile y otros vs México resuelto en noviembre de 2022 por la propia Corte Interamericana de Derechos Humanos.

6 Narváez, José Ramón, *Jurisprudencia, diccionario histórico judicial de México,* México, Suprema Corte de Justicia de la Nación, 2010, pp. 948-954.

dando a los contendientes el acceso a la justicia, con resoluciones acordes a las pretensiones de cada una de las partes, lo cual brinda seguridad a las resoluciones que dictan los juzgadores[7] .

El 11 de marzo de 2021 se publicó una reforma al artículo 94 constitucional que trajo como principal consecuencia la transición de un sistema de tesis a uno de precedentes para la conformación de la jurisprudencia; empero, los sistemas de contradicción de criterios y de reiteración siguieron manteniéndose, aunque con algunos cambios. Al mismo tiempo, se modificó la Ley de Amparo, reconociendo entonces como supuestos de creación de la jurisprudencia 3 categorías:

a) El precedente obligatorio que puede ser emitido por una resolución del Pleno de la Suprema Corte que cuente con 8 votos favorables o bien por sus Salas, cuando en una resolución se alcance un mínimo de 4 votos.

b) La jurisprudencia por contradicción de criterios que se resuelve de la siguiente manera:

   1. Cuando las Salas de la Suprema Corte de Justicia tengan criterios divergentes, corresponderá al Pleno del Máximo Tribunal del País determinar la solución que debe prevalecer.

   2. Cuando los Plenos Regionales sostengan criterios contradictorios, será la Suprema Corte de Justicia de la Nación quien determine la solución que permanece.

   3. En caso de que los criterios discordantes derivan de diversos Tribunales Colegiados de Circuito de la misma Región, la contradicción será resuelta por el Pleno Regional respectivo.

---

7 Gavia Castillo, José Luis, *Tratado teórico práctico del juicio de amparo*, México, Editorial Flores, 2023, p. 730.

4. Por último, si los criterios provienen de Tribunales Colegiados de Circuito pertenecientes a diversas Regiones, el asunto subirá al Máximo Tribunal del País para su solución.

c) La jurisprudencia por reiteración que de acuerdo con el artículo 224 de la Ley de Amparo hoy ha quedado restringida a los Tribunales Colegiados de Circuito y sigue configurándose con las míticas 5 resoluciones en un mismo sentido, siempre y cuando sean votadas por unanimidad.

En la comunidad jurídica ha permeado la transición al precedente como el punto más importante de la reforma de 2021, diluyendo en ese resplandor un tema que resulta igual de importante, la obligatoriedad o no de las *obiter dicta* cuya utilización se había hecho una criticable costumbre en las sentencias de la propia Suprema Corte de Justicia.

En este sentido, debe destacarse que ha sido la Ley de Amparo la encargada de adecuar el sistema de precedentes a los postulados de la Teoría de la Argumentación Jurídica, estableciendo que los únicos criterios obligatorios son aquellos que en verdad constituyen la *ratio decidendi* de la sentencia.

La *ratio decidendi* debe identificarse como el conjunto de razonamientos o consideraciones que sustentan el punto esencial de solución del caso analizado y son la base de la jurisprudencia por precedentes al ser la materia de la decisión. Por su parte, la *obiter dicta* se identifica como aquel pronunciamiento que no tiene relevancia para la resolución del punto esencial del asunto, es decir, no es preponderante para el resultado; de ahí que, por sí misma naturaleza no puede gozar de esa característica que se exige para que se vuelva precedente judicial.[8]

---

8 López Moreno, Alexander, "Capítulo II jurisprudencia por precedentes obligatorios", en Muñoz Alvarado, Froylan y Larumbe Radilla, Livia Lizbeth Coordinadores, *Ley de Amparo comentada por juzgadoras y juzgadores del Poder Judicial de la Federación*, México, Tirant lo Blanch, 2023, p.870.

Lo anterior puede advertirse de los artículos 218, último párrafo, 222 y 224 de la Ley de Amparo que disponen:

Artículo 218 ...

Las cuestiones de hecho y de derecho que no sean necesarias para justificar la decisión, en ningún caso deberán incluirse en la tesis.

"Artículo 222. Las razones que justifiquen las decisiones contenidas en las sentencias que dicte el Pleno de la Suprema Corte de Justicia de la Nación, constituyen precedentes obligatorios para todas las autoridades jurisdiccionales de la Federación y de las entidades federativas cuando sean tomadas por mayoría de ocho votos. Las cuestiones de hecho o de derecho que no sean necesarias para justificar la decisión no serán obligatorias.

Artículo 224. La jurisprudencia por reiteración se establece por los tribunales colegiados de circuito cuando sustenten, por unanimidad, un mismo criterio en cinco sentencias no interrumpidas por otra en contrario. Las cuestiones de hecho o de derecho que no sean necesarias para justificar la decisión no serán obligatorias.

De esta guisa, con base en la reforma de 2021, todos aquellos argumentos aleatorios y no necesarios para resolver el fondo de un problema planteado a la Suprema Corte de Justicia de la Nación, a los Plenos Regionales y a los Tribunales Colegiados de Circuito, no constituyen jurisprudencia y, por ende, no resultan obligatorios por carecer de un requisito de validez en su forma de creación.

VI. EL NORTE Y EL SUR

Los Plenos Regionales son órganos colegiados del Poder Judicial de la Federación que fueron creados con la reforma constitucional de 2021 al artículo 94 constitucional.

Al respecto cabe señalar que, en la exposición de motivos de la Reforma Judicial de 2021, se incluyó su creación para sustituir a los Plenos de Circuito, de acuerdo, con lo establecido en el artículo 41 de la Ley Orgánica del Poder Judicial de la Federación. La finalidad fue ampliar el ámbito de competencia por cuestión territorial dado que una región a su vez se encuentra conformada por varios circuitos. Estos Plenos Regionales están expresamente facultados para desempeñar funciones de órgano resolutor en los casos de contradicción de criterios[9].

El tema de la inconvencionalidad de la prisión preventiva oficiosa declarada por la Corte Interamericana de Derechos Humanos ha sido abordado por los Plenos Regionales en Materia Penal principalmente para resolver si la suspensión en el juicio de amparo indirecto promovido en contra de su imposición debe tener efectos restitutorios.

Los partidarios de conceder la suspensión con efectos restitutorios utilizan como baremo la apariencia del buen derecho que se traduce en un cálculo de probabilidades de que, en la sentencia, se declarará la inconstitucionalidad del acto reclamado[10].

El Pleno Regional en Materia Penal Centro Norte, en la tesis de jurisprudencia con registro digital 2027280 ha establecido:

> SUSPENSIÓN PROVISIONAL EN EL JUICIO DE AMPARO INDIRECTO. CUANDO SE RECLAMA LA IMPOSICIÓN DE LA PRISIÓN PREVENTIVA OFICIOSA, LA PERSONA JUZGADORA NO DEBERÁ LIMITARSE A LOS EFECTOS ESTABLECIDOS EN EL ARTÍCULO 166, FRACCIÓN I, DE LA LEY DE AMPARO, SINO QUE DEBERÁ OTORGARLA CON EFECTOS RESTITUTORIOS DE TUTELA ANTICIPADA, YA QUE LAS SENTENCIAS VINCULANTES EMITIDAS POR LA CORTE INTERAMERICANA DE DERECHOS HUMANOS, EN LOS CASOS TZOMPAXTLE

---

9 Sánchez Domínguez, María de los Ángeles, "capítulo IV jurisprudencia por contradicción de criterios" en Muñoz Alvarado, Froylan y Larumbe Radilla, Livia Lizbeth Coordinadores, *Ley de Amparo comentada por juzgadoras y juzgadores del Poder Judicial de la Federación*, México, Tirant lo blanch, 2023, pp. 892 y 893.

10 Rosas Baqueiro, Marco Polo, *El nuevo juicio de amparo indirecto llevadito de la mano*, México, Rechtikal, 2015, p. 751.

TECPILE Y OTROS Y GARCÍA RODRÍGUEZ Y OTRO EN LAS QUE FUE DECLARADA INCONVENCIONAL ESA MEDIDA, CONSTITUYEN UN FACTOR DETERMINANTE PARA TENER POR DEMOSTRADA LA APARIENCIA DEL BUEN DERECHO.

Hechos: Los Tribunales Colegiados de Circuito contendientes, al resolver diversos recursos de queja, realizaron un análisis jurídico para determinar si era procedente o no conceder la suspensión provisional con efectos restitutorios cuando el acto reclamado en un juicio de amparo es la imposición de la prisión preventiva oficiosa.

Así, uno de los órganos contendientes concedió la suspensión provisional únicamente para el efecto de que, en lo que se refiera a su libertad, la parte quejosa quedara a disposición del órgano jurisdiccional de amparo en el lugar que éste señalara y a disposición de la autoridad a la que corresponda conocer del procedimiento penal para efectos de su continuación, en términos de lo dispuesto en los artículos 163 y 166, fracción I, de la Ley de Amparo; asimismo, argumentó que no era factible conceder la suspensión con efectos restitutorios, en virtud de que con ello se inobservarían los artículos 19 constitucional, 167 del Código Nacional de Procedimientos Penales y 217 de la Ley de Amparo, así como la jurisprudencia P./J. 20/2014 (10a.) derivada de la contradicción de tesis 293/2011, resuelta por el Pleno de la Suprema Corte de Justicia de la Nación.

Por otra parte, el diverso órgano jurisdiccional contendiente, concedió la suspensión provisional con efectos restitutorios, en observancia a una tutela provisional anticipada, al considerar que el artículo 128 de la Ley de Amparo no impide conceder la suspensión para dicho efecto, esto es, al no ser una disposición absoluta, ya que la mencionada normativa constituye la regla general al analizar la suspensión de los actos que se impugnen en el juicio de amparo y, por ende, pueden existir excepciones a ese lineamiento general. Igualmente, destacó que no se protegen los derechos de la parte quejosa con motivo de la suspensión en aplicación estricta de los artículos 163 y 166 de la Ley de

Amparo, de manera que, de conformidad con las sentencias internacionales en las que se determinó la responsabilidad del Estado Mexicano, por la inconvencionalidad de la figura de la prisión preventiva oficiosa, concedió la medida suspensional para efecto de que el Juez de Control señalara fecha para la celebración de una audiencia de revisión de medida cautelar y fijara una diversa, haciendo la precisión de que sólo se podría imponer la prisión preventiva en caso de ser justificada.

Criterio jurídico: El Pleno Regional en Materia Penal de la Región Centro-Norte, con residencia en la Ciudad de México, determina que con base en una interpretación conforme del artículo 166 de la Ley de Amparo, en correlación con el artículo 107, fracción X, constitucional, es posible conceder la suspensión provisional con efectos restitutorios cuando el acto reclamado sea la imposición de la medida cautelar de prisión preventiva oficiosa, debido a que las sentencias emitidas por la Corte Interamericana de Derechos Humanos, en los casos Tzompaxtle Tecpile y otros contra México y García Rodríguez y otro contra México (en las que entre otras cuestiones, se condenó al Estado Mexicano y se declaró la inconvencionalidad de dicha medida cautelar) son vinculantes y, por tanto, acreditan la apariencia del buen derecho, el peligro en la demora y la no afectación al orden público.

Justificación: Tal como se resolvió en la contradicción de tesis 293/2011, del Pleno de la Suprema Corte de Justicia de la Nación, de la que derivaron las jurisprudencias P./J. 20/2014 (10a.) y P./J. 21/2014 (10a.), el bloque de constitucionalidad está conformado tanto por los derechos humanos establecidos en la Constitución Política de los Estados Unidos Mexicanos, como por aquellos que se encuentren inmersos en los tratados internacionales, mismos que fueron incorporados a nuestra Norma Fundamental por mandato del propio artículo 1o., creando así un parámetro de regularidad constitucional amplificado, que los relaciona entre sí, sin distinción jerárquica. Asimismo, la jurisprudencia emitida por la Corte Interamericana de Derechos Humanos es vinculante para el Estado Mexicano, aun en los casos en donde no sea condenado, bajo la verificación de la existencia de las mismas razones que motivaron el pronunciamiento, por lo que debe armonizarse la jurisprudencia interamericana con la nacional y, de no ser ello posible, aplicar el criterio que resulte más favorable a la protección de los derechos humanos.

Bajo las anteriores consideraciones, para determinar si resulta procedente conceder la suspensión provisional con efectos restitutorios, cuando el acto reclamado sea la imposición de la prisión preventiva oficiosa, la persona juzgadora de amparo no sólo debe limitarse a los efectos establecidos en el artículo 166, fracción I, de la Ley de Amparo, es decir, que el quejoso quede a disposición de la persona juzgadora de Distrito únicamente en cuanto a su libertad personal y a disposición del Juez de la causa para la continuación del procedimiento, sino que es posible una concesión de tutela anticipada, toda vez que los pronunciamientos hechos por la Corte Interamericana de Derechos Humanos en las sentencias correspondientes a los casos ya señalados en donde se declaró la inconvencionalidad de la prisión preventiva oficiosa, son elementos que permiten la actualización de la apariencia del buen derecho, pues ello hace presumible que hay probabilidades jurídicas considerables para que el acto reclamado, en su momento, sea declarado inconstitucional.

De modo que, cuando la parte quejosa solicite la suspensión provisional por la imposición de dicha medida cautelar de prisión preventiva oficiosa, ésta deberá otorgarse con efectos de tutela anticipada, frente a lo cual, el Juez de la causa, con base en las disposiciones del Código Nacional de Procedimientos Penales, deberá convocar a una audiencia dentro de un plazo de cuarenta y ocho horas, en la que prescinda de la prisión preventiva oficiosa reclamada en el juicio de amparo y podrá imponer una diversa, previo contradictorio entre las partes, en el expreso entendido de que la prevalencia del principio pro persona y la interpretación conforme, no implican la inobservancia de la jurisprudencia de la Suprema Corte de Justicia de la Nación, la inaplicación de algún precepto constitucional o secundario, desvirtuar la finalidad específica de los mecanismos jurídicos regulados en el orden jurídico nacional, la eliminación de cierta figura procesal, ni en absoluto el cuestionamiento del Texto Constitucional, toda vez que, el pronunciamiento sobre si deberá prevalecer la jurisprudencia nacional o la internacional, será materia de evaluación que deba realizar la persona juzgadora de Distrito en el fondo del asunto, es decir, la tutela anticipada es una medida provisional y no sustituye la sentencia definitiva, por lo que la suspensión deberá ser concedida en los términos antes señalados. (Tesis: PR.P.CN. J/13 P)

Como puede apreciarse, el Pleno Regional Centro Norte, sustenta su criterio en un control pro persona que impone un ejercicio de interpretación, aplicando la norma más favorable a las personas[11], así como en la interpretación conforme, estableciendo que las sentencias de la Corte Interamericana son obligatorias para el estado mexicano y que por tanto, al haberse declarado la inconvencionalidad de la prisión preventiva automática en los casos Tzompaxtle Tecpile y García Rodríguez, debe concederse la suspensión provisional con efectos restitutorios a fin de que la autoridad responsable convoque dentro de 48 horas a una nueva audiencia y prescinda de la prisión preventiva oficiosa, abriendo un nuevo debate sobre la medida cautelar, todo ello, en virtud de que se goza de la apariencia del buen derecho y no se contravienen disposiciones de orden público ni se afecta el interés social.

Por su parte, el Pleno Regional Centro Sur, en la tesis de jurisprudencia con registro digital 2028043 ha establecido un criterio contrario:

> SUSPENSIÓN PROVISIONAL EN EL JUICIO DE AMPARO. CUANDO SE RECLAMA LA PRISIÓN PREVENTIVA OFICIOSA, NO ES PROCEDENTE CONCEDERLA CON EFECTOS RESTITUTORIOS

---

11 Cossío Díaz, José Ramón, *Sistemas y modelos de control constitucional en México*, 2ª. Edición, México, UNAM Instituto de Investigaciones Jurídicas, 2013, pp 183 a 186.

CON BASE EN LO DETERMINADO POR LA CORTE INTERAMERICANA DE DERECHOS HUMANOS EN LAS SENTENCIAS DICTADAS EN LOS CASOS TZOMPAXTLE TECPILE Y OTROS CONTRA MÉXICO Y GARCÍA RODRÍGUEZ Y OTRO CONTRA MÉXICO.

Hechos: Los Tribunales Colegiados de Circuito contendientes llegaron a posturas discrepantes al resolver si es posible conceder la suspensión provisional con efectos restitutorios cuando en el juicio de amparo indirecto se reclama la medida cautelar de prisión preventiva oficiosa.

Por un lado, uno de los tribunales determinó que, en virtud del carácter vinculante de las sentencias dictadas por la Corte Interamericana de Derechos Humanos en los casos Tzompaxtle Tecpile y otros contra México y García Rodríguez y otro contra México, en los que se declaró la inconvencionalidad de esa medida cautelar, era procedente conceder la suspensión provisional con efectos restitutorios, para que la responsable deje insubsistente su determinación y convoque a una audiencia de revisión de medidas cautelares en términos del Código Nacional de Procedimientos Penales, a fin de someter al contradictorio de las partes la medida cautelar solicitada por la representación social.

Por otro lado, el diverso órgano colegiado consideró que de acuerdo con el artículo 166, fracción I, de la Ley Amparo y con la jurisprudencia 1a./J. 50/2017 (10a.), la suspensión de los actos reclamados en materia penal respecto de medidas cautelares que impliquen privación de la libertad, se rige exclusivamente por las disposiciones de la parte especial de la ley de la materia; por tanto, los fallos de la Corte Interamericana no conllevaban conceder la suspensión provisional con efectos restitutorios cuando el acto reclamado consistiera en la prisión preventiva oficiosa, dado que esa decisión se traduciría en inaplicar la medida impuesta por el Juez de Control y, como consecuencia, se dejarían de observar las disposiciones vigentes en materia de amparo.

Criterio jurídico: El Pleno Regional en Materia Penal de la Región Centro-Sur, con residencia en San Andrés Cholula, Puebla, determina que los órganos de amparo no están facultados para conceder la suspensión provisional con efectos restitutorios respecto de la prisión preventiva oficiosa, a fin de que se imponga una distinta, pues ello implicaría inobservar el artículo 166, fracción I, de la Ley de Amparo, la jurisprudencia 1a./J. 50/2017 (10a.), de la Primera Sala de la Suprema Corte de Justicia de la Nación y la restricción prevista en el artículo 19 de la Constitución Federal.

Justificación: Las sentencias de la Corte Interamericana de Derechos Humanos en las que se declaró la inconvencionalidad de la prisión preventiva oficiosa no derogan tácitamente las disposiciones normativas relacionadas con esa medida cautelar, por lo que el artículo 166, fracción I, de la Ley de Amparo, que establece los efectos de la suspensión para ese acto reclamado, se encuentra vigente. Además, la Primera Sala de la Suprema Corte de Justicia de la Nación no ha interrumpido el criterio establecido en la tesis jurisprudencial 1a./J. 50/2017 (10a.), en la que señaló que cuando se reclamen actos privativos de la libertad, la medida suspensional debe ajustarse a la parte especial de la citada ley, por lo que es de observancia obligatoria para los tribunales de menor jerarquía del país, ya que sólo la Suprema Corte de Justicia de la Nación tiene la facultad de examinar la prevalencia de la jurisprudencia y, en su caso, interrumpirla. Por tanto, no es admisible un argumento diverso o contrario para justificar el otorgamiento de la suspensión provisional con efectos restitutorios cuando el acto reclamado consista en la imposición de esa medida cautelar, a fin de que se deje sin efectos y se imponga una diversa.

Además, la Suprema Corte de Justicia de la Nación ha identificado a la prisión preventiva oficiosa como una auténtica restricción constitucional al ejercicio del derecho humano de la libertad, lo que configura un obstáculo para que a través de un análisis prima facie de ese acto reclamado, se impriman efectos restitutorios a la suspensión provisional y se inapliquen las disposiciones que la establecen y regulan. Ello, conforme a lo sostenido por el Máximo Tribunal del País en la contradicción de tesis 293/2011, de la que derivó la jurisprudencia P./J. 20/2014 (10a.), que es obligatoria para todos los tribunales de amparo y no está sujeta a control convencional. Por tanto, cuando en el juicio de amparo indirecto se reclama la imposición de la prisión preventiva oficiosa, no es posible conceder una tutela anticipada, toda vez que el estudio requerido para inaplicar dicha medida cautelar, sobre la justificación del cumplimiento a las sentencias dictadas en los casos Tzompaxtle Tecpile y otros contra México y García Rodríguez y otro contra México, conlleva un análisis complejo por parte del juzgador, que no puede ser agotado al momento de resolver sobre la concesión de la suspensión provisional. (Tesis: PR.P.CS.J/16 P).

Como puede advertirse, el Pleno Regional Centro Sur señala la imposibilidad de conceder la suspensión provisional con efectos restitutorios, en virtud de que la prisión preventiva oficiosa constituye una restricción constitucional en términos de la contradicción de tesis 293/2011, en la cual, el Pleno de la Suprema Corte de Justicia de la Nación entendió que cuando en la Constitución exista una restricción expresa al ejercicio de los derechos humanos, se deberá estar a lo que indica la norma constitucional.

Al respecto, es importante señalar que el 3 de septiembre de 2013 a fin de llegar a consensos que permitieran avanzar respecto al bloque de constitucionalidad, el Pleno de la Suprema Corte de Justicia de la Nación resolvió la contradicción de tesis 293/2011, la cual resultaría hasta nuestros días, la base para seguir aplicando figuras abiertamente violatorias de derechos humanos como la prisión preventiva oficiosa o el arraigo, a la luz de la "doctrina" de las restricciones constitucionales.

De la ejecutoria de mérito se advierte que los criterios de los tribunales colegiados contendientes se centraron en los siguientes:

"Los Tribunales Colegiados contendientes analizaron en los diversos amparos directos sometidos a su consideración, los siguientes puntos jurídicos: (1) la posición jerárquica de los tratados internacionales en materia de derechos humanos en relación con la Constitución; (2) el carácter de la jurisprudencia en materia de derechos humanos emitida por la Corte Interamericana de Derechos Humanos; y, (3) el control de convencionalidad"[12]

Como se lee, ninguno de los puntos en específico se centraba en analizar que debía hacerse cuando se advirtiera en la constitución una posible limitación a los derechos humanos reconocidos por un tratado internacional.

De hecho, el Pleno de la Suprema Corte de Justicia, ante el primer tema a dilucidar termina decantándose por establecer que las relaciones entre los derechos humanos que integran el nuevo parámetro de control de regularidad deben desarrollarse en forma armónica, sin introducir criterios de jerarquía entre las mismas. Así, para el Máximo Tribunal del País no existen jerarquías entre los tratados internacionales en materia de derechos humanos y la Constitución.

El tema de las restricciones constitucionales y su prevalencia ante los derechos humanos reconocidos en un tratado internacional se abordó en la contradicción de tesis 293/2011 en un párrafo que reza lo siguiente:

"Ahora bien, como ya se señaló, derivado de la parte final del primer párrafo del artículo 1o. constitucional, el Pleno de esta Suprema Corte de Justicia de la Nación entiende que cuando en la Constitución haya una restricción expresa al ejercicio de los derechos humanos, se deberá estar a lo que indica la norma constitucional."[13]

No obstante, de dicho párrafo se extrajo como criterio "obligatorio" del Pleno del Máximo Tribunal la tesis con registro digital 2006224:

> DERECHOS HUMANOS CONTENIDOS EN LA CONSTITUCIÓN Y EN LOS TRATADOS INTERNACIONALES. CONSTITUYEN EL

---

[12] Contradicción de tesis 293/2011 resuelta por el Pleno de la Suprema Corte de Justicia de la Nación.

[13] *Ibidem.*

PARÁMETRO DE CONTROL DE REGULARIDAD CONSTITUCIONAL, PERO CUANDO EN LA CONSTITUCIÓN HAYA UNA RESTRICCIÓN EXPRESA AL EJERCICIO DE AQUÉLLOS, SE DEBE ESTAR A LO QUE ESTABLECE EL TEXTO CONSTITUCIONAL.

El primer párrafo del artículo 1o. constitucional reconoce un conjunto de derechos humanos cuyas fuentes son la Constitución y los tratados internacionales de los cuales el Estado Mexicano sea parte. De la interpretación literal, sistemática y originalista del contenido de las reformas constitucionales de seis y diez de junio de dos mil once, se desprende que las normas de derechos humanos, independientemente de su fuente, no se relacionan en términos jerárquicos, entendiendo que, derivado de la parte final del primer párrafo del citado artículo 1o., cuando en la Constitución haya una restricción expresa al ejercicio de los derechos humanos, se deberá estar a lo que indica la norma constitucional, ya que el principio que le brinda supremacía comporta el encumbramiento de la Constitución como norma fundamental del orden jurídico mexicano, lo que a su vez implica que el resto de las normas jurídicas deben ser acordes con la misma, tanto en un sentido formal como material, circunstancia que no ha cambiado; lo que sí ha evolucionado a raíz de las reformas constitucionales en comento es la configuración del conjunto de normas jurídicas respecto de las cuales puede predicarse dicha supremacía en el orden jurídico mexicano. Esta transformación se explica por la ampliación del catálogo de derechos humanos previsto dentro de la Constitución Política de los Estados Unidos Mexicanos, el cual evidentemente puede calificarse como parte del conjunto normativo que goza de esta supremacía constitucional. En este sentido, los derechos humanos, en su conjunto, constituyen el parámetro de control de regularidad constitucional, conforme al cual debe analizarse la validez de las normas y actos que forman parte del orden jurídico mexicano. (Tesis: P./J. 20/2014).

El Máximo Tribunal no definió a las restricciones constitucionales y la doctrina sobre ellas ha sido incipiente, lo peligroso de ello, es que, como lo señala el ministro en retiro José Ramón Cossío Díaz se ha generado una regla hermenéutica general para que siempre que hubiere una restricción constitucional o un texto expreso en la Constitución se subordinará el derecho convencional, aunque a esto no se le denominara jerarquía[14].

VII. EXPECTATIVAS SOBRE LA PRISIÓN PREVENTIVA OFICIOSA

Actualmente existe un consenso en la comunidad jurídica respecto a la inconvencionalidad de la prisión preventiva oficiosa. Ahora bien, el escenario ideal para dejarla atrás, sería una reforma constitucional y ordinaria como lo ha ordenado la corte interamericana. Si bien es cierto existen iniciativas de reforma al respecto[15]; la conformación del Congreso de la Unión posterior al proceso electoral 2024, con una mayoría calificada del partido en el gobierno y las organizaciones políticas afines, arroja la lectura de que un cambio legislativo no se visualiza cercano, habida cuenta que el titular del ejecutivo federal ha mostrado su inclinación para que la prisión preventiva oficiosa continúe[16].

En el marco jurisdiccional, el problema se centra en determinar si al entender a la prisión preventiva automática como una restricción constitucional, debe respetarse la doctrina de las restricciones constitucionales derivada de la contradicción de

---

14 Cossío Díaz, José Ramón et al, *La construcción de las restricciones constitucionales a los derechos humanos*, México, Porrúa, 2015, p. 30.

15 Un de esas iniciativas fue presentada el 2 de febrero de 2023 por el diputado Jorge Álvarez Máynez. http://sil.gobernacion.gob.mx/Archivos/Documentos/2023/03/asun_4509079_20230309_1676569036.pdf.

16 Un ejemplo de ello puede verse en la nota de infobae del 7 de mayo de 2024 https://www.infobae.com/mexico/2024/05/07/amlo-pide-a-la-scjn-no-eliminar-la-prision-preventiva-oficiosa-ojala-recapaciten/.

tesis 293/2011 o bien deben acatarse las sentencias de la Corte Interamericana de Derechos Humanos.

La Suprema Corte de Justicia ha sido pasiva en asumir un criterio que dote de seguridad jurídica al país, actualmente se encuentra pendiente de resolver la contradicción de criterios 377/2023 de la Primera Sala, cuyo tema se traduce en determinar si es posible conceder la suspensión con efectos restitutorios en contra de la medida cautelar de prisión preventiva oficiosa atendiendo a lo establecido dentro de las resoluciones de la Corte Interamericana de Derechos Humanos. En la contradicción señalada, uno de los criterios contendientes es precisamente el del Pleno Regional Centro Norte en que se decanta por la procedencia de la suspensión con tutela anticipada.

Por su parte, en Pleno del Máximo Tribunal ha abierto los expedientes sobre recepción de sentencias de tribunales internacionales 1/2023 y 3/2023 cuyos temas se centran en determinar las acciones a seguir en relación con las sentencias emitidas por la Corte Interamericana de Derechos Humanos, con relación a los casos Tzompaxtle Tecpile y otros, así como García Rodríguez y otro, contra el estado mexicano.

Una propuesta propia para inaplicar la prisión preventiva oficiosa, sería cumplir con las sentencias de la Corte Interamericana de Derechos Humanos, sin reconocer la obligatoriedad de la contradicción de tesis 293/2011. Lo aquí planteado supone un principio para erradicar las discusiones que aquejan a un país golpeado por el injustificable uso de la prisión preventiva oficiosa a la que se aferra el Pleno Regional Centro Sur.

En efecto, si como analizamos, la doctrina de las restricciones constitucionales que nació en la contradicción de tesis 293/2011, no resulta una *ratio decidendi* sino una *obiter dicta*, al no haber sido uno de los problemas planteados en la sentencia, es inconcuso que a partir de la reforma de 2021 al artículo 94 constitucional, dicha doctrina no resulta vinculante, habida cuenta que una interpretación teleológica[17] nos indica que la finalidad de la norma ha sido dejar atrás la mala práctica de convertir en jurisprudencia estos argumentos aleatorios utilizados constantemente en las resoluciones judiciales.

Esta forma de atender el problema privilegia la interpretación pro persona, habida cuenta que no debe soslayarse que ante la existencia de varias interpretaciones distintas de preceptos que afecten el ejercicio de un derecho fundamental constitucionalmente reconocido, ha de darse preferencia a aquella que dote de mayor alcance o mejor realización a tal derecho[18]

VIII. CONCLUSIONES

Los Plenos Regionales en Materia Penal han fijado jurisprudencia contradictoria entre sí. Por un lado el Centro Norte del país goza de un criterio más adecuado al respeto irrestricto de los derechos humanos, de la mano del principio pro persona y la interpretación conforme, acatando los fallos de la Corte Interamericana de Derechos Humanos y concediendo en el amparo, la suspensión provisional con efectos restitutorios, a fin de que se reabran audiencias donde se desaplique la prisión preventiva oficiosa y se debata la necesidad y proporcionalidad de la privación de la libertad del imputado durante el proceso penal. El Centro Sur, por su parte, ha sido respetuoso de la doctrina de las restricciones constitucionales optando por seguir aplicando la prisión preventiva oficiosa.

Las opciones para erradicar la prisión preventiva oficiosa se traducen en una poco viable reforma constitucional. Una diversa manera es que por fin sea la Suprema Corte de Justicia quien ter-

---

17 El método teleológico tiene por objeto encontrar la finalidad que persiguió el legislador.

18 García Amado, Juan Antonio, *Argumentación jurídica fundamentos teóricos y elementos prácticos,* Valencia, Tirant lo Blanch, 2023, pp. 234 y 235.

mine con la inseguridad jurídica que opera en el país, al resolver la contradicción de criterios 377/2023 o los expedientes sobre recepción de sentencias de tribunales internacionales 1/2023 y 3/2023.

Lo anterior nos lleva a una opción más rápida y eficaz, esto es, la utilización en las decisiones judiciales de una nueva línea argumentativa que señale la falta de obligatoriedad de la doctrina de las restricciones constitucionales, al constituir una *obiter dicta* de la contradicción de tesis 293/2011. Dicho razonamiento puede ser desarrollado con mayor detenimiento desde el plano de la investigación o bien de la labor jurisdiccional incluso por los jueces estatales, dignificando la autonomía de los poderes judiciales locales, buscando alternativas y apartándose de un federalismo que hasta hoy no ha sido respetuoso de la presunción de inocencia y la libertad personal.

IX. BIBLIOGRAFÍA

ABREU Y ABREU, Juan Carlos y QUIÑONEZ HUÍZAR, Francisco Rubén, *Jurisprudencia, derechos humanos y procedimiento penal,* México, INACIPE, 2021.

ALEXY, Robert, *Teoría de la argumentación jurídica,* 2ª. Edición, Madrid, Centro de Estudios Políticos y Constitucionales, 2012.

CARBONELL, Miguel (Coordinador), *Argumentación jurídica,* 4ª Edición, México, Porrúa y Universidad Nacional Autónoma de México, 2015.

COSSÍO DÍAZ, José Ramón, *Sistemas y modelos de control constitucional en México,* 2ª. Edición, México, UNAM Instituto de Investigaciones Jurídicas, 2013.

COSSÍO DÍAZ, José Ramón et al, *La construcción de las restricciones constitucionales a los derechos humanos,* México, Porrúa, 2015

DIEZ GARCÍA, Javier, "La prisión preventiva oficiosa desde la perspectiva de la justicia penal" en Barras Uscanga, Abril (comp) Los derechos como límites al poder, México, UNAM, Instituto de Investigaciones Jurídicas de la UNAM, 2023.

GARCÍA AMADO, Juan Antonio, *Argumentación jurídica fundamentos teóricos y elementos prácticos,* Valencia, Tirant lo blanch, 2023.

GARCÍA RAMÍREZ, Sergio, *México ante la Corte Interamericana de Derechos Humanos,* 2ª Edición, México, Porrúa y Universidad Nacional Autónoma de México, 2012.

GAVIA CASTILLO, José Luis, Tratado teórico práctico del juicio de amparo, México, Editorial Flores, 2023.

HIDALGO MURILLO, José Daniel, *Debido proceso penal en el sistema acusatorio,* México, Editorial Flores y Universidad Panamericana, 2011.

LÓPEZ MORENO, Alexander, "Capítulo II jurisprudencia por precedentes obligatorios", en Muñoz Alvarado, Froylan y Larumbe Radilla, Livia Lizbeth Coordinadores, Ley de Amparo comentada por juzgadoras y juzgadores del Poder Judicial de la Federación, México, Tirant lo blanch, 2023.

NARVÁEZ, José Ramón, Jurisprudencia, diccionario histórico judicial de México, México, Suprema Corte de Justicia de la Nación, 2010.

PÉREZ LOYO, Erik, Las audiencias del proceso penal mexicano desde la práctica, México, Editorial Flores, 2018.

SÁNCHEZ DOMÍNGUEZ, María de los Ángeles, "capítulo IV jurisprudencia por contradicción de criterios" en MUÑOZ ALVARADO, Froylan y LARUMBE RADILLA,

Livia Lizbeth Coordinadores, Ley de Amparo comentada por juzgadoras y juzgadores del Poder Judicial de la Federación, México, Tirant lo blanch, 2023.

ROSAS BAQUEIRO, Marco Polo, *El nuevo juicio de amparo indirecto llevadito de la mano,* México, Rechtikal, 2015.

Capítulo V.
La unidad de inteligencia financiera en el marco del federalismo

THE FINANCIAL INTELLIGENCE UNIT IN THE FRAMEWORK OF FEDERALISM

MTRA. JIMENA ALCÁNTARA NAVARRETE[1]

SUMARIO: I. INTRODUCCIÓN; II. DECLARACIÓN DE BASILEA DE 12 DE DICIEMBRE DE 1988; III. GRUPO EGMONT DE UNIDADES DE INTELIGENCIA FINANCIERA; IV. LA UNIDAD DE INTELIGENCIA FINANCIERA EN EL MARCO JURÍDICO MEXICANO; V. FUNCIONES DE LA UNIDAD DE INTELIGENCIA FINANCIERA; VI. CONCLUSIONES; VII. REFERENCIAS.

Resumen

El presente ensayo tiene por objeto, identificar el origen y las funciones de la Unidad de Inteligencia Financiera, debido a su impacto en la prevención y el combate al blanqueo de capitales, el financiamiento al terrorismo y la proliferación de armas de destrucción masiva, ya que constituye un factor clave para evitar la colocación de recursos de procedencia ilícita en el sistema bancario, puesto que dichos capitales dotan de liquidez a las organizaciones criminales.

Palabras clave: lavado de dinero, unidad de inteligencia financiera, reporte de operaciones sospechosas.

1 ** Mtra. en Derecho Fiscal y Administrativo, profesora de asignatura en el Instituto de Investigaciones de la Universidad Autónoma de Chiapas, jimena_alcantara@hotmail.com

Abstract

The purpose of this essay is to identify the origin and functions of the Financial Intelligence Unit, due to its impact on the prevention and combat of money laundering, terrorist financing and the proliferation of weapons of mass destruction, since it is a key factor in preventing the placement of resources of illicit origin in the banking system, since such capital provides liquidity to criminal organizations.

Key Words: money laundering, financial intelligence unit, suspicious transaction reporting.

I. INTRODUCCIÓN

La prevención y el combate al lavado de dinero, el financiamiento al terrorismo y la proliferación de armas de destrucción masiva ha cobrado especial importancia en las últimas décadas, debido a que es una problemática sistémica y global, en virtud de que una vez que los recursos son introducidos al sistema financiero, es casi imposible seguir su rastro debido a que se realizan múltiples operaciones para dar la apariencia de licitud a dichos capitales, los cuales dotan de liquidez a las organizaciones criminales para expandir y mantener sus actividades ilícitas.

El sistema bancario se divide en la banca múltiple, cuyos fines son meramente económicos y en la banca de desarrollo, que está integrada por instituciones financieras establecidas por el gobierno para contribuir al desarrollo económico nacional, así como proveer el financiamiento a largo plazo de proyectos, cuyo objeto es alcanzar metas socioeconómicas.

La importancia de la banca de desarrollo radica en los diferentes ejes de acción a la que está dirigida, como son, el apoyo a PyMES, el desarrollo de la vivienda y de la infraestructura nacional, de la tecnología, así como el impulso a la internacionalización de las empresas, el apoyo al comercio exterior y el fomento a la integración económica.

Lo anterior, se realiza principalmente a través de préstamos a corto, mediano y largo plazo, inversiones en títulos-valores, administración de fideicomisos, etc., cuyas fuentes de financiamiento se obtienen principalmente de los depósitos públicos, prestamos del exterior y la emisión de títulos valor.[2]

Para evitar que las entidades del sistema financiero sean utilizadas para dar apariencia de legalidad a recursos de operaciones de procedencia ilícita, existen diversos instrumentos internacionales como:

a) la Declaración de Basilea dirigida a la banca de desarrollo,

b) las 40 recomendaciones de Grupo de Acción Financiera Internacional (GAFI) en las cuales, destacan las medidas de identificación y supervisión de clientes y usuarios del sistema financiero, así como la creación de un organismo especializado en la detección de operaciones que pudieran ser realizadas con recursos de procedencia ilícita y,

c) el Grupo Egmont, el cual es una organización internacional que permite la cooperación y el intercambio de experiencias de las Unidades de Inteligencia Financiera.

Es así que las Unidades de Inteligencia Financiera, son medulares para la prevención y el combate del lavado de activos, al ser organismos reguladores de las instituciones del sistema financiero, mismas que como se verá más adelante son las encargadas de establecer los lineamientos para el análisis de las operaciones, diseminar los reportes que al respecto reciban y en su caso presentar las denuncias correspondientes ante la autoridad competente.

---

2 Fernández De Castro Heller, Paulina, *La aplicación de los Acuerdos de Basilea a la banca de desarrollo en México*, EGAP Gobierno y Política Pública, Instituto de Estudios Superiores de Administración Pública, Tecnológico de Monterrey, México, 2014. Consultado el 03 de marzo de 2023 en: https://repositorio.tec.mx/bitstream/handle/11285/632086/33068001114291.pdf?sequence=1&isAllowed=y

II. DECLARACIÓN DE BASILEA DE 12 DE DICIEMBRE DE 1988.

El Comité de Supervisión Bancaria de Basilea, es un organismo internacional encargado de la regulación prudencial de los bancos y en particular de su solvencia, a pesar de que los estándares de regulación bancaria que se acuerdan no son jurídicamente vinculantes, dado que dicho organismo no goza de potestad supranacional, sus miembros han adquirido el compromiso de articularlos en la normativa de sus sistemas bancarios.

Su principal objetivo es el fortalecimiento de la regulación, la supervisión y las prácticas bancarias en todo el mundo con el fin de alcanzar la estabilidad financiera, constituyéndose como un foro de cooperación internacional.[3]

Además, de implementar y supervisar estándares globales de regulación bancaria, entre sus actividades se encuentra, el intercambio de información e identificación de riesgos, de las experiencias relativas a las medidas de supervisión de los bancos centrales, incluso con bancos centrales y supervisores que no formen parte del Comité, así como, la colaboración con otros organismos financieros internacionales.

En dicho Comité se establecieron cinco principios fundamentales relativos a la regulación y supervisión del sistema bancario: [4]

1. Objeto. Prevención y combate de la utilización del sistema bancario para dar la apariencia de licitud a los recursos de procedencia ilícita, ello a través del fortalecimiento de la vigi-

---

3 CSBB, *Carta Estatutaria*, Banco de Pagos Internacionales, Suiza, enero de 2013, p. 1. Consultado el 08 de febrero de 2023 en: http://www.bis.org/bcbs/charter_es.pdf

4 CBSS, *Declaración de Principios*, Banco de Pagos Internacionales, Suiza, 1988. Consultado el 08 de febrero de 2023 en: http://www.cicad.oas.org/lavado_activos/esp/documentos/basilea.htm#dos

lancia y la implementación de medidas preventivas, así como la colaboración con las autoridades judiciales y de policía.

2. Identificación de clientes. Todos los bancos deben garantizar la identificación de los titulares de todo tipo de cuentas y de aquellos que utilicen cajas de seguridad, estableciendo procedimientos eficaces relativos a la obtención de documentos de identidad, asimismo, deben implementar la política de no efectuar operaciones significativas con clientes que no acrediten su identidad.

3. Cumplimiento de leyes. Los bancos deben garantizar el cumplimiento de los cuerpos normativos nacionales e internacionales relativos a las transacciones financieras. Igualmente, no deben prestar sus servicios o ayuda activa para operaciones de las cuales tengan la sospecha fundada de que están vinculadas a actividades relativas al lavado de dinero.

4. Cooperación con las autoridades. Los bancos tienen la obli gación de colaborar con las autoridades judiciales en la medida en que su normatividad lo permita, incluso mediante el congelamiento de cuentas. Asimismo, se debe evitar apoyar o asistir a clientes que busquen engañar a la autoridad mediante información falsa, incompleta o improcedente, y en su caso interrumpir las actividades con dichos clientes, y proceder de acuerdo a las disposiciones normativas correspondientes.

5. Adhesión a las declaraciones. En este sentido los bancos deberán garantizar la adopción de las políticas señaladas en la Declaración, así como capacitar e informar a todo su personal respecto de las mismas, estableciendo un procedimiento dirigido exclusivamente a la identificación de clientes y la conservación de la información relativa a los mismos, incluyendo medidas de control interno referentes a la vigilancia del cumplimiento de dichas políticas, así como a la eficacia de las mismas.

Ahora bien, las prácticas de supervisión bancarias para ser eficaces no pueden ser estáticas, ya que deben irse desarrollando y ampliando conforme crece y evoluciona el sistema bancario. Por lo anterior, se han establecido criterios adicionales a dichos Principios Básicos, que robustecen los marcos de supervisión establecidos, y que se han ido implementando en los acuerdos denominados Basilea II y Basilea III.

Anteriormente, la calificación que obtenían los países, estaba determinada únicamente por los criterios esenciales ya referidos, actualmente en los criterios de los Principios Básicos, ya se adicionaron los criterios referidos, para establecer un nivel de supervisión y vigilancia de buenas prácticas, mismos que también utiliza el Fondo Monetario Internacional (FMI) y el Banco Mundial (BM) en el Programa de Evaluación del Sector Financiero (PESF), para evaluar la eficacia de los sistemas y prácticas de supervisión bancarias nacionales.[5]

III. GRUPO EGMONT DE UNIDADES DE INTELIGENCIA FINANCIERA

A partir de los años 80, con la Convención de Viena contra el Tráfico Ilícito de Estupefacientes y Sustancias Sicotrópicas de 1988, lo Estados fueron implementando estrategias contra el lavado de activos, y advirtieron que, para tener accesibilidad a la información financiera, para la identificación e intercambio de información sobre operaciones sospechosas, era necesario contar con un organismo central para su evaluación y registro. Como se ha visto, el GAFI, en el marco de las 40 recomendaciones, sentó las bases para crear los organismos de cooperación internacional.

Es así que, en los años 90 surgieron las primeras unidades de inteligencia financiera (UIF's), por ello, en 1995, bajo el marco

---

5 CSBB, *Principios Básicos para una supervisión bancaria eficaz*, Banco de Pagos Internacionales, Suiza, 2011. Consultado el 24 de febrero de 2023 en: https://www.bis.org/publ/bcbs230_es.pdf

de la internacionalización del lavado de activos, y de la adopción de medidas de prevención, se constituyó el Grupo Egmont de Unidades de Inteligencia Financiera (Grupo Egmont), en el Palacio de Bruselas, el cual inicio como un foro informal de Unidades de Inteligencia Financiera, con el objeto de favorecer la cooperación internacional en dicha materia.

De acuerdo con el Statement of Purpose, emitida en el 2004 por el Grupo Egmont, una unidad de inteligencia financiera se define como "un organismo nacional central responsable de recibir (y, según lo permitido, solicitar), analizar y difundir a las autoridades competentes, resultados de información financiera sobre: (i) recursos de procedencia ilícita y aquellos que podrían ser destinados para financiamiento al terrorismo, o (ii) aquella requerida por la legislación nacional, para combatir el lavado de activos y el financiamiento al terrorismo."[6]

Actualmente, el Grupo Egmont está integrado por 167 unidades de inteligencia financiera, distribuidas en todo el mundo, sus principales funciones son: combatir el blanqueo de capitales y el financiamiento al terrorismo, establecer un foro de cooperación internacional para mejorar, ampliar y sistematizar el combate de los citados delitos, fomentando el fortalecimiento de las UIF´s´, a través de la capacitación, vigilancia e intercambio de experiencias, así como, la implementación de programas nacionales en dicha materia.

Se encuentra integrado por los jefes de las unidades de inteligencia, el comité Egmont, así como grupos regionales (Américas, Asia y Pacífico, Europa I, Europa II, Euro -Asia, África Este y Sur, África Este Medio y Norte, y África Oeste y Centro, y grupos de trabajo sobre:

---

6 Egmont Group, Appendix I Statement of Purpose of the Egmont Group of Financial Intelligence Units, Guernsey, 2004. Consultado el 28 de marzo de 2023 en: https://www.cbr.ru/Content/Document/File/123806/Statement2004.pdf y https://www.elibrary.imf.org/display/book/9781589063495/ap01.xml

intercambio de información, membresía, soporte y cumplimiento, políticas y procedimientos, y asistencia técnica y capacitación.[7]

El Grupo Egmont, tiene un sistema de comunicación electrónico, denominado Red Segura Egmont "ESW", el cual permite a los Estados miembros, intercambiar información y correos electrónicos de forma encriptada a través de un canal seguro.

Las UIF's, pueden ser administrativas, policiales, judiciales o híbridas:

- Administrativas: son aquellas que forman parte de la estructura o de un organismo regulador, distinto a las autoridades judiciales o policiales, ya que, fungen como enlace entre el sector financiero y otros sujetos obligados, con las autoridades correspondientes, por lo que mantienen vínculos institucionales con estas últimas.

  Sin embargo, no están dotadas de las facultades jurídicas de las autoridades mencionadas, por lo que, requieren tener una comunicación eficiente con las mismas. Por otra parte, a menos de que sean autónomas, se encuentran directamente supervisadas por autoridades políticas, lo que puede vulnerar su efectividad.[8]

- Policiales: son aquellas que se adicionan en las estructuras policiales existentes, por lo que, están dotadas de las facultades necesarias para intervenir, cuando existan indicios de lavado de activos y otros delitos, y asegurar el

---

7 Egmont Group, Group of Financial Intelligence Units. Organization and Structure. Consultado el 31 de marzo de 2023 en: https://egmontgroup.org/about/organization-and-structure/

8 Gleason, Paul y Gottselig, Glenn, *Unidades de inteligencia financiera: Panorama general. Fondo Monetario Internacional,* Traducción Russo Adriana y Viel Carlos, Departamento Jurídico, Departamento de Sistemas Monetarios y Financieros: Banco Mundial, Unidad de Integridad de Mercados Financieros, Washington, D.C. 2004, p.12.

cumplimiento de la ley, así como tener mayor accesibilidad a los diversos sectores de inteligencia.

Sin embargo, pueden enfocarse prioritariamente en las investigaciones y dejar de lado la función preventiva, es importante generar lazos de confianza con el sector financiero y que quienes la integren conozcan del sector para mejorar la comunicación, además de que las instituciones financieras pueden tener resistencia respecto a la divulgación de información, puesto que, puede ser utilizada para la investigación de cualquier delito, y requiere iniciar una investigación formal para acceder a otros datos que puedan ser necesarios.[9]

- Judiciales: son aquellas que forman parte del Poder Judicial del Estado, y se encuentran bajo la jurisdicción de la fiscalía o ministerio público, la información que reciben pasa directamente al organismo competente para realizar investigaciones y en su caso iniciar un proceso judicial, además de que están facultadas para incautar fondos, congelar cuentas, realizar interrogatorios, y llevar a cabo detenciones, entre otras.

  Por otra parte, comparten las mismas desventajas del UIF's policiales, además de que el intercambio de información con ese tipo de UIF´s puede presentar dificultades.[10]

- Híbridas: son aquellas que funcionan conforme a distintas combinaciones de los mecanismos citados, aprovechando sus ventajas.

Finalmente, es importante recalcar que, el Grupo Egmont, no tiene una estructura formal, debido a que, por una parte, su presidente ejerce su cargo por un periodo de 2 años, los cuales pueden extenderse por otros 2 años, y que, por otra, sus miembros, es decir, los jefes de las unidades financieras de

---

9 *Ibidem*, página 15.

10 *Ibidem*, página 17.

los distintos Estados pueden ser removidos de sus cargos en cualquier momento, por lo que existe un alto nivel de rotación.

Ahora bien, en el Plan Nacional de Desarrollo (PND) 2013-2018, se determinó consolidar el papel del Estado Mexicano como un actor comprometido en el ámbito multilateral, a través del impulso de estrategias de beneficios global, participando en los procesos de desarrollo dirigidos a desarrollar regímenes jurídicos internacionales en temas como las drogas y la delincuencia organizada trasnacional.[11]

Para lo anterior, se estableció como estrategia de seguridad pública sobre la Prevención Social de la Violencia y la Delincuencia, la implementación y seguimiento de mecanismos de prevención y detección de actos, omisiones y operaciones que posibilitaran la comisión de los delitos de lavado de dinero y financiamiento al terrorismo, mediante la recepción, el análisis y la diseminación de los reportes de operaciones emitidas por las instituciones financieras y los sujetos obligados.[12]

Por otra parte, en el PND 2019-2024 se reforzó la estrategia de combate al lavado de dinero, por lo que, como parte de los objetivos para erradicar la corrupción, esta fue tipificada como delito grave, asimismo fomenta la colaboración internacional para la erradicación de los paraísos fiscales, redirecciona las facultades de la UIF y para la Secretaría de Hacienda y Crédito Público (SHCP), y prevé la creación de una unidad policial especializada en lavado de dinero.[13]

---

11 Plan Nacional de Desarrollo 2013-2018, estrategia 5.1.6, publicado en el Diario Oficial de la Federación el 20 de mayo de 2013. Consultado el 15 de octubre de 2023 en: https://www.dof.gob.mx/nota_detalle.php?codigo=5299465&fecha=20/05/2013#gsc.tab=0

12 *Ibidem*, estrategia 1.3.1.

13 Plan Nacional de Desarrollo 2019-2014, apartado I Política y Gobierno, publicado en el Diario Oficial de la Federación el 12 de julio de 2019. Consultado el 15 de octubre de 2023 en: https://www.dof.gob.mx/nota_detalle.php?codigo=5565599&fecha=12/07/2019#gsc.tab=0

En el año 2006 México se incorporó como miembro del Grupo de Acción Financiera Internacional (GAFI), cuyo objeto es desarrollar e implementar regulaciones, mecanismos, políticas y acciones para prevenir y combatir el lavado de dinero, el financiamiento al terrorismo, la proliferación de armas y cualquier amenaza relativa a la integridad del sistema financiero internacional.

Por ello los países miembros, además de seguir las recomendaciones emitidas por dicho organismo, e implementar las medidas señaladas, se someten periódicamente a las evaluaciones mutuas, las cuales consisten en una revisión del cumplimiento de las recomendaciones, así como de los mecanismos, sistemas y regulación que cada estado miembro ha implementado para la prevención y combate del blanqueo de capitales y el financiamiento al terrorismo, México, ha sido evaluado en los años 2000, 2004 y 2008.

Es así que en mayo del año 2004 se creó la Unidad de Inteligencia Financiera (UIF), la cual es la Coordinadora nacional de México ante el GAFI, que es la encargada de dar cumplimiento a los estándares internacionales establecidos por este último, y cuyo objeto es coadyuvar en la prevención y combate de los delitos de lavado de dinero y financiamiento al terrorismo.

En ese contexto, en México la Ley Federal para la Prevención e Identificación de Operaciones con Recursos de Procedencia Ilícita (LFPIORPI) entró en vigor el 17 de julio de 2013, cuya finalidad es evitar que los recursos de procedencia ilícita sean introducidos al sistema financiero mexicano.

También busca implementar y fortalecer los mecanismos de colaboración y cooperación entre autoridades, para ello da seguimiento al flujo de efectivo por lo que impone medidas como la identificación de clientes, la presentación de informes y avisos de los proveedores de servicios a las autoridades a través del portal de internet del Sistema del Portal en Internet (SPPLD).

De acuerdo con el artículo segundo de la Ley Federal para la Prevención e Identificación de Operaciones con Recursos de

Procedencia Ilícita, el bien jurídico tutelado de dicha ley es el sistema financiero y la economía nacional, cuyo objeto es proporcionar herramientas a las autoridades para la investigación del delito de lavado de dinero.

Ahora bien, el sistema de prevención de operaciones con recursos de procedencia ilícita y financiamiento al terrorismo está integrado por órganos reguladores, órganos supervisores y sujetos obligados (entidades financieras y personas que realizan actividades vulnerables):

A. Órganos reguladores en materia de prevención de lavado de dinero y financiamiento al terrorismo:

Los órganos reguladores en materia de prevención de lavado de dinero y financiamiento al terrorismo en México son: la Secretaría de Hacienda y Crédito Público, a través de la Unidad de Banca de Valores y Ahorro, (UBVA), la Unidad de Banca de Desarrollo (UBD) y la Unidad de Seguros, Pensiones y Seguridad Social (USPSS), asimismo cuenta con la coadyuvancia de la UIF.

En conjunto dichas autoridades diseñan el marco normativo relativo a la prevención de lavado de dinero y financiamiento al terrorismo, y determinan las políticas de promoción, regulación y supervisión, también interpretan el marco normativo, en armonía con la regulación internacional relativo a la materia.[14]

14 CNBV, Prevención de Lavado de Dinero, Conocimientos Básicos en Materia de PLD/FT. Consultado el 23 de octubre de 2023 en: https://www.cnbv.gob.mx/PrevencionDeLavadoDeDinero/Documents/Conocimientos basicos PLDFT Autoridades Nacionales.pdf

B. Órganos supervisores en materia de prevención de lavado de dinero y financiamiento al terrorismo en el sistema financiero mexicano.

Los órganos supervisores de la materia que nos atañe son: la Comisión Nacional Bancaria y de Valores (CNVB), la Comisión Nacional del Sistema de Ahorro para el Retiro (CONSAR), la Comisión Nacional de Seguros y Fianzas (CNSF) y el Servicio de Administración Tributaria, quienes supervisan el cumplimiento de los sujetos obligados mediante acciones de inspección y vigilancia.[15]

IV. LA UNIDAD DE INTELIGENCIA FINANCIERA EN EL MARCO JURÍDICO MEXICANO

En mayo del año 2004 se creó la Unidad de Inteligencia Financiera (UIF), la cual es la Coordinadora nacional de México ante el GAFI, que es la encargada de dar cumplimiento a los estándares internacionales establecidos por este último, y cuyo objeto es coadyuvar en la prevención y combate de los delitos de lavado de dinero y financiamiento al terrorismo.

En ese sentido, México a través de la UIF, realiza una Evaluación Nacional de Riesgos, cuyo objeto es, identificar los retos que enfrenta nuestro país respecto del lavado de activos, el financiamiento al terrorismo y la proliferación de armas de destrucción masiva.[16]

La UIF, es quien recibe todos los reportes de las transacciones sospechosas de los sujetos obligados (entidades financieras y personas que realizan actividades vulnerables), también celebra convenios de colaboración con diferentes organismos en materia de

---

15 *Ídem.*

16 GOB MX. La Evaluación Nacional de Riesgos, una prioridad la comunidad mundial. Consultado el 28 de abril de 2023, en: https://www.diputados.gob.mx/LeyesBiblio/pdf/LIC.pdf

prevención y combate al blanqueo de capitales, el financiamiento al terrorismo y la proliferación de armas de destrucción masiva.

En caso de que, detecte operaciones con recursos provenientes de actividades criminales, la UIF, presenta la denuncia correspondiente ante el Ministerio Público de la Federación, para que se inicie la investigación correspondiente.

Asimismo, en el marco de las 40 Recomendaciones de GAFI, México a través de la UIF ha implementado tipologías, que constituyen herramientas de apoyo para los sujetos obligados, sobre la identificación de clientes, usuarios y operaciones, así como, guías de mejores prácticas en la elaboración y envió de reportes, como la tipología referente a las Personas Políticas Expuestas.[17]

Por otra parte, la UIF es la encargada de integrar y publicar la lista de personas bloqueadas prevista en el artículo 115 de la Ley de Instituciones de Crédito[18], la cual tienen como consecuencia la obligación a las entidades financieras de suspender de forma inmediata, todas las operaciones que celebren, con quienes se encuentran en la misma.

De igual forma expide los informes y estadísticas referentes a las actividades que realiza, y suscribe convenios de colaboración con diversas instituciones implementando las políticas correspondientes para su realización.

---

17 GOB MX, UIF Entidades Financieras, Tipologías y documentos. Consultado el 28 de abril de 2023 en: https://www.gob.mx/shcp/documentos/uif-entidades-financieras-tipologias-y-documentos-relacionados

18 Ley de Instituciones de Crédito. Consultado el 28 de abril de 2023 en: https://www.diputados.gob.mx/LeyesBiblio/pdf/LIC.pdf

Esquema 1. Funciones de la Unidad de Inteligencia Financiera.

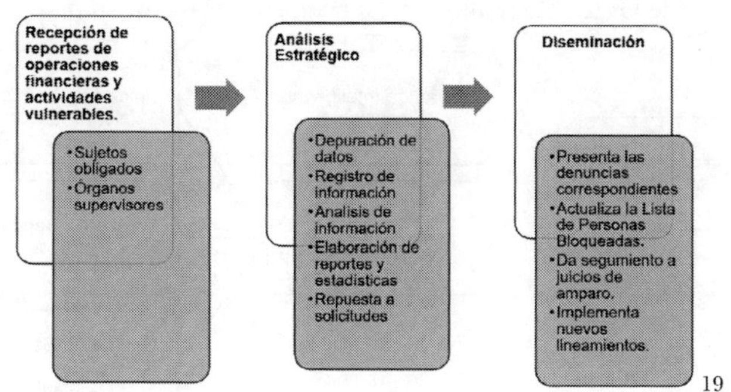

[19]

Los órganos de procuración de justicia en materia de combate de al lavado de dinero y financiamiento al terrorismo, son la Secretaría de Seguridad Pública y la Procuraduría General de la República, se encargan de investigar y perseguir los delitos relativos a la materia, comprueban las actividades ilícitas de los recursos detectados, determinan su vinculación con actividades criminales y el ejercicio de la acción penal,[20]finalmente la Fiscalía General de la República es la autoridad que obtiene sentencias condenatorias y decomisa bienes de procedencia ilícita.[21]

---

19 Fuente: Elaboración propia a partir de la información de la Unidad de Inteligencia Financiera. Consultado el 23 de octubre de 2023, en: https://www.pld.hacienda.gob.mx/work/models/PLD/documentos/atribucionesuif_art15_rishcp.pdf

20 CNBV, Prevención de Lavado de Dinero, Conocimientos Básicos en Materia de PLD/FT. Consultado el 23 de octubre de 2023 en: https://www.cnbv.gob.mx/PrevencionDeLavadoDeDinero/Documents/Conocimientos_basicos_PLDFT_Autoridades_Nacionales.pdf

21 *Ídem.*

Esquema 2. Órganos reguladores en materia de prevención y combate de lavado de dinero y financiamiento al terrorismo.

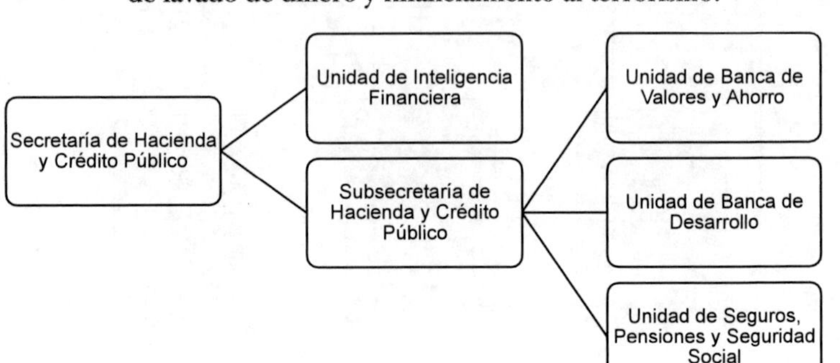

[22]

Ahora bien, los sujetos obligados, tienen el deber de dar cumplimiento a las normativas referentes a la prevención de lavado de dinero y financiamiento al terrorismo, principalmente en lo que se refiere a la identificación y conocimiento de sus clientes o usuarios, monitoreo de las operaciones realizadas y detección de operaciones de riesgo, asimismo se pueden identificar dos tipos de sujetos obligados.

En el marco de la normativa internacional, la Unidad de Inteligencia Financiera, es la Coordinadora Nacional de México ante el GAFI, entre sus actividades está la de emitir la Evaluación Nacional de Riesgos,[23] así como recibir todos los reportes de las transacciones sospechosas, también celebra convenios de

---

22 Fuente: Elaboración propia a partir de la información de la Comisión Nacional Bancaria y de Valores. MORENO MONZÓN Julio Cesar, Conocimientos Básicos en PLD/FT, 1.3 Autoridades Nacionales. Consultado el 23 de octubre de 2023 en: https://www.cnbv.gob.mx/PrevencionDeLavadoDeDinero/Documents/1-3_Autoridades_nacionales.pdf

23 GOB. MX., La Evaluación Nacional de Riesgos, una prioridad de la comunidad mundial, disponible en: https://www.diputados.gob.mx/LeyesBiblio/pdf/LIC.pdf

colaboración con diferentes organismos en materia de prevención, y combate al blanqueo de capitales, el financiamiento al terrorismo, y la proliferación de armas de destrucción masiva.

También ha implementado tipologías, que constituyen herramientas de apoyo para los sujetos obligados, sobre la identificación de clientes, usuarios y operaciones, así como, guías de mejores prácticas en la elaboración y envió de reportes, como la tipología referente a las Personas Políticamente Expuestas.[24]

Ahora bien, en el marco de la normativa internacional, la Unidad de Inteligencia Financiera, es la Coordinadora Nacional de México ante el GAFI, cuyo propósito es coadyuvar en la prevención y combate del lavado de dinero y el financiamiento al terrorismo.

El objeto de la mencionada Evaluación Nacional de Riesgos es, identificar los retos que enfrenta nuestro país respecto del lavado de activos, el financiamiento al terrorismo y la proliferación de armas de destrucción masiva.[25]

Es por ello que, se han implementado diversas normativas, en la que los sujetos obligados, es decir, las entidades financieras, deben realizar acciones de prevención y detección, así como, presentar información relativa a operaciones calificadas como relevantes, operaciones inusuales, operaciones internas preocupantes, 24 horas, operaciones con dólares norteamericanos, trasferencias internacionales de fondos, operaciones con cheque

---

[24] GOB. MX, UIF Entidades Financieras, Tipologías y documentos, disponible en: https://www.gob.mx/shcp/documentos/uif-entidades-financieras-tipologias-y-documentos-relacionados

[25] GOB MX. La Evaluación Nacional de Riesgos, una prioridad la comunidad mundial. Consultada el 28 de abril de 2023. Disponible en: https://www.diputados.gob.mx/LeyesBiblio/pdf/LIC.pdf

de caja, montos totales de divisas extranjeras, activos virtuales y relativas a los servicios de transmisión de dinero.[26]

Además, de que deben de seguir políticas de conocimiento e identificación del cliente y de su perfil transaccional, mismos que deben clasificarse de acuerdo al grado de riesgo que representen, tomando en cuenta su profesión, la actividad o giro del negocio, el origen y destino de sus recursos, su lugar de residencia, entre otras.

De igual forma el artículo 17 de la Ley Federal para la Prevención e Identificación de Operaciones con Recursos de Procedencia Ilícita, señala como actividades vulnerables, entre las que se encuentran, la subasta y comercialización de obras de arte, servicios de blindaje, el traslado y la custodia de bienes o valores, derechos personales de uso y goce de bienes inmuebles, operaciones con activos virtuales, etc.[27]

Cabe recalcar que, en dicha Ley también se establece un umbral de identificación y de aviso para aquellas personas que prestan servicios profesionales independientes, como los relacionados con la compraventa de bienes inmuebles, la administración y manejo de recursos, valores o cualquier otro tipo de activos de sus clientes, así como el manejo de cuentas bancarias de ahorro o de valores.

Incluso, se establecen umbrales de identificación y aviso, para los notarios públicos, cuando se prestan servicios de fe pública, por ejemplo, la constitución de personas morales y su modificación patrimonial, así como, para los corredores públi-

---

[26] CNBV, Prevención al Lavado de Dinero, p. 13. Consultado el 28 de abril de 2023. Disponible en: https://www.cnbv.gob.mx/PrevencionDeLavadoDeDinero/Documents/2-1 Conocimientos tecnicos en PLD-FT Leyes y disposiciones.pdf

[27] Ley Federal para la Prevención e Identificación de Operaciones con Recursos de Procedencia Ilícita. Consultada el 28 de abril de 2023. Disponible en: https://www.diputados.gob.mx/LeyesBiblio/pdf/LFPIORPI 200521.pdf

cos, en actividades como la constitución, modificación o cesión de derechos de fideicomiso. Así como, para quienes prestan servicios de comercio exterior, como las relativas a los equipos y materiales para la elaboración de tarjetas de pago.

V. FUNCIONES DE LA UNIDAD DE INTELIGENCIA FINANCIERA

La UIF, es quien recibe todos los reportes de las transacciones sospechosas, también celebra convenios de colaboración con diferentes organismos en materia de prevención y combate al blanqueo de capitales, el financiamiento al terrorismo y la proliferación de armas de destrucción masiva.

En caso de que, detecte operaciones con recursos provenientes de actividades criminales, la UIF, presenta la denuncia correspondiente ante el Ministerio Público de la Federación, para que se inicie la investigación correspondiente.

Así mismo, en el marco de las 40 Recomendaciones de GAFI, México a través de la UIF, ha implementado tipologías, que constituyen herramientas de apoyo para los sujetos obligados, sobre la identificación de clientes, usuarios y operaciones, así como, las guías de mejores prácticas en la elaboración y envió de reportes, como la tipología referente a las Personas Políticas Expuestas.[28]

Por otra parte, la UIF, es la encargada de integrar y publicar la lista de personas bloqueadas prevista en el artículo 115 de la Ley de Instituciones de Crédito[29], la cual tienen como conse-

---

[28] GOB MX, UIF Entidades Financieras, Tipologías y documentos. Consultado el 28 de abril de 2023. Disponible en: https://www.gob.mx/shcp/documentos/uif-entidades-financieras-tipologias-y-documentos-relacionados

[29] Ley de Instituciones de Crédito. Consultada el 28 de abril de 2023. Disponible en: https://www.diputados.gob.mx/LeyesBiblio/pdf/LIC.pdf

cuencia la obligación a las entidades financieras de suspender de forma inmediata, todas las operaciones que celebren, con quienes se encuentran en la misma.

En este sentido, también destacan, las acciones de monitoreo de clientes y usuarios y los reportes de transacciones sospechosas, los principales reportes que se recomiendan son: los de operaciones sospechosas (ROS), su principal función consiste en detectar operaciones que puedan estar relacionadas con actividades ilícitas, y dar aviso a las autoridades quienes realizaran las investigaciones pertinentes.

Los ROS, pueden ser sobre transacciones en efectivo (RTE), los cuales se emiten cuando se sobrepasa el umbral permitido en el Estado donde se llevan a cabo, así como los de transacciones internacionales (RTI), cuando las mismas superan los umbrales permitidos en el Estado donde se realicen.

Dichos reportes son sancionados a través del comité de comunicación y control, el oficial de cumplimiento está obligado a presentar los reportes a las autoridades, en ese sentido, la identificación del tipo de cliente es muy importante para poder establecer su perfil de riesgo, de tal modo que, una persona física, que perciba un sueldo vía nómina, será un sujeto de menor riesgo, y la debida diligencia y el monitoreo que se realice a su cuenta será mínimo, lo cual será muy diferente, tratándose de una persona física, que entre en la categoría de persona políticamente expuesta, donde tendrá un perfil alto de riesgo, la debida diligencia será reforzada y el monitoreo será constante y se extenderá a sus familiares y colaboradores cercanos.

Los sistemas automatizados, son la herramienta con la que cuentan las entidades financieras para detectar todas aquellas operaciones que pueden ser realizadas con recursos de procedencia ilícita o cuyos recursos puedan ser destinados al financiamiento al terrorismo, a través de ellos se conservan y actualizan los expedientes de los clientes y usuarios, y se generan y transmiten los reportes de operaciones a la UIF, a través de la CNBV.[30]

El objetivo de dichos sistemas es clasificar el tipo de operaciones y productos financieros que utilizan los clientes o usuarios del sistema financiero, detectar y monitorear las operaciones realizadas en una misma cuenta o por el mismo cliente o usuario, así como detectar, vigilar y analizar las posibles operaciones sospechosas considerando el perfil transaccional y la información proporcionada por el cliente o usuario, y en su caso ejecutar el sistema de alertas.[31]

En general los reportes que deben emitir las entidades financieras son los siguientes:[32]

1) **Operación inusual**, se refieren a las operaciones, actividades o conductas de los clientes que no concuerden con su perfil transaccional, ni con la información relativa a su profesión o actividad, y que no tengan una justificación aparente, así como aquella que realice o pretenda realizar que se considere que pudiese estar ubicada los supuestos previstos por los artículos 139 o 400 bis del Código Penal Federal.

2) **Operación interna preocupante**, relativa a las operaciones, actividades, conductas, que cualquier directivo, funcionario, empleado o apoderado de la entidad financiera, que por sus particularidades pudiera vulnerar, evadir o transgredir lo dispuesto en materia de prevención y combate al lavado de dinero o financiamiento al terrorismo, o que pudiesen

30 Comisión Nacional Bancaria y de Valores. Conocimientos Técnicos en Materia de PLD / FT.

31 *Ídem.*

32 Resolución por la que se expiden las Disposiciones de carácter general a que se refiere el artículo 129 de la Ley de Uniones de Crédito, numeral 2, fracciones XII, XIII y XIV. Consultado el 30 de octubre de 2023 en: https://dof.gob.mx/nota_detalle.php?codigo=5275522&fecha=26/10/2012#gsc.tab=0

favorecer o no alertar sobre la actualización de los numerales previstos al respecto en el Código Penal Federal.

3) **Operación Relevante**, referente a cualquier operación que se realice en efectivo en cualquier divisa, así como en cheques de viajero y monedas de platino, oro y plata, a partir de un monto igual o equivalente en moneda nacional a $10,000.00 USD. Además, las entidades financieras deben realizar reportes relativos a las operaciones realizadas en dólares por sus clientes y usuarios.

Es así que, existe un control robusto sobre todas las operaciones que se realizan en las entidades del sistema financiero mexicano tanto en pesos como en dólares, es por ello que los sistemas automatizados de control son necesarios para identificar las operaciones susceptibles de ser realizadas con recursos de procedencia ilícita, sin embargo, actualmente no existe un software, ni parámetros homogéneos para su programación.

A su vez, existen límites relativos a las operaciones con dólares en efectivo[33], puesto que el combate y prevención al lavado de dinero y el financiamiento al terrorismo ocurre desde distintos flancos que bloquean cualquier tipo de operación que pueda realizarse con recursos de procedencia ilícita.

VI. CONCLUSIONES

La Unidad de Inteligencia Financiera es vital para el combate y la prevención de las operaciones con recursos de procedencia

---

33 Los límites de las operaciones con dólares en efectivo se encuentran establecidos en las Disposiciones de carácter general aplicables a las Instituciones de Crédito. Consultada el 31 de octubre de 2023 en: https://www.cnbv.gob.mx/Normatividad/Disposiciones%20de%20car%C3%A1cter%20general%20aplicables%20a%20las%20instituciones%20de%20cr%C3%A9dito.pdf

ilícita, el financiamiento al terrorismo y la proliferación de armas de destrucción masiva.

De acuerdo con el informe de actividades de la UIF, Enero – Diciembre 2022, se recibieron: [34]

a) 11 millones 298 mil 739 reportes por operaciones relevantes, es decir, aquellas realizadas por un monto igual o superior al equivalente en moneda nacional a 7mil 500 dólares estadounidenses.

b) 321 millones reportes por operaciones inusuales, es decir, aquellas en las que existe operaciones que no concuerdan con el perfil transaccional de los clientes o usuarios de las entidades financieras y demás sujetos obligados, o bien que por otras circunstancias se considere que pueden ubicarse en los supuestos relativos al financiamiento al terrorismo o al lavado de activos.

c) 805 reportes por operaciones preocupantes, los cuales se refieren a aquellas operaciones o conductas realizadas por los servidores de las instituciones financieras y demás sujetos obligados, que pudiesen vulnerar o contravenir las disposiciones relativas a la materia.

d) 50 millones 776 mil 237 avisos por operaciones de actividades vulnerables correspondientes al seguimiento de lineamientos para detectar operaciones vinculadas con recursos de procedencia ilícita.

Del extracto anterior, es visible la problemática y el reto que tiene la UIF para hacer frente al combate del lavado de dinero, puesto que por una parte no existe un software único para las

---

34 GOB MX. Informe de actividades de la Unidad de Inteligencia Financiera, Enero – Diciembre 2022. Consultado el 16 de junio de 2024 en: https://www.gob.mx/cms/uploads/attachment/file/792041/Informe_Diciembre_2022.pdf

entidades del sistema financiero, en virtud de que cada una establece los parámetros para emitir los reportes correspondientes.

Aunado a lo anterior, como se observa son millones de avisos los que deben ser diseminados, por lo que la UIF tampoco cuenta con la infraestructura suficiente para analizar a cabalidad los reportes y avisos recibidos. Es así que, en dicho periodo la UIF, presentó 138 denuncias de las cuales los principales delitos precedentes fueron identificados por defraudación fiscal, peculado y delitos contra la salud.[35]

Es así que se deben buscar medidas más efectivas que impliquen por una parte, la unificación de parámetros nacionales para la identificación de los recursos provenientes de actividades ilícitas, así como la identificación de lineamientos y medidas específicas para zonas de riesgo.

Por otra parte, se debe considerar seriamente la restricción al secreto bancario, y permitir que las autoridades señaladas en el artículo 142 de la ley de instituciones de crédito, puedan solicitar información bancaria a las entidades financieras a través de la Comisión Nacional Bancaria y de Valores, y abrir la posibilidad de que en su caso se dé parte a la UIF, para que realice el análisis relativo a la posible vinculación de dichas operaciones con recursos de procedencia ilícita.

---

35 *Ídem.*

Anexo 1. Tabla de Reportes de las Entidades Financieras como sujetos obligados

<table>
<tr><td rowspan="2">Reportes de operaciones en efectivo con dólares americanos</td><td>Instituciones de crédito
Casas de bolsa
Casas de cambio
SOFIPOS
SOFINCOS
SOCAPS
Uniones de crédito
FNDARFP</td><td>Clientes–a partir de 500 USD.
Usuarios–a partir de 250 USD.
Casas Cambio–monto superior a 250 / 500 USD</td></tr>
<tr><td>Centros cambiarios</td><td>Monto superior a 1,000 USD.</td></tr>
<tr><td>Reportes de transferencias internacionales de fondos</td><td>Instituciones de crédito
Casas de bolsa
Casas de cambio
SOFIPOS
SOFINCOS
SOCAPS
Transmisores de dinero Instituciones de Tecnología Financiera</td><td>A partir 1,000 USD o su equivalente en la divisa en que se realice</td></tr>
<tr><td>Reportes de montos totales de divisas extranjeras</td><td>Centros cambiarios</td><td>Los montos totales de divisas extranjeras que hayan recibido y entregado como parte de las operaciones que hayan efectuado durante el trimestre de que se trate</td></tr>
<tr><td>Reportes de Operaciones con Activos Virtuales</td><td>Instituciones de Tecnología Financiera Instituciones de Crédito</td><td>Por un monto igual o superior al equivalente en moneda nacional a 7,500 Unidades de Inversión.
A partir de 2,250 USD o su equivalente en moneda nacional.</td></tr>
</table>

Reportes de servicios de transmisión de dinero	Instituciones de Fondos de Pago Electrónico	A partir de 1,000 USD o su equivalente en la divisa en que se realice.

[36]

VII. REFERENCIAS

Bibliografía:

FERNÁNDEZ DE CASTRO HELLER, Paulina, La aplicación de los Acuerdos de Basilea a la banca de desarrollo en México, EGAP Gobierno y Política Pública, Instituto de Estudios Superiores de Administración Pública, Tecnológico de Monterrey, México, 2014. Consultado el 03 de marzo de 2023 en: https://repositorio.tec.mx/bitstream/handle/11285/632086/33068001114291.pdf?sequence=1&isAllowed=y

GLEASON, Paul y GOTTSELIG, Glenn, Unidades de inteligencia financiera: Panorama general. Fondo Monetario Internacional, Traducción Russo Adriana y Viel Carlos, Departamento Jurídico, Departamento de Sistemas Monetarios y Financieros: Banco Mundial, Unidad de Integridad de Mercados Financieros, Washington, D.C. 2004.

MALLADA FERNÁNDEZ, Covadonga, "Blanqueo de capitales y evasión fiscal", España, Thomson Reuters, 2012, .

Miguel Acosta Romero, Nuevo Derecho Bancario. Editorial Porrúa, México, 1995.

ORTIZ DORANTES, Angélica, "El delito de lavado de dinero" Porrúa, México 2018.

---

[36] Elaboración propia con información de la Comisión Nacional Bancaria y de Valores, SALAZAR GONZÁLEZ Elizabeth y COELLO CERINO Antonio, 2 Conocimientos técnicos en materia de PLD/FT, páginas 13 a 15. Consultado el 29 de octubre en: https://www.cnbv.gob.mx/PrevencionDeLavadoDeDinero/Documents/2-1 Conocimientos tecnicos en PLD-FT Leyes y disposiciones.pdf

Fuentes electrónicas

CNBV, Prevención al Lavado de Dinero. Consultado el 28 de abril de 2023. Disponible en: https://www.cnbv.gob.mx/PrevencionDeLavadoDeDinero/Documents/2-1 Conocimientos tecnicos en PLD-FT Leyes y disposiciones.pdf

CNBV, Prevención de Lavado de Dinero, Conocimientos Básicos en Materia de PLD/FT. Consultado el 23 de octubre de 2023 en: https://www.cnbv.gob.mx/PrevencionDeLavadoDeDinero/Documents/Conocimientos basicos PLDFT Autoridades Nacionales.pdf

CSBB, Carta Estatutaria, Banco de Pagos Internacionales, Suiza, enero de 2013, p. 1. Consultado el 08 de febrero de 2023 en: http://www.bis.org/bcbs/charter_es.pdf

CBSS, Declaración de Principios, Banco de Pagos Internacionales, Suiza, 1988. Consultado el 08 de febrero de 2023 en: http://www.cicad.oas.org/lavado_activos/esp/documentos/basilea.htm#dos

CSBB, Principios Básicos para una supervisión bancaria eficaz, Banco de Pagos Internacionales, Suiza, 2011. Consultado el 24 de febrero de 2023 en: https://www.bis.org/publ/bcbs230_es.pdf

Egmont Group, Appendix I Statement of Purpose of the Egmont Group of Finan cial Intelligence Units, Guernsey, 2004. Consultado el 28 de marzo de 2023 en: https://www.cbr.ru/Content/Document/File/123806/Statement2004.pdf y https://www.elibrary.imf.org/display/book/9781589063495/ap01.xml

Egmont Group, Group of Financial Intelligence Units. Organization and Structure. Consultado el 31 de marzo de 2023 en: https://egmontgroup.org/about/organization-and-structure/

Fernández De Castro Heller, Paulina, La aplicación de los Acuerdos de Basilea a la banca de desarrollo en México, EGAP Gobierno y Política Pública, Instituto de Estudios Superiores de Administración Pública, Tecnológico de Monterrey, México, 2014. Consultado el 03 de marzo de 2023 en: https://repositorio.tec.mx/bitstream/handle/11285/632086/33068001114291.pdf?sequence=1&isAllowed=y

GOB MX, UIF Entidades Financieras, Tipologías y documentos. Consultado el 28 de abril de 2023 en: https://www.gob.mx/shcp/documentos/uif-entidades-financieras-tipologias-y-documentos-relacionados

GOB MX. La Evaluación Nacional de Riesgos, una prioridad la comunidad mundial. Consultada el 28 de abril de 2023. Disponible en: https://www.diputados.gob.mx/LeyesBiblio/pdf/LIC.pdf

Plan Nacional de Desarrollo 2013-2018, estrategia 5.1.6, publicado en el Diario Oficial de la Federación el 20 de mayo de 2013. Consultado el 15 de octubre de 2023 en: https://www.dof.gob.mx/nota_detalle.php?codigo=5299465&fecha=20/05/2013#gsc.tab=0

Plan Nacional de Desarrollo 2019-2014, apartado I Política y Gobierno, publicado en el Diario Oficial de la Federación el 12 de julio de 2019. Consultado el 15 de octubre de 2023 en: https://www.dof.gob.mx/nota_detalle.php?codigo=5565599&fecha=12/07/2019#gsc.tab=0

Legislación:

Ley de Instituciones de Crédito.

Ley Federal para la Prevención e Identificación de Operaciones con Recursos de Procedencia Ilícita.

Resolución por la que se expiden las Disposiciones de carácter general a que se refiere el artículo 129 de la Ley de Uniones de Crédito.

Capítulo VI. Los alcances democráticos del constitucionalismo

THE DEMOCRATIC SCOPE OF CONSTITUTIONALISM

BENJAMIN JIMÉNEZ VILLARREAL[1]

SUMARIO: *I. INTRODUCCIÓN. II. LA DEMOCRACIA. III. CONSTITUCIÓN Y CONSTITUCIÓN DEMOCRÁTICA. IV. LA EXPANSIÓN DE LA DEMOCRACIA CONSTITUCIONAL Y DEL PARADIGMA DEL GARANTISMO CONSTITUCIONAL. V. LA CRISIS DE LA DEMOCRACIA. VI. MODELO CUATRIDIMENSIONAL DE LA DEMOCRACIA CONSTITUCIONAL. VII. CONCLUSIÓN. VIII. BIBLIOGRAFÍA.*

Resumen

Es común abordar el tema de la democracia desde las reglas y procedimientos electorales que nos permiten, mediante el principio de mayoría, elegir a nuestros representantes cada determinado tiempo según las estipulaciones previstas en la legislación electoral -uno de tantos ejemplos es la normatividad creada en el Estado de Chiapas para tal efecto-. Sin embargo, el presente texto demuestra que la actual democracia constitucional implica más que la elegibilidad de nuestros gobernantes. Mas bien, la democracia constitucional tiene que ver con la garantía de los derechos humanos conferidos a todos, lo que debería permitir que nadie quede excluido de su tutela. Sin embargo, la democracia no está libre de crisis, y esta es la razón por la que mencionamos

[1] Doctor en derechos humanos y profesor del Instituto Profesional Educativo del Sureste IPES. Correo: benjaminjimenezvillarreal@gmail.com

algunos factores de esta, tanto de carácter jurídico como político, cobrando especial mención la figura del populismo como desfiguración de las actuales democracias. Lo anterior nos permitirá concluir la necesidad de la existencia de dos dimensiones que conforman a la democracia: la dimensión formal y la dimensión sustancial, las cuales necesitan estar garantizadas dentro de todo Estado para garantizar los derechos humanos de todos, pues no se debe olvidar que dentro de un Estado existen diversos intereses -particulares y de grupo- que reflejan la diversa heterogeneidad de cada sociedad, que mediante su propia constitución, encuentran un espacio para convivir de manera pacífica.

Abstract

It is common to approach the subject of democracy from the point of view of the electoral rules and procedures that allow us, by means of the majority principle, to elect our representatives every certain period of time according to the stipulations set forth in the electoral legislation -one of many examples is the regulations created in the State of Chiapas for such purpose-. However, the present text demonstrates that the current constitutional democracy implies more than the eligibility of our rulers. Rather, constitutional democracy has to do with the guarantee of human rights conferred to all, which should allow no one to be excluded from their protection. However, democracy is not free from crisis, and this is the reason why we mention some of its factors, both legal and political, with special mention of populism as a disfigurement of current democracies. The above will allow us to conclude the need for the existence of two dimensions that make up democracy: the formal dimension and the substantial dimension, which need to be guaranteed within every State to ensure the human rights of all, because it should not be forgotten that within a State there are diverse interests -particular and group- that reflect the diverse heterogeneity of each society, which through its own constitution, find a space to coexist peacefully.

Palabras clave:

Democracia constitucional, derechos humanos, crisis, dimensión formal, dimensión sustancial.

Keys words:

Constitutional democracy, human rights, crisis, formal dimension, substantial dimension.

I. INTRODUCCIÓN

Si revisamos nuestra constitución Política de los Estados Unidos Mexicanos nos daremos cuenta que en el artículo 40 se establece que México es una república democrática. De igual manera, las entidades federativas adoptan esa forma de organización de gobierno. Esto junto con el principio de mayoría ha permitido y requerido que se desarrollen diversas reglas y procedimientos electorales que garanticen la elección de nuestros representantes populares. Durante el siglo XX es posible advertir una serie de generaciones en materia electoral en nuestro país, enfocadas a nutrir el pluralismo político inexistente por la presencia de un partido hegemónico, a la creación de instituciones autónomas e independientes en materia electoral, la equidad de condiciones de competencia y la nacionalización de la función electoral.[2] Actualmente se cuenta con dos leyes a nivel federal en materia electoral, a saber, la Ley General de Instituciones y Procedimientos Electorales y la Ley General de Partidos Políticos, publicadas en el Diario Oficial de la Federación en el año de 2014 para normar los asuntos electorales y de partidos políticos, respectivamente. ¿Pero esto convierte a un país en democrático?

II. LA DEMOCRACIA

La democracia va más allá de reglas y procedimientos electorales con el fin de elegir a nuestros representantes populares. Un país no puede ser democrático cada 6 años o cada que se inicie el proceso electoral. Es verdad que es necesario el establecimiento de normas de derecho electoral, pues estas permiten mantener la estabilidad política de un país, y más que la producción legislativa en esta materia, más importante es la eficacia normativa de estas leyes. Sin embargo, definir a la democracia como una forma de

---

2 Astudillo, César, *Derecho electoral mexicano,* 1ª. ed., México, Porrúa, 2020, p. 34.

gobierno tomando en cuenta únicamente las formas de elección popular, basadas en los político-electorales, es adoptar una definición meramente formal de esta, preocupada por el *quién y cómo se decide y elige.*[3] Eduardo Lozano Tovar considera que "la gobernabilidad democrática no es sólo ejercer el poder, sino construir políticas que amplifiquen, consoliden y desarrollen el capital humano, que impulsen la equidad, que combatan la exclusión social y que orienten sus esfuerzos hacia la universalización de los derechos".[4]

Por ello, es necesario tomar en cuenta también el *qué se decide y elige.* Luigi Ferrajoli, en su *Principia iuris* y más recientemente en *La construcción de la democracia,* distingue entre dimensión formal y material de la democracia; cada una de estas dimensiones está basada en la existencia de los derechos fundamentales. La dimensión formal y nomodinámica de la democracia se basa en los derechos secundarios tanto políticos como privados. La dimensión sustancial y nomoestática se basa en los derechos primarios, es decir, libertades y derechos sociales. Es preciso subrayar que tanto derechos primarios como secundarios son derechos fundamentales.[5]

De esta forma la dimensión formal nos permite hablar de una legitimación basada en derechos políticos y de autonomía privada, centrándose en las normas de reconocimiento, y en las formas de producción normativa. De esta forma, la dimensión formal permite de una legitimación sustancial que se preocupa de los límites y el contenido de las normas jurídicas. Aquí puede notarse el por qué esta dimensión sustancial se basa en las libertades y en los derechos sociales.[6]

---

3 Salazar, Pedro, *La democracia constitucional,* 1ª. ed., México, FCE, 2017, p. 136.

4 Lozano, Eduardo, *Seguridad pública y justicia. Una visión político criminológica integral,* 3ª. ed., México, Porrúa, 2018, p. 69.

5 Ferrajoli, Luigi, *Los fundamentos de los derechos fundamentales,* 4ta. ed., España, Trotta, 2009, p. 22.

6 Ferrajoli, Luigi, *Principia iuris, t. 2: Teoría de la democracia,* 2da. ed., España, Trotta, 2016, p. 27.

III. CONSTITUCIÓN Y CONSTITUCIÓN DEMOCRÁTICA

La Constitución de los actuales Estados democráticos y las constituciones locales, como en el caso de las entidades federativas de México, están estructuradas en dos partes. La primera parte contiene las normas de derechos fundamentales destinadas a todas las personas y/o ciudadanos, establecidos en normas téticas. La segunda parte de las constituciones está conformada por normas hipotéticas que contienen las normas de competencia, dirigidas a las instituciones gubernamentales. Se sigue en este aspecto aún, lo que preveía ya desde 1789 la Declaración francesa de los derechos del hombre y del ciudadano en su artículo 16, sobre la aseveración de la carencia de Constitución si no se tienen garantizados los derechos ni la separación de poderes.

Ahora bien, se habla de democracia, no sólo en el sentido de que esta denote el poder del pueblo, la garantía de los derechos políticos y el autogobierno de los ciudadanos, "sino también y sobre todo en el sentido de que corresponde al pueblo y a todas las personas que lo componen el conjunto de todos aquellos poderes activos que son los derechos constitucionales secundarios de los que todo poder constituido se deriva y de todos aquellos contrapoderes pasivos que los derechos constitucionales primarios a los que están subordinados y dirigidos los poderes".[7]

Por otro lado, el pacto que representa la existencia de una Constitución refleja, no una común identidad, sino una diversidad que muchas veces trae consigo una serie de conflictos al interior de la sociedad.

Llegados a este punto podemos preguntarnos: ¿Para qué sirve una Constitución? Si representara la uniformidad de los intereses de los ciudadanos, entonces no serviría mas que de adorno. Sin embargo, la Constitución sirve para garantizar los derechos

---

7 *Ibidem*, p. 48.

de cada individuo, incluso contra la mayoría, permitiendo con ello, en la medida de lo posible una convivencia a pesar de los diferentes intereses que se defiendan al interior de la comunidad.

Si ya hemos mencionado algo sobre la democracia y sobre la constitución, cabe ahora plantear qué es una Constitución democrática. En palabras de Ferrajoli "Una constitución es democrática [...] no tanto porque es voluntad de todos, sino porque garantiza a todos; no porque los derechos en ella establecidos sean universalmente aceptados [...], sino porque se confieren universalmente a todos; no porque nadie esté excluido de su estipulación [...], sino porque en ella se pacta la no exclusión de nadie".[8]

IV. LA EXPANSIÓN DE LA DEMOCRACIA CONSTITUCIONAL Y DEL PARADIGMA DEL GARANTISMO CONSTITUCIONAL

Es necesario abordar cómo es posible expandir este paradigma de la democracia constitucional, que en *Principia iuris* se expone de la siguiente manera. La primera expansión de la democracia constitucional tiene que ver con una mejor garantía de la democracia política, pues pareciera que en muchos casos el sufragio universal y el principio de mayoría no requieren de un límite o control a su aplicación.

La segunda expansión tiene que ver con la conformación de un estado social sujeto a la ley y al contenido de sus prestaciones, que no quedara tan al arbitrio de la administración.

La tercera expansión tiene que ver con los límites y controles sobre las relaciones de derecho privado que tienen que ver con las reglas que deberían normar incluso aquellas relaciones económicas y de mercado que afectan a los particulares, pues

---

8 *Ibidem*, p. 55.

el poder no sólo es el público, ya que el poder privado también afecta y menoscaba diversos derechos de las personas.

La cuarta expansión del paradigma constitucional democrático tiene que ver con la conformación de un constitucionalismo supranacional que permita un mejor trabajo de colaboración entre los Estados.

Ahora bien, Ferrajoli relaciona y desarrolla -en la construcción de la democracia- de una forma diferente, se podría decir más global, lo que llama expansión del paradigma del garantismo constitucional, en las siguientes tres direcciones: en primer lugar, hacia un constitucionalismo de derecho privado, en segundo lugar, hacia un constitucionalismo de los bienes fundamentales y, en tercer lugar, en dirección hacia un constitucionalismo supraestatal.[9]

La *primera dirección*, hacia un constitucionalismo privado, tiene que ver con la necesidad de controlar los poderes económicos y de mercado, quienes resultan ser, hoy en día, las principales amenazas a la democracia, la paz y la sobrevivencia del planeta y la vida que hay en ella, incluido el ser humano.

La *segunda dirección* que toma la expansión del paradigma del garantismo constitucional va hacia el desarrollo de un constitucionalismo de los bienes fundamentales. Y es que dentro del derecho es fácilmente distinguible la clasificación que se hace de los bienes patrimoniales, ya sean bienes muebles o inmuebles, bienes materiales y no tangibles, fungibles y no fungibles, que son objeto de los derechos patrimoniales. Sin embargo, es posible distinguir otros bienes, denominados fundamentales que son objeto de derechos fundamentales, en particular de los derechos primarios, llámense libertades o derechos sociales. A su vez, dentro de los bienes fundamentales podemos encontrar bienes comunes, bienes personalísimos y bienes sociales.

---

9 Ferrajoli, Luigi, *La construcción de la democracia. Teoría del garantismo constitucional*, 1ª. ed., España, Trotta, 2023, p. 224.

Los bienes comunes se refieren al agua, al aire, el medio ambiente, el manto oceánico, entre otros, y que son objeto tanto de "libertades de" y "libertades frente a", es decir, en el primer caso, libertades de su disfrute y en el segundo caso, como inmunidades frente a su destrucción. Los bienes personalísimos son "libertades frente a" esto significa que son inmunidades, y se refieren básicamente a los órganos del cuerpo, que son de uso y disfrute exclusivamente para la persona que los tiene. Por su parte, los bienes sociales, son objeto de derechos sociales, como los medicamentos necesarios para la vida, y que a pesar de su existencia y abasto, no son suministrados a quienes los necesitan. La importancia de la distinción entre bienes patrimoniales y bienes fundamentales es hacer notar que los primeros sí forman parte del mercado y pueden ser vendidos y comprados y, como consecuencia, ser sujetos de apropiación. Pero los bienes fundamentales no. Los medicamentos esenciales, el agua, el aire, y los demás mencionados dentro de esta categoría, no pueden ser susceptibles de apropiación de unos cuantos, dada su indisponibilidad, sino garantizados y suministrados para beneficio de todos.

La *tercera dirección* de expansión del paradigma del garantismo constitucional, tiene que ver con la conformación de un constitucionalismo global o supraestatal. No se trata de crear un super Estado a nivel global, sino de crear a nivel mundial las instituciones necesarias para la salvaguardia de derechos y bienes fundamentales, así como de la paz. Para ello, Ferrajoli[10] propone diferenciar entre funciones e instituciones globales de gobierno y funciones e instituciones globales de garantía. Las primeras deben su legitimidad a las mayorías, y estas deben seguir estando lo más cercanas a la población que las elige, por conocer de primera mano sus mayores necesidades. En cambio, las segundas -funciones e instituciones globales de garantía- encuentran su legitimidad no en el consenso mayoritario sino en la sujeción

---

10 *Ibidem*, p. 239.

y garantía a los derechos y bienes fundamentales, lo cual podrá lograrse mediante las garantías primarias y secundarias. La necesidad de lo anterior obedece a la problemática también global a que se enfrenta la humanidad. Funciones e instituciones globales de garantía serían las más idóneas para contrarrestar las diversas actuaciones que lesionan derechos fundamentales por parte de las grandes empresas transnacionales, imposibles de garantizar a nivel local. De ahí la importancia de la necesidad de instituciones que puedan, a nivel global, hacer frente a las problemáticas mundiales relacionadas con el suministro de agua potable, la contaminación ambiental y el deterioro del mismo, la necesidad de suministrar los medicamentos esenciales necesarios para la subsistencia hoy en día y un impostergable suministro de alimentos para todos.

V. LA CRISIS DE LA DEMOCRACIA

Si bien existen diversos factores que provocan una crisis a la democracia, es posible advertir que, dentro del Estado constitucional, existen dos problemas jurídicos que repercuten en la construcción de la democracia basada en la garantía de los derechos fundamentales. En este caso me refiero a las antinomias y las lagunas. [11]Ambos conceptos se encuentran relacionados con violaciones a derechos. Las antinomias se presentan cuando la Constitución prevé un derecho fundamental y el legislador lesiona a este expidiendo una norma que limita o restringe de manera arbitraria a este. En este caso, se requiere la labor jurisdiccional para garantizar el derecho fundamental lesionado, pues este es el órgano legitimado para declarar la inconstitucionalidad de una ley de la cual no es posible interpretarlo de manera conforme con la lectura garantista de la Constitución.

---

11 *Ibidem*, p. 202.

En cambio, estamos ante una laguna jurídica, cuando la Constitución prevé la existencia de un derecho fundamental, el cual requiere para su disfrute de una actuación legislativa en forma de ley secundaria para su correcta efectividad. En este caso, no es el órgano jurisdiccional el órgano competente para salvar esta laguna, sino que es precisamente el legislador quien tiene que colmar esta laguna, quien con su omisión provoca la existencia de lagunas jurídicas.

Por otro lado, podemos advertir otro factor de crisis que, aunque no es nuevo, ha empezado a tomar escenario en los últimos años. Nos referimos en este caso al populismo. El problema que representa el populismo lo podríamos resumir en que, desfigura a la democracia. No se trata de que el populismo pretenda quitar a la democracia, aunque está siempre a un paso de hacerlo. Incluso, sigue utilizando a los procesos electorales de elección para legitimar a su líder, respaldado por una mayoría que representa al pueblo. La oposición en este caso, no es considerada como parte del pueblo, sino que es constantemente excluida por líder, imputándole todos los problemas, pasados y presentes.

Existe una continua afrenta hacia la oposición, pero sin llegar a exterminarlos, pues lo que hace el populismo es excluirlos, mediante el desprestigio. Pero hay otra característica de la cual es partícipe el populismo, y es la relación directa entre su líder y el pueblo. De esta manera, el populismo desfigura la democracia, pues hace a un lado a los partidos políticos que sirven para facilitar la participación de los ciudadanos, con diferentes propuestas políticas, para contender en los procesos electorales, mediante el sufragio. El populismo desconfía de los que Nadia Urbinati, denomina "actores colectivos intermediarios".[12] No obstante, recordemos que sin partidos políticos no hay democracia, y en esta afirmación podemos encontrar a Alain Touraine, al advertirnos sobre los peligros que conlleva la desaparición

---

12 Urbinati, Nadia, *Yo, el pueblo, Cómo el populismo transforma la democracia*, 1ª. ed., México, Grano de sal, 2020, p. 46.

de estas asociaciones.[13] Y si bien, la democracia se basa en el principio de mayoría, esta debe estar limitada. Sin embargo, "los populistas fomentan el despliegue permanente de la gente (el público) para apoyar al líder electo, o modifican la Constitución vigente para reducir las restricciones que tiene la mayoría para tomar decisiones".[14] Olvidándose con lo anterior, que la democracia lo es, precisamente por su capacidad de decidir en contra de las preferencias de la mayoría.[15]

Si lo anterior no fuera suficiente razón para considerar al populismo como un factor de crisis de la democracia, habría que pensar en que, esta afrenta hacia la existencia de los partidos políticos, lleva a perpetuar en el poder al mismo líder, pues restringe hasta el grado de destruir la pluralidad política, haciendo imposible la posibilidad de los ciudadanos de cambiar a sus representantes o bien, de participar ellos mismos, en los procesos electorales, con la posibilidad de acceder a los cargos públicos.

Podemos, además, dentro del estudio del populismo, encontrar factores de semejanza con el fascismo, lo cual lo vuelve preocupante, aunque también es posible advertir diferencias con respecto a este. Lo que se ha dicho con respecto a la tendencia del populismo de lograr un vínculo lo más directo posible entre el líder y sus ciudadanos, lo asemeja al fascismo. Federico Finchelstein, al respecto menciona: "los dictadores fascistas y los lideres populistas, por ejemplo, rechazaban la función mediadora de las instituciones y buscaban establecer un vínculo orgánico directo entre el líder y el pueblo".[16] Esto significa que el líder populista guarda extrema desconfianza hacia el sistema político, hacia la democracia

---

13 Touraine, Alain, *¿Qué es la democracia?*, 2ª. ed., México, FCE, 2000, p. 86.

14 Urbinati, Nadia, *op. cit.*, p. 23.

15 Touraine, Alain, *op. cit.*, p. 208.

16 Finchelstein, Federico, *Del fascismo al populismo en la historia*, 1ª. ed., España, Taurus, 2019, p. 188.

partidista, aunque la desconfianza y el combate a este, provoca las consecuencias a que hemos aludido en el párrafo anterior.

Sin embargo, también es posible encontrar diferencias. Uno de ellas, tiene que ver con el uso de la violencia. El fascismo hace uso de la violencia para eliminar sus enemigos, y no duda en hacerlo, utilizando para ello la maquinaria estatal que tiene a la mano. En cambio, el populismo no ejerce acciones violentas en contra de sus enemigos, aunque muchas veces hace apología de esta entre sus ciudadanos, en contra de quien considera como enemigo de sus ideas.

VI. MODELO CUATRIDIMENSIONAL DE LA DEMOCRACIA CONSTITUCIONAL

El paradigma de la democracia constitucional está basado en los derechos fundamentales. Los derechos políticos y derechos civiles llamados derechos secundarios permiten que se pueda legitimar la dimensión formal de la democracia, de tal forma que dentro de esta dimensión formal de la democracia podemos hallar a la democracia política y a la democracia económica o civil.

La democracia política tiene que ver con la esfera pública del ciudadano y básicamente se circunscribe al ejercicio de los derechos políticos para estar en condiciones de elegir a sus representantes. La democracia económica atiende a la esfera privada del ser humano y es aquí en donde se puede hablar de una autonomía directa o bien de un propio auto-gobierno de la persona. Esta democracia económica permite también hacer una división entre lo público y lo privado a su vez, es decir, entre Estado y mercado, en donde en este último espacio se deja el dominio de los intereses privados a los propios individuos para el ejercicio autónomo de sus derechos-poder. Es por eso que es esta dimensión formal, en particular la económica o civil la que requiere un mejor control, incluso internacional, pues este espacio ha sido dejado tradicionalmente fuera de límites y controles, bajo el concepto de libertades, pero que en realidad son, como hemos señalado, derechos-poder que repetidamente han demostrado ser fuente de múltiples violaciones de derechos humanos.[17]

Los derechos de libertad y derechos sociales, también denominados primarios sirven para legitimar la sustancia de las decisiones tanto del ámbito público como del privado. Dentro de la dimensión sustancial de la democracia podemos encontrar a la democracia liberal y a la democracia social. La primera de ellas busca la garantía de los derechos de libertad y la segunda, la garantía de los derechos sociales.[18] Para Ferrajoli esta dimensión sustantiva compuesta por la democracia liberal y la democracia social es lo que distingue a la democracia constitucional y sirve de límite a la dimensión formal de la democracia, es decir, limita el principio de mayoría y limita, además, las decisiones autónomas del mercado, que actúan bajo la bandera de libertades, pero que son derechos-poder que lesionan a los particulares.

Por otro lado, estas libertades y derechos sociales requieren de garantías, que es precisamente lo que comentamos cuando abordamos el tema de las lagunas jurídicas. En el caso de las libertades, se requieren garantías negativas, principal pero no exclusivamente, con el fin de que estas no sean lesionadas. Y en el caso de los derechos sociales, de igual forma, se requieren principal pero no exclusivamente, de garantías positivas encaminadas a reducir las desigualdades producidas por la falta de estas.

Respecto de las libertades, es posible hablar de un garantismo liberal. Este garantismo se basa principalmente en el principio de legalidad y en la garantía de los derechos activos de libertad. Recordemos que Ferrajoli distingue dentro del principio de legalidad, al principio de mera legalidad o legalidad formal y principio de estricta legalidad o legalidad sustancial. El primero

---

17 Ferrajoli, Luigi, *La construcción de la ..., cit.*, p. 299.

18 *Ibidem*, p. 359.

de ellos, se refiere a la correspondencia, meramente formal de los actos jurídicos respecto de las normas también formales que los producen. En cambio, el segundo de ellos, se refiere a una correspondencia o bien, sujeción del significado de las decisiones con respecto a las normas sustancias.[19] No olvidemos que el principio de mera legalidad surge con el nacimiento del estado liberal, en donde se requería de correspondencia formal de todos aquellos actos jurisdiccionales y de derecho privado con respecto a la ley, la cual representaba el fundamento positivo del derecho. Con el surgimiento del estado constitucional contemporáneo, la Constitución se establece, junto con los derechos que reconoce, en el parámetro sustancial, desde el cual, todo acto y norma legislativa debía estar en sintonía, ya no sólo formalmente, sino sustancialmente, de forma que estas no contrariaran el sentido de la constitución, so pena de tacharse a estas normas de inconstitucionales. Me parece que esta segunda concepción del principio de legalidad – principio de estricta legalidad- es la que principalmente está a la base del garantismo liberal, pues las leyes que se expidan por el legislador, deben, en todo momento estar en correspondencia sustancial con el sentido y propósito de las de las libertades fundamentales. Se trata entonces, de un trabajo preponderante de los jueces, en relación al examen de las leyes con respecto a los principios constitucionales.

También es necesario un garantismo social, el cual implica garantías primarias, y las correspondientes funciones e instituciones públicas que las establecen, las cuales requieren de independencia y separación respecto de las instituciones políticas de gobierno. Las características de estas garantías son precisamente la igualdad y efectividad de las prestaciones sociales, las cuales son producidas como consecuencias de su carácter absoluto, entendida como una obligación erga omnes y de su carácter gratuito.

---

19 *Ibidem*, p. 107.

Precisamente, una de las características de la seguridad social es su universalidad, es decir, su pretendida aplicación a favor de todos. La gratuidad es un objetivo deseable en el ámbito de la seguridad social, y precisamente todos los derechos fundamentales para serlo deben ser gratuitos, no sólo los sociales, idea sobre la cual Ferrajoli se ha impuesto. [20] sin embargo, hoy por hoy, la seguridad social se rige bajo la subsidiariedad del Estado, en el que el Estado aporta, pero también los beneficiarios.[21]

Este garantismo social implicará, claro está, no sólo a la seguridad social sino también a la enseñanza pública y los derechos de los trabajadores, pues estas son garantías primarias. No olvidemos que las garantías primarias son, precisamente, obligaciones (de prestación) o prohibiciones (de lesión).[22] En este caso, la enseñanza pública, la seguridad social y las garantías a favor de los derechos de los trabajadores, al igual que la renta mínima, son obligaciones (de prestación) a cargo del Estado.

Si nos percatamos tanto el garantismo liberal como el garantismo social, sirven en su caso, para garantizar a la democracia política. Es decir, las garantías de las libertades y de los derechos sociales, aunque por sí mismas representan un paso avanzado en la tutela de los derechos fundamentales, los cuales por sí mismo generan una mejor vida del ser humano, en razón de unas mejores condiciones de la misma, sirven además para un ejercicio óptimo de los derechos políticos. Garantizar las libertades fundamentales -ya sean de asociación, de pensamiento, de expresión- permite, por ejemplo, mediante la libertad de asociación, la creación de partidos políticos. Mediante la libertad de expresión, se incentiva

---

20 Ferrajoli, Luigi, *Los derechos y sus garantías. Conversación con Mauro Barberis*, 1ª. ed., España, Trotta, 2016, p. 89.

21 Cázares García, Gustavo, *Derecho de la seguridad social. Historia, doctrina y jurisprudencia*, 7ª ed., México, Porrúa, 2024, pp. 90 y 91.

22 Ferrajoli, Luigi, *Los fundamentos…, cit.*, p. 26.

un debate de ideas en torno a las políticas imperantes, lo cual permite un ejercicio mejor informado de los derechos políticos.

Por otro lado, el garantismo social, permite satisfacer las necesidades humanas básicas del ser humano -alimentación, salud, vivienda, etc.-, lo cual posibilite que el ser humano no centre toda su atención en la satisfacción de sus necesidades básicas, sino que también tenga la oportunidad de preocuparse por la vida política de su país. Mientras el ser humano no tenga satisfechas sus necesidades básicas, mediante un efectivo garantismo social, este no dejará de satisfacer primero a estas. Sólo una vez garantizados sus derechos sociales, podrá estar en condiciones de ejercer sus derechos políticos. Por ello, se insiste, el garantismo liberal y social, sirven de presupuesto para un correcto ejercicio de los derechos políticos.

VII. CONCLUSIÓN

Como podemos darnos cuenta, el paradigma de la democracia constitucional compuesto en sus dos dimensiones, tanto formal como sustancial, se basa en la existencia y garantía de los derechos fundamentales, tanto primarios como secundarios, lo que sirve para plantear un modelo de constitución democrático dirigido a todos, tomando en cuenta sus diferencias, pero proveyendo de los medios más idóneos para la convivencia de los diversos miembros de la sociedad, aún con sus diferentes intereses. La democracia no se trata sólo del quién decide y cómo se decide, sino sobre el qué se decide, tutelando al individuo incluso en contra de la mayoría, lo cual garantiza un mejor disfrute de los derechos fundamentales de cada ser humano. Claro está que la democracia política, la cual tutela los derechos políticos, es parte fundamental de la democracia constitucional, pues sin la posibilidad de elegir a nuestros representantes, no habría forma de hablar de democracia. Sin embargo, cuando los representantes se distancian de sus representados y los derechos civiles son ejercidos de forma inconsciente, se llegan a menoscabar los derechos propios de la democracia liberal y de la democracia social. Parte de ese distanciamiento de los representantes con sus representados, puede verse en la elaboración de leyes que contrarían a los derechos fundamentales y que producen, lo que comentábamos, antinomias, que requieren una solución por parte de los órganos jurisdiccionales. Pero ese distanciamiento del que hablamos, también puede ser por omisión, cuando el legislador y representante de la sociedad, deja de crear las garantías que harían efectivo un derecho fundamental, sobre todo, cuando se trata de derechos sociales.

De esta forma, retomando lo dicho en la introducción, la democracia sí implica la garantía y ejercicio de los derechos políticos, los cuales, como en el caso de México, son ampliamente garantizados. Pero el acento que queremos poner, es que la democracia no representa sólo eso, sino que requiere de la garantía de las libertades y de los derechos sociales, con el fin de limitar la dimensión formal que es representada por la democracia civil y política, pues si estas no son controladas pueden lesionar a los demás individuos. Para ello, se requiere de una Constitución rígida pero también de un legislador que funcione adecuadamente, de tal manera que, reglamente lo dictado en la propia Constitución, y que no produzca normatividad que contraríe lo estipulado por la norma fundamental, en otras palabras, que no propicie antinomias ni lagunas jurídicas, que lo único que conllevan es poner a la democracia en crisis.

VIII. BIBLIOGRAFÍA

ASTUDILLO, César, *Derecho electoral mexicano,* 1ª. ed., México, Porrúa, 2020.

CÁZARES, Gustavo, *Derecho de la seguridad social. Historia, doctrina y jurisprudencia,* 7ª ed., México, Porrúa, 2024.

Declaración de los derechos del hombre y del ciudadano, 1789, disponible en: [https://www.diputados.gob.mx/biblioteca/bibdig/const_mex/decla_huma.pdf] [Último acceso: 16 06 2024].

FERRAJOLI, Luigi, *La construcción de la democracia. Teoría del garantismo constitucional,* 1ª. ed., España, Trotta, 2023.

_______________, Luigi, *Los derechos y sus garantías. Conversación con Mauro Barberis,* 1ª. ed., España, Trotta, 2016.

_______________, *Los fundamentos de los derechos fundamentales, 4ta. ed., España,* Trotta, 2009.

_______________________, *Principia iuris, t. 2: Teoría de la democracia,* 2da. ed., España, Trotta, 2016.

FINCHELSTEIN, Federico, *Del fascismo al populismo en la historia,* 1ª. ed., España, Taurus, 2019.

LOZANO, Eduardo, *Seguridad pública y justicia. Una visión político criminológica integral,* 3ª. ed., México, Porrúa, 2018.

SALAZAR, Pedro, *La democracia constitucional,* 1ª. ed., México, FCE, 2017.

TOURAINE, Alain, *¿Qué es la democracia?,* 2ª. ed., México, FCE, 2000.

URBINATI, Nadia, *Yo, el pueblo, Cómo el populismo transforma la democracia,* 1ª. ed., México, Grano de sal, 2020.

Legislación

Constitución Política de los Estados Unidos Mexicanos.

Ley General de Instituciones y Procedimientos Electorales.

Ley General de Partidos.

Capítulo VII. Movilidad internacional e indígena. Retos para el federalismo en Chiapas

INTERNATIONAL AND INDÍGENA MOBILITY: CHALLENGES FOR FEDERALISM IN CHIAPAS

MARIO ERNESTO MENESES DÍAZ[1]

SUMARIO: *I. INTRODUCCIÓN. II. LOS RETOS DEL FEDERALISMO EN CHIAPAS. III. CONCLUSIONES. IV REFERENCIAS.*

Resumen

La presente tiene como objeto el estudio sobre el fenómeno de desplazamiento, la migración y los retos que esto genera en el contexto de la autonomía que representa el federalismo en Chiapas, estacando su pluriculturalidad y antecedentes históricos. En ese sentido, el estado de Chiapas, debido a su condición geográfica ha representado diferencias culturales y sociales que requieren atención específica para atender las necesidades de la población. La consolidación de Chiapas, como entidad con personalidad propia ha sido un proceso influenciado por su contexto geográfico y social, la lucha por su territorio, la influencia de factores

1 Visitador Adjunto Regional de la Comisión Estatal de los Derechos Humanos. Parlamentario Juvenil 2024, Certificado en consultoría general por la red CONOCER, integrante de la Clínica Jurídica "Derechos en Movimiento" del Instituto de Investigaciones Jurídicas de la Universidad Autónoma de Chiapas, además. Maestrante en la Maestría en Derecho Constitucional y Amparo por la misma casa de estudios. Email: meneses_md94@hotmail.com

externos, como la migración, hacen de la población chiapaneca un estudio complejo en su estructura gubernamental y social. El objeto de la presente no lleva a revelar que debido a la diversidad de Chiapas, enfrenta retos significativos en una encrucijada donde la diversidad en conjunto con los flujos migratorios continúa moldeando el futuro de la sociedad chiapaneca, la implementación de políticas públicas inclusivas y el fortalecimiento de las estructuras sociales e institucionales son esenciales para enfrentar los retos para un desarrollo armonioso para los habitantes que transita y residen en la entidad.

Abstract.

This study is to examine the phenomenon of displacement, migration, and the challenges it generates within the context of the autonomy represented by federalism in Chiapas, highlighting its multiculturalism and historical background. In this regard, the state of Chiapas, due to its geographical condition, has shown cultural and social differences that require specific attention to meet the needs of its population. The consolidation of Chiapas as an entity with its own personality has been a process influenced by its geographical and social context. The struggle for its territory and the influence of external factors, such as migration, make the Chiapanecan population a complex study in its governmental and social structure.

The aim of this study reveals that due to Chiapas' diversity, it faces significant challenges at a crossroads where diversity, combined with migratory flows, continues to shape the future of Chiapanecan society. The implementation of inclusive public policies and the strengthening of social and institutional structures are essential to addressing these challenges and ensuring harmonious development for the inhabitants who transit and reside in the state.

Palabras claves:

Desplazamientos, Federalismo, Migración, Pluricultural, Sociedad

I. INTRODUCCIÓN

El estado de Chiapas, por su condición geográfica ha generado una serie de particulares propias con el resto de las entidades de México, Chiapas, cuenta desde sus orígenes con diferencias sociales y culturales internas que requiere su atención en particular en cada uno de las necesidades de la población desde su nacimiento en la figura legal territorial, lo anterior, ha tenido su gesta por la consolidación de una entidad con personalidad propia.

Las luchas por los Estados, se ha hecho valer su potestad soberana ligada al afán por dominar un territorio específico, en medida la extensión del territorio y su medio geográfico, la población, las riquezas que lo alberga y las ventajas estratégicas que los define con rasgos independientes. Por lo cual, la obtención y defensa del territorio se asume y se expresa como intereses vitales, no sólo del Estado como estructura política sino del pueblo soberano. [2]

En ese contexto, el medio geográfico constituye como característica fundamental para la consolidación del estado para el ejercicio del poder, ante ello, tras el movimiento nacional independentista de 1810, tuvo su relación con el naciente Estado Mexicano, que buscaba su consolidación como territorio frente a su independencia de la corona española y con ello la concentración de ese poder.

En ese sentido, se generó la réplica de las fundaciones de las naciones latinoamericanas quienes asumieron una concepción en los antiguos dominios de la Corona Española y territorio dominados por estos, los cuales buscaron establecerla como el referente disputado de la definición territorial de los nuevos países, y con ello, las nuevas naciones entre ellas la mexicana, no fue únicamente el resultado de inercia del carácter de la nueva construcción de los resultados y desacuerdos de los liderazgos políticos, sino que además, lejos de respetar las demarcaciones políticas, administrativas y judiciales que abrogaron el derecho de preservar el territorio de las antiguas demarcaciones o bien reestructuradas en función de sus nuevos proyectos en la construcción estatal que estaban delimitados en el grado de los intereses de grupos de poderes.

Podemos entender que los estados nacientes en su afán de consolidar su poder frente a la monarquía ibérica y los sujetos externos

---

[2] David Fromkin, La independencia de las naciones, México, Publigrafics, 1983, pp. 50 y 51.

para el reconocimiento de sus independencias, se dieron a la tarea de delimitar sus territorios nación de las antiguas demarcaciones del virreinato español. En caso de la reciente nación mexicana, en la distribución del territorio principalmente entre lo que hoy conocemos como México y Guatemala, entre los años de 1821-1824, los linderos que separaba la antigua Nueva España y el reino de Guatemala[3] padeciendo una serie de cambios de las determinaciones para la integración del estado del territorio mexicano.

Dando a lo anterior en 1821, Agustín de Iturbide con el impulso del Plan de Iguala, pretendió la conversión la unificación en un mismo gobierno los dominios de la Corona Española, y por ende la extensión de la autoridad recién creada, no obstante la capitanía de Guatemala contaba aún con la lealtad de la Corona española o bien la intención de formar una república con autonomía propia.

Ante ello, las acciones por parte de la monarquía de Iturbide, para el beneplácito de la capitanía de Guatemala a la extensión uniforme del territorio mexicano se establecieron los intereses de los territorios de Centro América con el resto de la población ya que en conjunto haría del territorio nacional como una de las naciones más importantes del orbe. [4]

No obstante, la unificación del territorio mexicano por parte de las provincias centroamericanas se centró en las rebeliones

---

3 Juan Carlos Solórzano, aunque formalmente la Audiencia de Guatemala se consideraba parte del virreinato novohispano “como Audiencia Mayor, con un presidente-gobernador a la cabeza del gobierno [...] gozaba de virtual independencia respecto del virrey [...] Las audiencias mayores, dada su mayor jerarquía, se encontraban directamente supeditadas al Consejo de Indias, órgano superior de la administración colonial”. Juan Carlos Solórzano, “Los años finales de la administración española (1750-1821)”, en Historia General de Centroamérica, 5 vols., Madrid, Flacso/Ediciones del Quinto Centenario, 1993, vol. 3, pp. 13-71.

4 Iturbide a Gaínza, Boletín del Archivo General de Gobierno, México, 1° de octubre de 1821,, p. 267.

separatistas de los núcleos guatemaltecos pues se cuestionaban la integración al territorio nacional mexicano en el proyecto de Iturbide. No obstante, ante estos hechos se llevó acabo la unificación de territorio mexicano, sin intervención militar las fronteras mexicanas se había extendido hasta los límites de lo que hoy conocemos como Panamá, sin embargo, las condiciones territoriales de México, se dividió en tres campos antagónicos unos a favor del territorio mexicano pero en contra de la capitanía de Guatemala, por otro lado los Guatemaltecos, y de lado de las provincias de Honduras y el Salvador, regiones más pobladas en la región centro americanas, siendo el Salvador, el país que se negó a la unión de las provincias a México.

En ese sentido, bajo el clima independentista de la región y el levantamiento separatistas el 1821, los núcleos poblaciones del territorio del territorio actual de Chiapas, proclamaron su independencia de la capitanía de Guatemala, una vez la independencia de Guatemala, buscaron unirse al imperio mexicano, provocando una serie de actos separatistas de diversas provincias con el reino de Guatemala. De eses modo, las autoridades chia panecas manifestaron su pretensión hegemónica y los abusos de Guatemala, lo que provoco el ideal de pertenecer a México.

II. LOS RETOS DEL FEDERALISMO EN CHIAPAS

La federación de Chiapas, fue la manifestación más temprana de la factura de la política y el territorio, la idea separatista de las diversas regiones de lo que hoy conocemos como Centro América, lo anterior, se debió al descontento social ante la marginación de las clases de gobernada la capitanía de Guatemala, en el caso de Chiapas, conjugo la situación tanto económica, cultural pero sobre todo territorial ante su pertenencia con el imperio mexicano.

Asimismo, es necesario puntualizar el atasco histórico, en Chiapas, en particular que contrasta con las provincias del centroamericana, mientras que en las provincias de la región se disputaban roces entre los criollos y los gobierno de la audiencias guatemaltecas, en Chiapas, se vivía una subordinación con la capitanía de Guatemala, no fue hasta su separación en 1824, y fue esta la única que decidió su separación total con ese país, no así con los demás países de centro américa que representaba Guatemala en su cuestión económica y mercantilista, para Chiapas, como lo explica en su obra, "Bosquejo histórico de la agregación á México de Chiapas y Soconusco y de las negociaciones sobre límites entabladas por México con Centro-América y Guatemala"[5], por Matías Romero, en el caso del estado chiapaneco su características especial fue la existencia de relaciones económicas fuertemente ligadas con el imperio mexicano y el intercambio cultural de Chiapas con la Nueva España, y el desempeño de las casas oportunistas de la clases elitistas con las provincias locales de Chiapas con el territorio que comprende el territorio nacional que dio como consecuencia el empoderamiento de las clase en diversos ayuntamiento del propio estado de Chiapas.

Los antecedentes de este empoderamiento, se hace presente los conflictos internos entre los las localidades de Real de las Chiapas hoy San Cristóbal, con la ciudad de Tuxtla. Además, la entidad del territorio del Soconusco, fue agregada a las intendencias de Chiapas, cuya capital se estableció a la ciudad Real, cuya localidad era punto central de los conquistadores y contaba con el único ayuntamiento constituido en Chiapas.

Chiapas, tiene su valor estratégico en particular con los intereses de los mexicanos, tanto por su condición geográfica y militar, debido a su condición geográfica ha constituido la generación de eventos políticos sociales de los asentamientos y flujos de personas que han convivido en el entorno de la entidad.

---

5 Matías Romero, "Bosquejo histórico de la agregación á México de Chiapas y Soconusco y de las negociaciones sobré límites entabladas por México con Centro-América y Guatemala", México, 1887.

El estado chiapaneco, inicio su proceso de federación a territorio mexicano marcado por los conflictos internos y externos, correspondiendo a las necesidades de las clases e intereses sociales, lo anterior, tiene su pauta en la diversidad cultural y étnica que ha influido al movimiento migratorio de la entidad. En el siglo XIX, y a principios del siglo XX, el flujo migratorio fue una constancia principalmente de las poblaciones centro americanas, la causas de las migraciones se derivó ante la inestabilidad política, económica y social de países como Guatemala, Honduras, y el Salvador.[6]

La movilidad humana, ha constituido una serie de consecuencias sociales tanto por los sujetos que lo generar como los habitantes que reciben, que ha generado un impacto complejo en la estructura social en la que se convierte ante este nuevo rol social forzado, que en mucho de los casos generar un crecimiento económico mediante la conexión de las diversidad de las sociedades, ya que esta promueve la movilidad democrática, sin embargo, el crecimiento desorganizado de la población y la convivencia forzada que se generar, en la mayoría de los casas ha provocado conductas negativas, como la discriminación, xenofobias, e inclusive violencias. [7]

El estado de Chiapas, desde su concepción misma como un ente independiente es concebido mediante el flujo constante de personas con identidades e intereses propios, no ha sido un territorio homogéneo en su cultura, sino que esta cuenta con una diversidad cultural y natural, que ha permitido el asentamiento de personas de diversas regiones del mundo, la migración, ha constituido la identidad pluricultural en cada región del estado, los asentamientos migratorios representan una fuente real de las costumbres y tradiciones de las poblaciones chiapanecas, un ejemplo de ello, es la región del soconusco.

---

6 Meneses, R. (2005). *Migración y frontera en Chiapas.* Fondo de Cultura Económica, México.

7 Aruj, R. S.. Causas, consecuencias, efectos e impacto de las migraciones en Latinoamérica. Papeles de Población, México, (55), 95–116.

En la década del siglo XIX, el gobierno de Manuel González, propicio la llegada de inversión y asentamiento migratorios a la región del soconusco, debido a la fertilidad de la tierra se le brindo una serie de facilidades para el crecimiento económico para esa región, llegando a la creación de la ley de colonización de 1863[8], que orillo a la llegada de extranjeros en la zona sur del estado de Chiapas, aquella ley, brindo una serie de oportunidades para la adquisición de tierras, y con ello, la apertura al capital de las compañías extranjeras. Lo que generó la llegada la compañías de capital extranjero a la región de Soconusco, siendo países como los Estados Unidos, Alemania y Japón[9], los más interesados, cuya mano de obra era principalmente oriundos de la región y el inicio de los flujos migratorios por parte de Guatemala, siendo esta última, derivo del arraigo cultural de Guatemala con la región de Chiapas, al considerar aquellos como partes iguales al ser la antigua región maya, considerándola como una sola. No obstante, este crecimiento económico trajo consigo una serie de inmigrantes franceses, italianos, suizos, ingleses y españoles, que al igual de las empresas este grupo de personas invirtieron en la región principalmente al cultivo del café, que dio como consecuencia que a lo largo de los años, la población local y el extranjero formaran vínculos familiares que permitió la diversificación y constitución de la sociedad actual de esta región de Chiapas.

El fenómeno migratoria es un motivo de estudio, los costos sociales, políticas y económicas, la creación de instituciones y medios garantistas para la ejecución de estos mecanismos para atender los temas que requiere cada área en particular de las migraciones, como la salud, educación, seguridad y derechos humanos. En donde, se requiere la existencia de mecanismo para indicar y explicar la complejidad del impacto de los flujos migratorios a las sociedad locales que aterrizan, las consecuen-

---

8 Ley de colonización, Manuel González, 1863

9 M. Elena Tovar, "Extranjeros en el soconusco

cias no solo se refiere a la descomposición social y demográfica, sino a la evolución de las condiciones sociales y económicas, de la sociedad que se construye con esa interrupción de un agente externo que se convierte en uno solo.

En ese sentido, Edelia Villarroya, en su obra "…The social impact of human mobility: An undivided vision of cultural and individual change Metode…"[10], cuatro parámetros para explicar la complejidad e impacto de los flujos migratorios en una sociedad, primero, el número de personas que migran, en un contexto cambiante ante la precepción de seguridad y control en el poder de la toma de decisiones. Segundo, el tiempo de exposición del impacto dígase el tiempo de la permanencia de las personas migrantes, y su exposición con la población local. Tercero, los efectos transitorios y permanentes, ello con base en los arraigos culturales generacionales. Cuarto, la distancia geográfica, lingüística y cultural, a mayor distancia es mayor su complejidad y entendimiento de cultura, lo que tiene como consecuencia un cambio drástico cultural.

El flujo migratorio en la entidad chiapaneca es indispensable en la toma de decisiones en el ámbito interterritorial debido a que la población residente y transito conviven al grado de formar una misma, la narrativa migratoria debe entenderse no solo en el aspecto global sino la historia local.

Tras lo señalado por Edelia Villarroya, uno de los aspectos para conocer el impacto de los flujos migratorios es el número de las personas migrantes, y sus repercusiones, tomando en cuenta los datos oficiales del Boletín mensual de estadísticas migratorias en 2023, de la unidad de política migratoria registro e identidad de las personas durante primer trimestre del 2023, el estado de

---

10 Edelia Villarroya, The social impact of human mobility: An undivided vision of cultural and individual change Metode, España, 2015, véase en https://www.redalyc.org/pdf/5117/511751360008.pdf , visto en junio del 2024

Chiapas, concentro un 37 porciento de los eventos de las personas presentadas o canalizadas ante el Instituto Nacional de Migración INM, a nivel nacional que corresponde a 43.513 eventos, de los cuales, 43 porciento se realizaron en la ciudad de Tapachula, en el estado de Chiapas. En ese contexto, la Organización Internacional de las Migraciones OIM[11], dio a conocer que las características de las migraciones en la que resalta como característica la migración familiar, ya que 6 de cada 10 personas han manifestado viajar con un miembro familiar, y de los cuales son las mujeres que la tienden a viajar con familiar mientras que los hombres de manera individual. Además, las nacionalidades de origen con mayor flujo migratorio son los provenientes de Haití, Guatemala y Honduras, quienes son lo que más viajan en familiar, mientras que los migrantes nacionales de Cuba y El Salvador, en su mayoría viajan solos.

En el mismo tenor, los principales factores que dieron motivo al abandono de su país de origen de las personas en contexto de movilidad migrantes, 9 de cada 10 personas, señalan se derivan a los conflictos armados y violencia generalizada en sus países, asimismo, 8 de cada 10 señala que el aumento de los costos de vida fue un factor para tomar la decisión de migrar, además, de la falta de acceso a los servicios médicos ya que 6 de cada 10 reportan faltas de esos insumos como los servicios de salud, mala calidad sanitaria.

Como segundo aspecto en la permanencia de la población migrantes para conocer el impacto de estos en la vida de los locales, cifras de la Organización Internacional de las Migraciones, señala en su boletín 2023[12], que el aproximado de las personas en contexto

---

11 Organización Internacional de las Migraciones, OIM, Monitoreo de flujos migratorios, 2022-2023, véase en https://mexico.iom.int/sites/g/files/tmzbdl1686/files/documents/2023-12/01-dtm-tapachula_octubre-22-mar-23-light.pdf, visto en junio del 2024

12 Organización Internacional de las Migraciones, OIM, 2023, véase en https://mexico.un.org/sites/default/files/2024-04/estadisticas-migratorias-2023.pdf, visto en junio del 2024.

de movilidad a nivel mundial México, es por detrás de la India, el segundo lugar de destino, Chiapas, se ha convertido en la entidad con más personas dentro de su territorio, principalmente estos en esperar de sus resoluciones migratorias, en 2023, las solicitudes de refugiaron en la ciudad de Tapachula, representaban en 43 porciento de los procedimiento a nivel nacional, lo que ejemplifica el número de personas migrantes en territorio chiapaneco, no pasa por invertido la situación migrante en el sur sureste mexicano que debido a la demanda de las poblaciones migrantes, la estación migratoria con mayor infraestructura es la Estación Siglo XXI, en la ciudad de Tapachula. Lo que nos da a entender que la permanencia de las personas migrantes es una constante en la región chiapaneca, que ha propiciado emergencias sanitarias en los espacios destinados por los migrantes para residir, además, de la crisis humanitaria por la que padecen al ser rebasados por la infraestructura local carece de los medios necesarios para su atención adecuada.

Asimismo, en los aspectos señalado para la identificación del impacto de la poblaciones migrantes en el estado de Chiapas, se refiere al arraigo cultural de las generaciones debido a la aportación del impacto cultural y social de las personas migrantes con la población nativa. A finales del año 2021, los medios de comunicación nacionales exponían las problemáticas sociales causadas por las caravanas migrantes provenientes de Centro América, con destino a los Estados Unidos, sin embargo, esta situación produjo el intercambio culturar de los habitantes locales con las personas extranjeras, entre ellas, la comida, vestimenta e idioma, cabe recordar en líneas anteriores, la culturar de las poblaciones extranjeras produjo la identidad cosmopolita y pluricultural del estado de Chiapas, la sociedad como ente cambiante es permisible su evolución tomando como base los aprendizajes de los diversos sectores de la población que en conjunto premie con una nueva cultura, haciendo que el arraigo cultural de las personas sea tras generacional.

Por último, la distancia geográfica y el aspecto cultural lingüístico de las personas migrantes al adentrarse al territorio de tránsito o destino, evidencia el impacto de estos con la población nacional, ante ello, la Organización Mundial de las Migraciones, informa que la personas migrantes en su mayoría provienen de los estados nación de Haití, isla caribeña que se encuentra a 1,600 kilómetros de Colombia y a 3000 kilómetros del México, asimismo, los países de El Salvador y Honduras, cuyos países se encuentran cercanos al territorio mexicano, representan a los países con el mayor número de personas migrantes a lo que se refiere con la región de centro América.

En consecuencia, el impacto del flujo migratorio en territorio nacional mexicano, además de ser evidente es una constitución para una nueva sociedad gestante, la regiones del soconusco se encuentran al igual que el resto de la entidad chiapaneca en un momento de cambio sistemático y cultural para la construcción de una nueva sociedad cuyas bases dependerá de una construcción solidad, armoniosa y que las diferencias entre las poblaciones migrantes y locales sean atendidas con el objeto que esta nueva sociedad evoluciones a beneficio de la colectividad, como lo fuera en el siglo XIX con la inclusión de las empresas extranjeras en el soconusco, o los interese de la capital de la antigua Nueva España, en 1821, con los territorio que hoy es Chiapas, las sociedades que se encontraron formaron al actual estado chiapaneco.

No obstante, si bien es cierto los flujos migratorios es un tema prioritario para los retos sociales, económicos y gubernamentales, la entidad chiapaneca por su particularidad geográfica y diversidad cultural antes mencionada, propicia una serie de comportamientos sociales que aunado al tema migratorio, hace a la entidad sureña compleja, ya que no solo recibe personas extranjeras sino también es una entidad expulsora.

Lo anterior, representa un reto para la población local, en la que debió de adaptarse las estructuras sociales e institucionales al contexto pluricultural de este nuevo núcleo poblacional, a fin de acoger nuevos residentes fueran estos de tránsito o de asentamiento permanente. Sin embargo, un fenómeno interno agudizaría el entorno social de la población local que daría como consecuencia los retos actuales y venideros para la sociedad y el estado de Derecho de la población chiapaneca, siendo esta la problemática del desplazamiento interno.

Tras la revolución mexicana en 1910, en Chiapas, generó una serie de desplazamientos internos ante la pugna de intereses sociales con el objeto de mejorar sus condiciones de vida[13], que produjo una serie de actos que dio como resultados una brecha social entre a la población en los centros urbanos y las zonas rurales que produjo actos de discriminación con los sectores vulnerables que propicio la intolerancia en diversos temas entre ellos los religioso que tuvo como consecuencia la expulsión masiva de personas por sus creencias religiosas en su mayoría población indígena[14] .

La mayoría de los casos de desplazamiento interno, han sido como consecuencia de acciones violentas generadas por enfrentamiento entre grupos antagónicos, y por múltiples violaciones a derechos humanos. El 01 de enero de 1994, tras el levantamiento armado del Ejercito Zapatista de Liberación Nacional, en el estado de Chiapas, principalmente en la regiones que comprende las ciudades de San Cristóbal de las Casas, Ocosingo, Altamirano, Las Margaritas, y diversas localidad de las regiones predominantemente indígenas, provocaron una serie de movilización forzada que origina la generación de vulnerabilidad a las personas que tuvieron la necesidad de huir de sus hogares. Las personas desplazadas no solo son una cifra de personas en movilidad, sino, al igual que la población migrante que de manera individual o masiva deben de interrumpir su vida ante tener la involuntaria necesidad de huir de sus casas.

---

[13] Rodríguez, M. (1998). *Revolución y migración en Chiapas.* Siglo XXI Editores

[14] Martha L. Sánchez Flores, "Relatoría sobre desplazamiento interno en Chiapas", Comisión Estatal de los Derechos Humanos, 2020, México, véase en https://cedhchiapas.org/cedh/wp-content/uploads/2021/04/Relator%C3%ADa-sobre-desplazamiento-interno-en-Chiapas.pdf , visto en junio del 2024

Actualmente, en el territorio nacional mexicano no se cuenta con una Ley, que reconozca el desplazamiento forzado interno, como una violación a los derech9os humanos, ni que establezca una serie de mecanismos competencial para las autoridades que prevengan y atendieran este tipo de episodios, no obstante, la no existencia de un mecanismo legal federal, no es un impedimento para el reconocimiento de los derechos de las personas desplazadas y las obligaciones que tiene las autoridades de respetar y garantizar sus derechos humanos.

El desplazamiento forzado interno, genera múltiples violaciones a derechos humanos, la ayuda y protección a las personas victimas de este hecho ante la inexistencia de un ordenamiento nacional, se fundamenta su protección no solo en el numeral primero de la Carta Magna mexicana, sino en los Principios Rectores de los Desplazamiento Internos[15], la costumbre jurídica, jurisprudencia y doctrina internacional de las obligaciones de los Estados en materia de los derechos humanos.

Los Principios Rectores para los Desplazamiento internos, es el marco de protección de las personas desplazadas, y por ello, es fundamental su difusión y ante todo su ejecución, el contenidos de las misma ha sido utilizado por la Corte Interamericana de los Derechos Humanos, para la interpretación del alcance de derechos a la circulación y residencia reconocido en el articulo 22 de la Convención Americana sobre los Derechos Humanos, y establecer que se considera como la violación a este derecho ha permitido la interpretación y adopción de este documento *soft law,* en el cuerpo de derechos del sistema de derechos humanos en particular de las personas víctimas de este hecho.

---

15 Naciones Unidas, Principios Rectores de los Desplazamientos Internos, 1998, véase en https://portales.segob.gob.mx/work/models/PoliticaMigratoria/Resource/372/1/images/0 Principios (Deng) rectores de los desplazamientos internos.pdf , visto en junio del 20

Ahora bien, si bien el numeral 1 de la Constitución Federal del estado mexicano, señala la obligatoriedad de las autoridades en la protección y respeto de los derechos humanos, sobre el tema de la movilidad interna forzada, la aplicación del espíritu de los Principios Rectores, se encuentra previsto en el numeral 11 de la Constitución Federal, reconociendo como derechos humano el libre tránsito y la libertad de residencia. La libertad de tránsito reconoce a las personas en su libertad de movilizarse en territorio nacional, así como salir de este, no obstante este derecho tiene sus restricciones principalmente a las personas en contexto de movilidad migrante, no lo es así con los nacionales mexicanos; el segundo de este derecho consagrado en el numeral 11 de la carta magna es el derecho de decir libremente donde vivir.

Por lo anterior, en la interpretación contrario sensu, indica que no se puede obligar a las personas a la movilidad de una persona o de vivir en un sitio especifico del territorio. En este caso, las personas víctimas de desplazamiento interno forzado, implica un quebrantamiento a estos derechos humanos, ya que son obligados a movilizarse y a abandonar su residencia habitual.

En lo que hace para el estado de Chiapas, debida a la naturaleza legal que implica el federalismo en la distribución de competencias para logar pesos y contra pesos dentro de las autoridades mexicanas, la entidad chiapaneca cuenta dentro de su legislación siendo esta pionera a nivel nacional con la Ley para la Prevención y Atención del Desplazamiento Interno en el Estado de Chiapas, vigente desde 2012, sin embargo, esta ley a la fecha de la presente no cuenta con un reglamento para su efectividad, además de carecer programas y organismos previstos en la legislación para la atención a las víctimas de desplazamiento interno. [16]

---

16 Édgar Hernández, "Incumple Chiapas Ley de Desplazados", Agenda Política Nacional (sitio web), 23 de julio de 2013, visto en junio de 2024.

La realidad de la situación social en las diferentes esferas y zonas geográficas de la entidad chiapaneca y del territorio nacional, ha dado la pauta para la afectación de las personas que se han obligado a huir de sus hogares, y aunque la existencia de una ley específica en la materia el desplazamiento en el estado de Chiapas, sigue siendo una problemática actual.

En el 2021, la Comisión Estatal de los Derechos Humanos, órgano estatal vigilante del cumplimiento intrínseco de los derechos humanos en el estado de Chiapas, público la Relatoría sobre desplazamiento interno en estado de Chiapas[17], lo anterior, mediante la recopilación de información con la que cuenta en organismo autónomo, en el que informa a la fecha del 2020, sin tomar en consideración las expulsiones masivas en San Juan Chamula y el conflicto armado zapatista en 1994, los municipios chapanecos con mayor números de casos de desplazamiento fueron Chachihuitan, Chenalho y Aldama, no pasa por inadvertido que estas localidades son vecinas y que en ellas la problemática que da origen al desplazamiento entre otras es la titularidad de la tierra. Del mismo modo, la institución defensora de derechos humanos local, informa que sen tiene como registro en los datos que ellos obran la cantidad de 115567 personas que se han visto desplazarse forzadamente en el estado de Chiapas, lo que representa en 2.2 por ciento de la población chiapaneca en esa época, siendo la violación a los derechos humanos como principal causa de desplazamiento.

La crisis de desplazamiento interno en México, ha denostado la capacidad y desafío de la sociedad para la buscar una solución a los episodios de desplazamiento en la entidad, el panorama del desplazamiento en México, como lo publica la Agencia de Naciones Unidas para la Refugiados ACNUR, a finales del 2022, señala el ACNUR que anterior al 2021, las autoridades mexicana

---

17 Ídem

no contaban con cifras oficiales al desplazamiento, sin embargo, con cifras de la Encuesta Nacional de Victimización y Precepción sobre la Seguridad Pública en 2022, del Instituto Nacional de Estadística[18] y Geografía INEGI, estima que para el año 2021, 831,490 personas cambiaron de vivienda o lugar de residencia para protegerse de la delincuencia, del mismo modo, la Comisión Mexicana de Defensa y Promoción de los Derechos Humanos, registro en 2021, 28,943 personas desplazadas y de las cuales 42 eventos de desplazamiento en México, de los cuales se dieron en mayor medida en los estados de Michoacán y Chiapas, siendo la entidad chiapaneca la única en presentar los casos de desplazamiento por violencia de grupos armados, violencia política, conflicto social y problemas territoriales.[19]

Por lo anterior, la crisis social y cultural que genera los cambios humanos realizados por la movilidad humana que padece la entidad federativa chiapaneca al ser una entidad de destino, y expulsora de personas, genera un reto para las instituciones gubernamentales, sociedad civil, y organismo defensores de derechos humanos, a fin prever estos temas, proporcionar la ayuda humanitaria, y generar las soluciones para esta serie de violaciones de derechos humanos que padecen las personas durante su tránsito y permanencia.

Para ello, en atención de las personas desplazadas la contar con una ley que atienda esta problemática la norma estatal carece de una reglamentación que hace a la legislación ineficiente en su aplicación, además, la falta de concientización de la autoridades no abona al cumplimiento de la Ley para Prevenir y Atender el Desplazamiento en Chiapas, ya que solo la Fiscalía General del

---

18 Encuesta Nacional de Victimización y Precepción sobre la Seguridad Pública en 2022, Instituto Nacional de Estadística y Geografía INEGI,

19 Comisión Mexicana para la Protección y Defensa de los Derechos Humanos A.C., "Informe 2021, Episodios de desplazamiento forzado interno masivo en México", 2021

Estado de Chiapas[20] y dentro de la facultades de la Secretaría de Desarrollo sustentable de los Pueblos Indígenas[21], tratan en sus normativas internas la atención para el desplazamiento interno. Las instituciones, han atendido el tema conforme lo que señala la Ley en la materia con las atribuciones especificas ante las necesidades de las personas desplazadas, en ese sentido, instancias internacionales como el ACNUR, la Organización Internacional de las Migraciones, y las comisiones nacional y estatal de derechos humanos, ha participado para la atención al tema, sin embargo, el desplazamiento forzado no ha sido mitigado y los casos siguen en aumento, en junio del 2024, debido conflictos internos por grupos antagónicos presuntamente relacionado a la delincuencia organizada provoco el éxodo de centenares de familias en el municipio de Tila, municipio indígena en el norte de la entidad chiapaneca, además, bajo las mismas causales a inicio de este año 2024, las poblaciones de Chicomuselo, Frontera Comalapa y Motozintla, han padecido la huida de familias por miedo de permanecer en estos municipios predominantemente plagado de inseguridad.

El reto para el estado chiapaneco, además de la coordinación de las autoridades del Estado, de manera legal mediante la reforma y creación del reglamento de la Ley de Desplazamiento Interno en Chiapas, lo anterior, con la integración de los organismos internacional en materia de protección a personas en contexto de movilidad como lo son el ACNUR y la OIM. Los desafíos para el estado de Chiapas, en el tema de las personas

---

[20] Fiscalía General del Estado de Chiapas, Acuerdo FGE/07/2019, "Protocolo de investigación de delitos en casos de desplazamiento forzado interno, véase en https://www.fge.chiapas.gob.mx/Informacion/MarcoJuridico/PDFDocumento/A68FE6A6-51CF-4383-8C98-E9A9402336E0 ", visto en junio 2024

[21] Articulo 40 fracción VI de la Ley de la administración pública del estado de Chiapas, véase en https://www.haciendachiapas.gob.mx/marco-juridico/estatal/informacion/Leyes/ley_organica.pdf, visto en junio del 2024.

en contexto de movilidad humana forzada, será constante, cambiante debido a la pluriculturalidad de la población.

Ahora bien, como lo señala el Dr. Jorge Carpizo, su obra "Los sistemas federales del continente americano" [22], señala que el objeto de este es con la independencia plena se logra el desarrollo del Estado, con los pesos y contrapesos de los poderes del estado, ante ello, ejemplo de la realidad de la autonomía de los estados sin la necesidad impera de la existencia de una legislación de carácter federal, es la Ley para la Atención al Desplazamiento Interno en Chiapas, siendo la primera en el tema a nivel nacional y a la fecha del 2024, no se cuenta con una ley federal que atienda esa problemática, además, esta ha tomado en consideración la pluriculturalidad principalmente de los pueblos indígenas de la entidad, sin embargo, bajo la premisa que la autonomía del estado mediante el federalismo como forma de gobierno es la facultad de la toma de decisiones por parte de las autoridades locales frente al estado federal, pudiera que esta pueda realizar leyes, reglamentos, decretos y con ellos programas sociales que requiera la población, no obstante, tratándose de materia migratoria es el estado el rector para la regulación y legislación, la ley de migración limita las funciones de las autoridades estatales a efectos de atender el tema migratorio, dado lo anterior, las entidades federativas como Aguascalientes, Baca California, Chihuahua, entre otras, cuyas normativas en materia migratoria se centran los nacionales mexicanos que se han visto la necesidad de migrar, las leyes estatales se han visto más con el objeto de promover el vínculo de las familias de las entidades locales con las personas extranjeras. En caso de Chiapas, no cuenta con una ley en la materia siendo la entidad con mayor

---

[22] Jorge Carpizo, "Los sistemas federales del continente americano", 1972, México, Universidad Autónoma de México, visto en junio del 2024, véase en https://jorgecarpizo.unam.mx/assets/61-sistema-federal-primera-parte.pdf

numero de personas en tránsito, el actuar de las autoridades ha sido rebasada ante el número de las personas solicitante de refugio por parte de la Comisión Mexicana para la Atención de los Refugiados COMAR, debido a la demanda de las personas en contexto de movilidad que llegan a territorio chiapaneco.

El actuar de las autoridades locales y municipales es limitada, la necesidad de centro de ayuda es en coordinación con las autoridades federales, referente a los tramites siendo esta facultad federal, los municipios y los estados ejercen sus funciones de orientadoras, enlaces entre las empresas o las instituciones federales e internacionales para la creación de espacios de difusión sobre los derechos a favor de la población migrante, la interacción de las autoridades locales en el tema migratorio debería ser igual o mayor interés en coordinación con las autoridades federales pero con independencia propia.

Los retos para el estado chiapaneco, es la creación de mecanismos legales autónomos para la implementación de medios que garanticen los derechos humanos de las personas migrantes, además, de la creación de una ley en la materia si bien la regulación es parte de la federación, es muy importante la discusión sobre la posibilidad de extender esa facultad a los Estados, con el objeto de la creación de instituciones que permita el auxilio de las existentes, la creación de instituciones locales migratorias ayudaría al control y regulación de los flujos migratorios y con ello, evitar que las personas en movilidad migrante padezcan de vivir en el intemperie provocando múltiples violaciones a sus derechos humanos y con ello una mejor convivencia con la población local. La ordenada y sistemática atención a la población migrante ayudara a la construcción de una nueva sociedad con pleno goce de derechos. Los desafíos para el estado chiapaneco en relación a los temas que resultan sobre el derecho a la movilidad migrante y local, será fundamental para la construcción de una sociedad justa y equitativa, teniendo como particularidad la pluriculturalidad de la población entrante como de la población local.

III. CONCLUSIONES

Finalmente, el estado de Chiapas, cuenta con un gran desafío sobre las movilidades humanas, el contexto migratorio y el desplazamiento interno, tanto por su condición de partida como de la llegada de nuevos entes externos, las cifras de la Agencia de las Naciones Unidas para la atención a los Refugiados, en su último informe del 2024[23], señala que en el mundo 2.4 millones de personas se encuentra en contexto de refugio, este hecho no solo subraya la magnitud de fenómeno migratorio, sino la necesidad apremiante de las efectividad de las estrategias de cooperación institucional.

Es importante la adopción de un modelo integral que permita no solo la gestión de flujos migratorios, sino también la atención integral de las personas desplazadas. Esto significa no solo fortalecer la capacidad operativa del estado chiapaneco, mediante sus instituciones, sino también la promoción de políticas que garanticen el respeto de los derechos humanos de las poblaciones más vulnerables.

Por lo anterior, la cooperación internacional, nacional y local, emerge con un requisito indispensable, instituciones como el Sistema para el Desarrollo Integral de la Familia y la Comisión Mexicana para la Atención a Refugiados, han sido piezas fundamentales para la asistencia humanitaria, siendo estas limitadas por la falta de recursos suficientes y la necesidad de una coordinación más estrecha entre los diversos niveles de gobierno.

Es imperativo que las políticas públicas, no solo respondan a las necesidades inmediatas de las personas migrantes y desplazadas, sino que también aborden las casusas estructurales que subyacen a estos fenómenos. La inversión en desarrollo regional inclusivo, la mejora de las condiciones socioeconómicas en

---

[23] Agencia de Naciones Unidas para la Atención a Refugiados, ACNUR, Boletín 2024, véase en https://files.unhcr.org/en/2023/resettlement/projected-global-resettlement-needs-2024.pdf, visto en junio del 2024.

comunidades de origen, y la promoción de las oportunidades educativas y laborales son medidas que pueden contribuir a mitigar los flujos migratorios forzados.

En conclusión, la complejidad de los retos para el estado chiapaneco en materia de movilidad humana demanda una respuesta integral y coordinada que trascienda las fronteras institucionales y políticas. Solo con un enfoque colaborativo que garantice los derechos humanos se podrá con la solución sostenible y equitativa, ante ello, se requiere de un compromiso de la sociedad y gobierno para cumplir con los retos venideros.

IV. REFERENCIAS

Agencia de Naciones Unidas para la Atención a Refugiados, ACNUR, Boletín 2024, véase en https://files.unhcr.org/en/2023/resettlement/projected-global-resettlement-needs-2024.pdf

Aruj, R. S.. Causas, consecuencias, efectos e impacto de las migraciones en Latinoamérica. Papeles de Población, México, (55), 95–116.

Comisión Mexicana para la Protección y Defensa de los Derechos Humanos A.C., "Informe 2021, Episodios de desplazamiento forzado interno masivo en México", 2021, véase en https://cmdpdh.org/wp-content/uploads/2023/01/Episodios-2021-FINAL.pdf , visto en junio del 2024

David Fromkin, La independencia de las naciones, México, Publigrafics, 1983, pp. 50 y 51.

Edelia Villarroya, The social impact of human mobility: An undivided vision of cultural and individual change Metode, España, 2015, véase en https://www.redalyc.org/pdf/5117/511751360008.pdf , visto en junio del 2024

Édgar Hernández, "Incumple Chiapas Ley de Desplazados", Agenda Política Nacional (sitio web), 23 de julio de 2013, visto en junio de 2024.

Encuesta Nacional de Victimización y Precepción sobre la Seguridad Pública en 2022, Instituto Nacional de Estadística y Geografía INEGI, véase en https://www.inegi.org.mx/programas/envipe/2022/#:~:text=La%20Encuesta%20Nacional%20de%20Victimizaci%C3%B3n,Instituto%20Nacional%20de%20Estad%C3%ADstica%20y , visto en junio del 2024.

Fiscalía General del Estado de Chiapas, Acuerdo FGE/07/2019, "Protocolo de investigación de delitos en casos de desplazamiento forzado interno, véase en https://www.fge.chiapas.gob.mx/Informacion/MarcoJuridico/PDFDocumento/A68FE6A6-51CF-4383-8C98-E9A9402336E0 ", visto en junio 2024

Internacional de las Migraciones, OIM, 2023, véase en https://mexico.un.org/sites/default/files/2024-04/estadisticas-migratorias-2023.pdf

Iturbide a Gaínza, Boletín del Archivo General de Gobierno, México, 1° de octubre de 1821, p. 267.

Jorge Carpizo, "Los sistemas federales del continente americano", 1972, México, Universidad Autónoma de México, visto en junio del 2024, véase en https://jorgecarpizo.unam.mx/assets/61-sistema-federal-primera-parte.pdf

Ley de colonización, Manuel González, 1863. https://www.memoriapoliticademexico.org/Efemerides/12/15121883.html

Ley de la administración pública del estado de Chiapas, véase en https://www.haciendachiapas.gob.mx/marco-juridico/estatal/informacion/Leyes/ley_organica.pdf.

M. Elena Tovar, "Extranjeros en el soconusco", véase en https://www.redalyc.org/pdf/384/38400802.pdf visto en junio del 2024

Martha L. Sánchez Flores, "Relatoría sobre desplazamiento interno en Chiapas", Comisión Estatal de los Derechos Humanos, 2020, México, véase en https://cedhchiapas.org/cedh/wp-content/uploads/2021/04/Relator%C3%ADa-sobre-desplazamiento-interno-en-Chiapas.pdf , visto en junio del 2024

Matías Romero, "Bosquejo histórico de la agregación á México de Chiapas y Soconusco y de las negociaciones sobré límites entabladas por México con Centro-América y Guatemala", México, 1887, , véase en https://mexicana.cultura.gob.mx/es/repositorio/detalle?id= suri:DGB:TransObject:5bce59c77a8a0222ef15eee8&word=Mat%C3%ADas%20Romero,%20Oax.&r=1&t=714 visto en junio del 2024

Meneses, R. (2005). *Migración y frontera en Chiapas.* Fondo de Cultura Económica, México.

Naciones Unidas, Principios Rectores de los Desplazamientos Internos, 1998, véase en https://portales.segob.gob.mx/work/models/PoliticaMigratoria/Resource/372/1/images/0_Principios_(Deng)_rectores_de_los_desplazamientos_internos.pdf , visto en junio del 20

Organización Internacional de las Migraciones, OIM, Monitoreo de flujos migratorios, 2022-2023, véase en https://mexico.iom.int/sites/g/files/tmzbdl1686/files/documents/2023-12/01-dtm-tapachula_octubre-22-mar-23-light.pdf, visto en junio del 2024

Rodríguez, M. (1998). *Revolución y migración en Chiapas.* Siglo XXI Editores

Capítulo VIII. Una aproximación al analisis de la relación entre el federalismo y la democracia. Perspectivas del caso mexicano

AN APPROACH TO THE ANALYSIS OF THE RELATIONSHIP BETWEEN FEDERALISM AND DEMOCRACY. PERSPECTIVES OF THE MEXICAN CASE

OSWALDO CHACÓN ROJAS[1]

SUMARIO: *I. DIVERSOS ENFOQUES DE ESTUDIO ENTORNO AL FEDERALISMO. II. ANTECEDENTES Y EVOLUCIÓN HISTÓRICO POLÍTICA DEL FEDERALISMO. III. LA RECEPCIÓN Y EVOLUCIÓN DEL FEDERALISMO EN MÉXICO: SU DESVINCULACIÓN CON LA DEMOCRACIA. IV. EL SISTEMA FEDERAL MEXICANO. V. EL FEDERALISMO MEXICANO EN LA ÉPOCA DE LA TRANSICIÓN DEMOCRÁTICA. VI. EL FEDERALISMO MEXICANO DURANTE LA CUARTA TRANSFORMACIÓN. VII. PERSPECTIVAS DEL FEDERALISMO MÉXICO A LA LUZ DE LAS ELECCIONES DE 2024. VIII. REFERENCIAS.*

---

1 Investigador y Profesor de Tiempo completo del Instituto de Investigaciones Juridicas de la UNACH

"El federalismo es la justa construcción del orden, es decir, la construcción desde abajo. Este es el orden de la Creación. Todo orden está para el Hombre, nunca el Hombre para el orden. Por eso hay que comenzar con cada Hombre".
Emil Brunner

I. DIVERSOS ENFOQUES DE ESTUDIO ENTORNO AL FEDERALISMO

El federalismo es un principio que suele abordarse desde una perspectiva jurídico constitucional, es decir, desde el análisis de lo dispuesto en el texto constitucional y legal. Sin embargo, también puede ser estudiado desde otras ópticas. En el caso de este trabajo, nos aproximaremos al fenómeno federalista de una perspectiva. En este sentido, tomaremos como base la teoría de Friedrich sobre el *federalizing* process; la cual se basa en el análisis desde el empirismo[2]. Esto es, nos basaremos en el anális de la evolución histórica del fenómeno político, pues a juicio del propio Friedich, el federalismo "es un proceso social, histórico, político y cultural, que se transforma conforme a las necesidades o acontecimientos de cada época"[3].

---

2 El federalismo como proceso de Friedrich (1968), se centra en la realidad nacida del desarrollo de normas y principios fruto de la experiencia práctica de cada día; se trata de una visión dinámica del federalismo que se fundamenta en cómo las normas e instituciones establecidas en el diseño formal (estructura) se adaptan y modulan en virtud de la realidad, los valores y las ideologías predominantes. Friedrich resalta la insuficiencia del enfoque estático y plantea su comprensión como proceso, ya sea de federalización de una comunidad política o de descentralización de la misma en varias comunidades. Friedrich, Carl (1968) *El hombre y el gobierno*, Madrid, Tecnos.

3 Ibidem.

II. ANTECEDENTES Y EVOLUCIÓN HISTÓRICO POLÍTICA DEL FEDERALISMO

El principio federalista tuvo como antecedente el surgimiento de Estados monárquicos que se organizaron con bajo a una legitimidad tradicional que impacto en la relación entre terriorio y poder político que era de carácter centralista. De ahí los Estados monárquicos transitaron a un modelo sujeto a una legitimidad racional (modernos-absolutistas), en donde se promovió una mayor descentralización. Posteriormente, con la modernidad surgieron los Estados post-revolucionarios, en los cuales el nuevo principio democrático se asoció a idea de representación política (elecciones) y a la tesis de Montesquieu de la División de poderes. Finalmente, identificamos la experiencia norteamericana de Estados republicanos, los cuales incorporaron el principio federal como complemento de la nueva democracia.

II.1.- Estados monárquicos bajo legitimidad tradicional

Al final de la Edad Media no existían Estados nacionales. En este periodo feudal habían Monarquías que nacían como consecuencia de alianza de reinos. La unión se basaba en la legitimidad (aceptación) al monarca de distintos terriortorios pero donde se mantenían los privilegios y la independencia administrativa de los distintos territorios anexados a la Corona. Es decir, la Monarquía era el eje articulador de distintos reinos atomizados en numerosos feudos independientes. Esta época significó el tránsito del poder político feudal disperso y limitado por la Iglesia y los señores feudales locales a un poder centralizado en la figura del monarca (la coerción pasó del ámbito del señorío feudal al plano "nacional")

Un caso paradigmático es el español, donde la unión del reino de Castilla con el de Aragón y Cataluña, vía el matrimonio de Fernando e Isabel en 1469, consolidó el poder real en la Península. Esta unión fue lo que permitió el control del poder de los señores feudales, y lo que se pudiera ejercer presión sobre los reinos más pequeños. En Francia, Luis XI es quien inicia la unificación territorial al conquistar el feudo rebelde más importante: el de Carlos el Temerario, duque de Borgoña. Consolidó la monarquía mediante herencias y la conquista de Marsella. Mientras tanto, en Inglaterra, a las dinastías confontadas de York y Lancaster apoyadas por los señores feudales, sobrevino la nueva dinastía de los Tudor, que en 1485 con Enrique VII iniciaron la reorganización del reino.

Cabe destacar, que al unirse en la persona del monarca territorios que conservan su peculiar estructura política, surge el problema de que el Estado disponga de órganos propios de administración y gobierno, distintos de los existentes en los diversos reinos, coordinando aquéllos y éstos en un esquema armónico. La solución a ello fue el gobierno mediante "Consejos" desarrollado por los Austrias: articula la administración central en una red de organismos colegiados, que asesoran y auxilian al monarca y colaboran en él en las tareas de gobierno y administración del reino. Pero no era el rey quien consultaba a los "Consejos", sino que eran los "Consejos" los que elaboraban las consultas y las elevaban al rey para que éste decidiera.

II.2- Estados monarquicos bajo legitimidad racional (modernos/absolutistas)

Epoca caracterizada por Monarquías absolutistas de finales del siglo XVI a mediados del siglo XVIII, en las que los reyes gobernaban sin restricciones. El rey poseía todos los atributos de la soberanía: elaboraba las leyes, administraba la justicia, recaudaba impuestos (mediante funcionarios) y mantenía un ejército. El máximo representante fue el rey francés Luis XIV, quien acuñó la frase "El Estado soy yo", en la cual se resumía la idea de que el rey representaba la máxima autoridad y era él quien decidía la política administrativa, económica y militar de un reino. Algunos de estos monarcas conocían las ideas ilustradas (Thomas Hobbes) y decidieron aplicarlas en sus Estados para lograr una administración más eficiente de sus territorios, dando ligar a lo que se conoce como el "despotismo ilustrado". Desde estos Estados se promovió la centralización, la unificación territorial.

En el caso de la Corona española, hay que recordar que en esa época Carlos II (el Hechizado), rey de 1665 a 1700, no tuvo descendencia con ninguna de sus dos mujeres, dando lugar al problema sucesorio que trajo como consecuencia el final de la dinastía de los Austrias españoles. La reina madre apoyaba al candidato austríaco, pero Carlos al linaje francés. Su testamento sucesorio daría paso a una nueva dinastía en la monarquía de España, la de los Borbones, siendo Felipe V el primer rey Borbón de España. Con la llegada de los Borbones, se procuró restaurar el prestigio de la monarquía a través del establecimiento de una burocracia centralizada. También tenían el objetivo de obtener mayor control político, comercial y administrativo dentro del imperio. Los reyes españoles que implementaron las reformas borbónicas fueron Felipe V, Fernando VI, Carlos III y, en cierta medida, Carlos IV.

Carlos III fue el máximo representante del despotismo ilustrado en España. Su principal objetivo fue la centralización administrativa. Dividió el virreinato de la Nueva España, su gran extensión hacía que su administración fuera muy compleja (se separaron las capitanías de Cuba y Guatemala). Para centralizar el poder, era necesario limitar la autonomía de las instituciones de la Iglesia. Tras el motín de Esquilache en 1766, se acusó a los jesuitas de haber iniciado las revueltas, y en abril de 1767, los jesuitas fueron expulsados y sus bienes fueron confiscados. Un sistema central, el Real y Supremo Consejo de Indias y la Casa de Contratación de Sevilla, eran los órganos de la Corona encargados del gobierno de los territorios españoles de ultramar. Aunque las reformas borbónicas, trataron de dividir el territorio en provincias administrativas, la tradición y la práctica centralista prevaleció (distinto de EUA)

II.3.- Estados *post-revolucionarios*: Democracia y División de poderes

La Revolución francesa creó un estado completamente nuevo. Propició el tránsito de estados monárquicos a estados republicanos. Ya no había súbditos, sino ciudadanos. La sociedad, antes capitaneada por la aristocracia y el clero, tenía ahora en la burguesía su motor principal. Se adoptó el liberalimo como principio de gobierno, y ello significó la instauración de un orden basado en la representación política, el ejercicio del sufragio (restringido), el gobierno de las instituciones y la división del poder. Para ello se tomó como ejemplo la república romana donde también se perseguía la soberanía del pueblo en los asuntos colectivos, la libertad política y la igualdad ante la ley. La constitución mixta romana que observó Polibio de Megalópolis: los cónsules (monárquico), el Senado (aristocrático) y los tribunos de la plebe (democrático). Tres poderes que se frenan recíprocramente, impidiendo la tendencia a decaer si alguno llegara a ser demasiado poderoso

La transición a la modernidad también implicó la adopción de las ideas centralistas de Napoleón Bonaparte, quién concentró todo el poder en Francia. Como emperador, era Jefe del Estado y Jefe de Gobierno. Si bien había un Parlamento bicameral, se limitaba a votar sin debatir los proyectos de ley preparados por un Consejo de Estado, presidido por el emperador. El Poder Judicial estaba a cargo de una Alta Corte Imperial. Napoleón restableció el orden en Francia luego de la movilización popular y la lucha entre distintas facciones desencadenadas por la revolución. Difundió por gran parte de Europa algunas de las ideas de la Revolución, en particular las de libertad e igualdad ante la ley. Se rigió por el Código napoleónico (1804), un código civil que estableció leyes de aplicación general, eliminando normas locales y disposiciones referidas a sectores específicos de la sociedad. Asimismo, promovió políticas públicas de unificación nacional, como la codificación (un sistema de derecho uniforme en todo el país), la igualdad legal (todos los ciudadanos tienen la misma categoría ante el sistema de derecho), el patriotismo (lealtad a un grupo social más amplio que el clan o la casta), una sóla lengua, una sóla educación, un solo ejercito, una sola moneda.

Una vez derrotado Napoleón, los países vencedores decidieron que Europa vuelva a la situación anterior a la Revolución. A este periodo que va desde 1815 a 1830 es al que se denomina de la Restauración. El conservadurismo basado en la tradición, la monarquía absoluta y la religión, se instauran en Europa. Pero el equilibrio y la tranquilidad en Europa no se restablecen. Las ideas liberales de la Revolución habían prendido en todo el continente, gracias a las conquistas napoleónicas. Esto dio lugar a tres grandes oleadas revolucionarias: la de 1820, 1830 y 1848.

II.4.- Estados republicanos: Democracia y División de poderes más Federalismo

La noción de federalismo surge de las malas experiencias en la organización político-territorial de estados modernos, en rechazo a una forma unitaria de Estado que se fue tornando absolutista, desconociendo libertades y derechos. Fué una reacción a la concentración del poder tal como ocurrió con las trece colonias inglesas levantadas en armas frente a la metrópoli en Norteamérica, quienes utilizaron la solución federal en un ámbito territorial extenso y con una forma política republicana, cuando se sostenía que el gobierno republicano sólo era aplicable a espacios territoriales reducidos.

Uno de los principales observadores de la relación entre federalismo y democracia en los EEUU fue Alexis de Tocqueville[4]. En "La democracia en America", se preguntaba ¿Por qué en EEUU la sociedad democrática es liberal? ¿Por qué Francia tiene tantas dificultades, en su evolución a la democracia, para

---

4 "La Democracia en América, Fondo de Cultura Económica, 1996.

mantener un régimen de libertad? Marcha a América con el fin de analizar una democracia en estado puro, sin pasado aristocrático. Se da cuenta que la tradición republicana norteamericana busca los equilibrios que otorgan estabilidad del Estado a través de la separación de poderes, pero también la organización federal que servirán para reconstruir la idea de gobierno mixto en las condiciones del Estado moderno. Advierte que el debate sobre la independencia norteamericana estuvo influenciado por la percepción republicana del gobierno mixto de las ciudadades italianas. Pero, dado que las colonias formaban un territorio extenso y poseían una población importante (4 millones), la organización republicana resultante no podía parecerse a la de las ciudades Republicanas italianas. El ente superior fue una unión de la que no podrían separarse los Estados miembros y dicho ente se dotó de una Constitución.

Entre 1781 y 1787, nació y fracasó el proyecto de confederación que dio lugar al debate sobre la forma de organización política. Con excepción de Pensilvania, los demás estados se unieron en una confederación. Las colonias no tenían un gobierno central común sino que cada una era relativamente independiente de las otras. 55 personajes provenientes de doce colonias -nadie asistió por parte de Rhode Island- se reunieron entre mayo y septiembre para revisar los Artículos de la Confederación en la Convención de 1787. En la Convención existían dos bandos:

los antifederalistas, liderados por Thomas Jefferson (quien fuera embajador en Francia en tiempos de la Revolución), estaban a favor de conservar la independencia política y administrativa de cada uno de los estados (que ya para 1778 tenían su propia Constitución): un gobierno federal anularia la autoridad de los estados; y los federalistas, liderados por Alexander Hamilton, quienes deseaban un gobierno central federal que respetara la autonomía de los estados miembros. De ahí saldrían los "Federalist Papers", 85 artículos de periódico para explicar cómo debía implementarse la Constitución. Escritos por Jay, Hamilton y Madison, Influyeron de manera contundente en la decisión de los Estados Unidos de

América de adoptar el régimen federal. Diseñaron los principios básicos del sistema federalista apoyándose en la combinación de autonomía y gobierno compartido con respeto a la diversidad[5].

La estructura federal fue la solución republicana de equilibrio del poder. Síntesis de autogobierno y gobierno compartido. Pluralizar el poder a través de la organización federal. Sistema organizativo que se caracteriza por la unión de estados soberanos basada en la no-centralización, en el gobierno compartido y en el respeto a la diversidad. Supuso otra forma, junto a la clásica (legislativo, ejecutivo y judicial), tambien reinvindicada, de división del poder como mecanismo de control. El principio político de la democracia americana es la soberanía popular, pero el núcleo del nuevo orden es la descentralización administrativa. La libertad consiste mas que en limitar el poder, en distribuirlo. Los liberales europeos pensaban que para conservar la libertad había que reducir las competencias del poder, en América es la extensión del mismo lo que garantiza la libertad. Sólo la descentralización administrativa permite la vitalidad del existencia comunitaria. Como medios para frenar la centralización, Tocqueville identificó que en EEUU los partidos políticos, más que a principios ideológicos representan intereses, la libertad de prensa, la libertad de opinión Pública, la libertad de asociación.

En la ciudad de Filadelfia en 1887 (previo el Acuerdo de Massachusetts entre federalistas y antifederalistas), se aprobó la Constitución, la cual declaraba la autonomía de los estados (las antiguas colonias) dentro de la Unión, dando lugar al nacimiento del primer Estado federal. Se adoptó un federalismo útil para la republica, para la democracia, para el control del poder. Se adoptó un Régimen de distribución de competencias entre la federación y los estados miembros: Poderes reconocidos a los estados, Poderes otorgados al gobierno federal, Materias concurrentes, Prohibi-

---

5 Hamilton, Madison y Jay, El federalista, Fondo de Cultura Económica, México, 2001.

ciones expresas, tanto a la federación como a estados, Sistema de frenos y contrapesos entre los poderes federales.

III. LA RECEPCIÓN Y EVOLUCIÓN DEL FEDERALISMO EN MÉXICO: SU DESVINCULACIÓN CON LA DEMOCRACIA

El federalismo ha transitado un camino sumamente complejo y controversial dentro de nuestra historia nacional. Ha sido producto de una serie de luchas ideológicas y sociales[6]. Al igual que todo el proceso de construcción del estado nacional tras la3 independencia, se desarrolló sobre la recepción de postulados teóricos europeos y norteamericanos.

El preámbulo del federalismo mexicano es la intervención de Miguel Ramos Arizpe en la Constitución de Cádiz y su intento por implantar en la misma ideales federalistas con el fin de recategorizar las tierras de América. La adopción del federalismo se da en la primer Constitución mexicana de 1824, la cual estableció para el Estado mexicano el régimen de república representativa, democrática, laica y federal. Fue la solución del constituyente para hacer frente a los regionalismos imperantes que surgieron

---

6 El mismo Tocqueville se pronunció sobre la mala o incompleta implementación del federalismo norteamericano en México: "*La Constitución de los Estados Unidos, se parece a esas bellas creaciones de la industria humana, que colman de gloria y de bienes a aquellos que las inventan; pero permanecen estériles en otras manos. Esto es lo que ha dejado ver en nuestros días. Los habitantes de México, queriendo establecer el sistema federativo, tomaron por modelo y copiaron casi íntegramente de la Constitución de los angloamericanos, sus vecinos. Pero al trasladar la letra de la ley, no pudieron trasponer el mismo tiempo el espíritu que la vivifica. Se vió como se estorbaban y Cesar entre los engranajes de su doble gobierno. La soberanía de los estados y de la unión, al salir del círculo que la Constitución había atrasado, se invadieron cada día mutuamente*". Op. Cit. 1996 P. 159.

durante la derrota del imperio de Iturbide (tentaciones extremadamente autonomistas de los territorios de Jalisco, Yucatán y Zacatecas). En el constituyente los federalistas son encabezados por Ramos Arizpe, y los centralistas por fray Servando Teresa de Mier: Los Centralistas se oponían a dividir el territorio en estados independientes, siempre habían existido las provincias con un gobierno central a diferencia de los estados de EEUU, por lo que federarse significaría debilitar a la nación, la cual necesitaba unión para hacer frente a eventuales intentos de reconquista de España. Además, Venezuela, Perú y Colombia intentaron adoptar la federación de EEUU y ello devino en centralización.

Los federalistas argumentaban que era el deseo y voluntad de la nación y los estados constituirse de esta forma, y ejemplificaron la prosperidad estadounidense por adquirir este régimen, y en contraparte el fracaso de Iturbide[7].

Diversas causas precipitaron el final de la república federal en 1835. La principal de ellas fue la polarización política entre los centralistas y los federalistas. Se argumentaba que el sistema federal era la causa de casi todos los males: una falta de coordinación en el gobierno, excesiva autonomía de los estados miembros, anarquía generalizada —entendida como un debilitamiento de la autoridad federal, como una ausencia de orden y de respeto por parte de las entidades federativas con relación a las normas federales establecidas—, así como una continua sucesión de alzamientos y proclamas en todo el país. Como consecuencia de ello se aprobaron dos constituciones centralistas: las Siete Leyes de 1836, y las Bases Orgánicas de 1843. Éstas transformaron los estados en departamentos, con un gobernador designado por el gobierno central, auxiliado por una junta departamental elegida por los ciudadanos de la demarcación, pero con un carácter consultivo. Los departamen-

7 Guerra, François-Xavier, (1992), México: del antiguo régimen a la revolución, Mexico, Fondo de Cultura Económica, tomo I

tos serían divididos en distritos, gobernados por un prefecto, y los distritos serían divididos en partidos, gobernados éstos por subprefectos. Así, se establecía la dependencia de todos los funcionarios y autoridades públicas a un gobierno central. Ello sirvió de pretexto para la independencia texana

Entre 1847 y 1853 volvió a tener vigencia la Constitución Federal de 1824 en medio de la guerra con EEUU. En 1853 se interrumpió nuevamente el orden constitucional y Antonio López de Santa Anna ejerció el poder dictatorialmente. La Revolución de Ayutla, que derrocó a Santa Anna en 1855, abrió paso a un gobierno provisional que convocó a un nuevo Constituyente (1856-1857) que restableció el sistema federal[8]. Paradógicamente, se inició un proceso de centralización política con el gobierno de Diáz. Mediante arreglos informales, reformas constitucionales que limitaron el poder de la Corte, y el control del Presidente y los gobernadores en la integración de las cámaras, se logró una gran concentración de poder en el Presidente. Durante el Porfiriato se crearon algunas instancias intermedias entre los estados y los municipios (jefaturas políticas) que desempeñaron un papel importante para el control político del país. En este periodo inició también el proceso de concentración de atribuciones fiscales en el gobierno federal[9].

La Revolución de 1910, puede entenderse a partir de los varios movimientos regionales que surgieron para contrarrestar la tendencia centralista que impregnó el sistema político mexicano, lo que explica la ratificación unánime del federalismo en la Constitución de 1917. Pese a ello, la Constitución reforzó la tendencia centralizadora que se había producido desde 1867 al

---

8 Cosío, Villegas, Daniel, (1997), La Constitución de 1857 y sus críticos, Mexico, editorial Hermes.

9 Hernandez Chávez, Alicia, (1996), "Las tensiones internas del federalismo mexicano", en Hacia un nuevo federalismo, El Colegio de México, Fondo de Cultura Económica, México, pp. 15-33.

reducir el área de competencia de los municipios y no establecer claramente competencias tributarias entre niveles de gobierno. En la segunda y tercera décadas del siglo XX se inició un nuevo proceso de centralización política que se vio reforzado con la creación del Partido Nacional Revolucionario, que agrupó a una gran cantidad de partidos regionales.

Con Lázaro Cárdenas la presidencia se convirtió en la principal institución del sistema político mexicano. El presidente de la República, en su calidad de jefe del partido gobernante, definía los conflictos locales y era árbitro de última instancia en la designación de candidatos a gobernadores, lo cual limitó considerablemente la autonomía de los gobiernos locales.

El periodo posrevolucionario se caracterizó por la constante fuerza centralizadora ejercida por el ejecutivo federal, en turno, estructurada como un sistema en el que el poder máximo y la autoridad absoluta se encuentran en manos del presidente de la República, haciendo que el federalismo no pudiera subsistir formalmente. Pasamos a un federalismo centralizado, donde se considero letra muerta lo establecido en la Constitución en la materia. El federalismo se mantuvo inerte ante la falta de protagonismo local y diversidad partidista del centro y de las entidades federativas, lo que hacía inoperante el dinamismo político de la descentralización y la relaciones inter-gubernamentales entre la Federación y los estados.

IV. EL SISTEMA FEDERAL MEXICANO

Las precisiones sobre las facultades y atribuciones del Congreso federal respecto del tema del federalismo se encuentran en el Art 73. El Art 124 CPEUM señala que en el Estado mexicano los estados miembros tienen cierta área de atribuciones sobre la que pueden legislar en forma autónoma. Dice que todas las atribuciones que no tenga expresamente la federación, serán de los estados miembros. En el Artículo 115 se señalan las competencias que corresponden a los municipios y se refieren sobre todo a la prestación de servicios públicos (alumbrado, rastro) o de convivencia cotidiana como el reglamento de tránsito.

El federalismo mexicano es dual. La división de dos niveles de gobierno, uno general y otro regional, y a cada uno de ellos corresponde por disposición constitucional una esfera determinada de poderes. Esta estructura muestra que el Constituyente consideraba que los poderes federales deberían estar acotados a las competencias explícitamente señaladas en el artículo 73, mientras que a las entidades federativas corresponderían las restantes atribuciones.

Por mucho tiempo se ha considerado que el federalismo mexicano es ficticio[10]. Los poderes federales deberían estar acotados a las competencias explícitamente señaladas, sin embargo, el artículo 73 constitucional ha tenido 77 reformas y es la norma constitucional con más modificaciones. Estas reformas muestran una tendencia, desde la primera en 1920, de ampliar el poder de la federación mediante facultades concurrentes que dotan al gobierno federal de mayores competencias en temas que correspondían originalmente a los estados. Ello resulta en un gobierno federal con mayor injerencia en temas originariamente locales, como la seguridad o la persecución de los delitos. Las constituciones locales no pueden incorporar o legislar con base en algún precepto que se oponga a la Constitución federal. Sin embargo, un federalismo racional implicaría que las constituciones locales no sean meras repeticiones de las disposiciones consagradas en la Constitución federal.

---

[10] Armenta López, Leonel, Alejandro, (2003), "El federalismo mexicano: una ficción política", consultable en: https://archivos.juridicas.unam.mx/www/bjv/libros/9/4179/2.pdf

V. EL FEDERALISMO MEXICANO EN LA ÉPOCA DE LA TRANSICIÓN DEMOCRÁTICA

Con la apertura democrática de fin de siglo, el sistema federal volvió a transformarse, pasando un modelo coactivo y dinámico, de un federalismo centralizador a uno descentralizador. El gobierno de Salinas de Gortari fue dando anuencia a triunfos de la oposición, que a través del PAN logró victorias históricas en Baja California, Guanajuato y Chihuahua, mientras que en las administración de Zedillo se incorporaron nuevos gobiernos emanados del PRD. Éstos cambios indujeron a descentralizar las facultades y transformar las relaciones inter gubernamentales, entre los gobiernos estatales y el federal, por primera vez, interactuarían administraciones de diferente partido, los cuales negociarían intereses políticos distintos. Se implantó el Sistema Nacional de Coordinación Fiscal

CONAGO. Los ejecutivos estatales comenzaron a tener mayor protagonismo en la agenda nacional, no sólo los provenientes de la oposición. Los propios gobernadores del PRI se revelarían ante su tradicional subordinación. Esto ayudó a generar una nueva asociación que aglutina a los gobernadores para mejorar la coordinación y armonizar la relación con la Federación. Tras la alternancia política en el año 2000, por primera vez el ejecutivo federal se vería obligado a negociar con la oposición legislativa para obtener un gran número de votos a favor y sacar las reformas planteadas por su gobierno. El presidente no tenía ya la mayoría de gobernaturas y municipios, incitando nuevos protagonismos regionales. La CONAGO fue vía perfecta para renovar las relaciones inter gubernamentales, entre estados y Federación[11].

Los presidentes panistas apoyaron la política de descentralización, que respondía a su vieja protesta contra la centralización

---

11 Carbonell, José (2002), Transición a la democracia, gobernabilidad y federalismo en México, Consultable en: https://archivos.juridicas.unam.mx/www/bjv/libros/1/348/5.pdf

y a su demanda de respeto al municipio libre y a la soberanía de los estados. Gracias a un nuevo mapa político territorial, a un congreso de la unión enriquecido por la diversidad, se pasó de un federalismo formal a un federalismo sustantivo, de uno dual a uno cooperativo. El nuevo protagonismo de los gobernadores, el detrimento de la figura presidencial y sus facultades meta constitucionales, fomentó una progresiva evolución de las relaciones inter gubernamentales, y la descentralización de facultades. Los gobernadores se desentendieron cada vez más del poder federal y de sus objetivos. La autonomía en el manejo de los recursos públicos se prestó a las peores prácticas de enriquecimiento ilícito

El regreso del PRI con Enrique Peña Nieto implicó un intento por restaurar la figura presidencial, en medio de nuevas condiciones institucionales y políticas. Se abusó de Leyes Generales en detrimento del federalismo. Se hizo prevalente en aquellas materias en la que se busca una rectoría normativa de la Federación y la incidencia en el ámbito local por una necesidad de coordinación o en una evidente falta de la eficacia de ésta. Las leyes generales, como la de educación o salud, establecieron obligaciones y derechos para los tres órdenes de gobierno, son vinculantes para la federación, los estados y los municipios.

Por ejemplo, la Ley General de Transparencia, representó un cambio en el objetivo y alcances que hasta ese momento tenían las leyes generales. Se habían entendido como normas que, ante facultades concurrentes entre federación y gobiernos locales, delimitaban las competencias de los niveles de gobierno (por ejemplo, la ley general de salud o de educación); es decir, en problemas públicos en los que se consideraba que debían intervenir tanto los gobiernos locales como el gobierno federal, la ley general delimitaba qué funciones correspondían a cada nivel. Pero esta Ley General se utilizó para establecer derechos y obligaciones (so pretexto de garantizar uniformidad), generando nuevos órganos y estableciendo nuevas garantías, elementos que tradicionalmente se reservaban a las normas constitucionales. Las leyes locales en materia de transparencia quedarón supeditadas a la Ley General.

El Sistema Nacional Anticorrupción también fue creado a través de una Ley General, cuyo objetivo es uniformar la estrategia de combate a la corrupción en los tres niveles de gobierno. El sistema está encabezado por un comité coordinador, al que se denomina nacional pero sólo está compuesto por autoridades federales, a diferencia de lo que pasa con otros sistemas como el de seguridad pública, que tiene la participación de las entidades federativas. A este Comité se le responsabiliza de la dirección y evaluación de la política nacional anticorrupción, sin que se señalen cuáles son sus competencias para intervenir en el ámbito local o para coordinarse con las autoridades locales. Incluso, la Corte ha discutido los límites de las facultades de los congresos locales en la emisión de sus leyes, a la luz de lo ya regulado a través de la Ley General.

En el caso del Sistema Nacional Electoral, la reforma constitucional de 2014 le otorgó al Congreso de la Unión la facultad prevista en el artículo 73 constitucional, para expedir las leyes generales que distribuyan competencias entre la Federación y las entidades federativas en materias de partidos políticos, organismos electorales y procesos electorales. La Ley General de Instituciones y procedimientos Electorales, viene a supeditar a los Congresos de los Estados, las constituciones de los estados y las leyes de los estados.pero la historia nos dice que la concentración del poder genera corrupción: idea central del republicanismo y la democracia. La centralización del INE no ataja actos de corrupción, los traspola

VI. EL FEDERALISMO MEXICANO DURANTE LA CUARTA TRANFORMACIÓN:

Se percibe una creciente tendencia centralizadora de poder en el Ejecutivo Federal. La composición actual del Congreso de la Unión, y más de la mitad de congresos locales con mayoría de Morena, reduce de manera importante el poder de los gobiernos locales como contrapesos de la federación. AMLO ha promovido reformas y asumido determinaciones como si buscara construir un hiperpresidencialismo libre de restricciones institucionales: reforma judicial y electoral, debilitamiento de órganos autónomos, etc.

La narrativa centralista permanece, el abuso de las leyes generales se ha mantenido. En reformas constitucionales como la educativa o la creación de la Guardia Nacional, hay cambios que afectan facultades concurrentes. En el tema de salud, a partir de la creación del INSABI/IMSS Bienestar, continúa la tendencia centralizadora.

VII. PERSPECTIVAS DEL FEDERALISMO MÉXICO A LA LUZ DE LAS ELECCIONES DE 2024.

Sin duda México requiere una reforma de Estado. Una reconfiguración de las atribuciones y potestades de los tres órdenes de gobierno, entiéndase potestades recaudatorias y responsabilidades en materia de gasto, prestación de servicios públicos, facultades legislativas y reglamentarias, entre otras. Como se ha comentado, la centralización no ataja la corrupción, la traspola; no eficientiza las políticas públicas de combate a la corrupción, de salud, de seguridad. A mayor concentración del poder mas corrupción nos dice la historia. Por tanto, se requiere más desconcentración del poder para que el federalismo sea democrático. Mecanismos eficaces de rendición de cuentas locales, atajar la impunidad. Generar incentivos para la debida coordinación

Los resultados electorales dejan pocas probabilidades de avanzar en esta agenda. El partido en el gobierno con mayoría calificada en ambas cámaras pudiera significar un empuje al federalismo formal, mayor centralización y concentración del poder, tensión política y constitucional. Hasta ahora, las oposiciones han sido colaboracionistas en aras de privilegiar negociaciones presupuestales, la defensa del federalismo no ha sido prioridad. Pero en el federalismo, la naturaleza política de las relaciones que se establecen entre las partes está caracterizada por la independencia y no subordinación de éstas al centro. Al extremo se minimizan los mecanismos del control del poder; los acuerdos políticos se sobreponen a las disposiciones de la Constitución. Un sistema consensuado al máximo es un sistema controlado al mínimo. La experiencia del Pacto por México y de los primeros años de AMLO así lo demuestran. La participación es un criterio necesario pero insuficiente de un régimen democrático. Sólo es democrático un tipo particular de participación: la que se ejerce para manifestar disenso con el gobierno de turno.

Lo cierto es que las políticas centralistas se castigan en las urnas. El factor X observado por Tocqueville: Ciudadanía activa y asociacionismo. Una vida social enérgica. Evitar la creciente burocratización en el que los ciudadanos se han retirado de la vida pública. En nuestro país ello pasa por implementar y/o mantener las condiciones necesarias para garantizar elecciones competitivas que no sean un trámite de legitimación de los ganadores de siempre, sino que permitan el control de las determinaciones de los gobernantes.

Referencias

ARMENTA López, Leonel, Alejandro, (2003), "El federalismo mexicano: una ficción política", consultable en: https://archivos.juridicas.unam.mx/www/bjv/libros/9/4179/2.pdf

CARBONELL, José (2002), Transición a la democracia, gobernabilidad y federalismo en México, Consultable en: https://archivos.juridicas.unam.mx/www/bjv/libros/1/348/5.pdf

COSÍO, Villegas, Daniel, (1997), La Constitución de 1857 y sus críticos, Mexico, editorial Hermes.

GUERRA, François-Xavier, (1992), México: del antiguo régimen a la revolución, México, Fondo de Cultura Económica, tomo I

HAMILTON, Madison y Jay, El federalista, Fondo de Cultura Económica, México, 2001.

HERNANDEZ Chávez, Alicia, (1996), "Las tensiones internas del federalismo mexicano", en Hacia un nuevo federalismo, El Colegio de México, Fondo de Cultura Económica, México, pp. 15-33.

La Democracia en América, Fondo de Cultura Económica, 1996.

Capítulo IX. Elección popular de jueces de primera instancia y magistrados de salas de apelación en las materias civil y familiar del poder judicial del estado de Chiapas. Propuesta sobre cómo organizarlas sin fracturar el servicio civil de carrera.

POPULAR ELECTION OF FIRST INSTANCE JUDGES AND APPEAL CHAMBER MAGISTRATES IN CIVIL AND FAMILY MATTERS OF THE JUDICIAL BRANCH OF THE STATE OF CHIAPAS. PROPOSAL ON HOW TO ORGANIZE THEM WITHOUT FRACTURATING THE CIVIL CAREER SERVICE.

DANIEL BARCELÓ ROJAS[1]

SUMARIO: *I. INICIATIVA DE REFORMA AL ARTÍCULO 116 CPEUM DEL PRESIDENTE ANDRÉS MANUEL LÓPEZ OBRADOR; II. ELECCIÓN POPULAR DE JUECES DE PRIMERA INSTANCIA EN MATERIAS CIVIL Y FAMILIAR DEL ESTADO DE*

1 Investigador de tiempo completo del IIJUNAM, y miembro del Sistema Nacional de Investigadores CONAHCYT.

CHIAPAS. PROPUESTA CONCRETA PARA LLEVARLAS A CABO; III. EJEMPLO DE BOLETA DE VOTO ÚNICO TRANSFERIBLE: ELECCIÓN DE CANDIDATO ÚNICO A MAGISTRADO DE LA PRIMERA SALA REGIONAL COLEGIADA EN MATERIA CIVIL DEL PODER JUDICIAL DEL ESTADO DE CHIAPAS. IV. REFERENCIAS

I. INICIATIVA DE REFORMA AL ARTÍCULO 116 CPEUM DEL PRESIDENTE ANDRÉS MANUEL LÓPEZ OBRADOR.

El pasado 5 de febrero de 2024 el presidente de la República Andrés Manuel López Obrador presentó una iniciativa de reforma a diversos artículos de la Constitución federal, entre ellos al precepto 116, para introducir un cambio profundo en los poderes judiciales de los estados. Señala el presidente como objetivo de su iniciativa la mejora en la calidad de la administración de justicia a través de la elección popular de jueces y magistrados. Empero la exposición de motivos de la iniciativa[2] se concentró en plantear el diagnóstico de la administración de justicia en el ámbito federal, y particularmente en aquello que concierne a los ministros de la Suprema Corte de Justicia de la Nación. No presenta el licenciado López Obrador el diagnóstico de los problemas de la administración de justicia en los estados. Y tampoco se hace cargo en la exposición de motivos del hecho que la función de los ministros de la Suprema Corte es muy diferente a la que despliegan los jueces de primera instancia en las materias civil y familiar de los estados y los magistrados de las salas de apelación de tales materias. Por tanto, en mi opi-

---

2 López Obrador, Andrés Manuel, "Iniciativas del Ejecutivo, con proyecto de decreto, por el que se reforman, adicionan y derogan diversas disposiciones de la Constitución Política de los Estados Unidos Mexicanos, en materia de reforma del Poder Judicial", en *Gaceta Parlamentaria de la Cámara de Diputados*, año XXVII, número 6457, lunes 5 de febrero de 2024, anexo 15.

nión, la reforma constitucional del presidente López Obrador concerniente con la forma de integración de la Suprema Corte, no tiene necesariamente que ser la misma que adopte el Poder Revisor de la Constitución de Chiapas para jueces y magistrados del Poder Judicial del Estado en las materias civil y familiar.

Situados en el actual escenario político, si finalmente se produce el cambio constitucional impulsado por el presidente Andrés Manuel López Obrador para elegir popularmente a los jueces y magistrados de los estados ¿cómo se va asegurar la capacidad técnico jurídica y especialización de un juez de primera instancia para aplicar con rectitud el derecho civil o familiar del estado de Chiapas? ¿cómo se va asegurar que tengan un mínimo de solvencia ética para desempeñar el cargo? ¿cómo se va asegurar a los chiapanecos el derecho humano establecido en el artículo 8.1 de la Convención Americana sobre Derechos Humanos de poder contar con un juez libre e imparcial? La respuesta, la mía, que fundo en la evidencia empírica de los logros que ya tiene la carrera judicial en México en el ámbito federal y en algunos estados, y lo que observo de otros países con estados de derecho sólidos es que en Chiapas se necesita consolidar un servicio civil de carrera judicial robusto.

Basado en las experiencias de los países democráticos del mundo con estados de derecho sólidos, como los que integran la Unión Europea, así como los Estados Unidos en el ámbito federal, yo considero que la elección de los jueces de primera instancia de los estados no es la medida de ingeniería adecuada para resolver los problemas de la justicia local mexicana en general y de Chiapas en particular. Pero viendo que la mayoría parlamentaria del Poder Revisor de la Constitución federal va a reformar el artículo 116 de la Constitución federal para obligar a los estados a elegir popularmente a sus jueces locales, considero mi responsabilidad como académico del IIJUNAM hacer una propuesta para el Estado de Chiapas. Recordemos que el federalismo constitucionalmente nos exige un mínimo de *homogeneidad institucional* entre los poderes federales y los poderes de los estados, *pero no de uniformidad*, de tal suerte que en Chiapas puede haber diferencias con respecto al esquema federal así como entre Chiapas y otro estado de la República.

II. ELECCIÓN POPULAR DE JUECES DE PRIMERA INSTANCIA EN MATERIAS CIVIL Y FAMILIAR DEL ESTADO DE CHIAPAS. PROPUESTA CONCRETA PARA LLEVARLAS A CABO.

Presento a la consideración de los miembros del poder judicial, del foro, de la academia y del Poder Revisor de la Constitución del Estado de Chiapas, un esquema que contiene la propuesta central del presidente Andrés Manuel López Obrador -la elección popular de los jueces y magistrados chiapanecos-, combinada con la *insoslayable* proposición de los propios integrantes del poder judicial, del foro y de la academia: el servicio profesional de la carrera judicial. Ésta incluye a los secretarios, proyectistas, actuarios, y demás personal de apoyo de jueces y magistrados.

Destaco que la propuesta que presento reduce significativamente el peligro de las justificadas preocupaciones que se han expresado en los foros realizados sobre la reforma del Poder Judicial[3]: el peligro de la captura de los jueces de primera instancia durante el proceso de selección de los candidatos que se habrán de presentar a la elección popular, por los dirigentes de los partidos políticos, despachos de abogados, grupos económicos de interés, o del crimen organizado. El proyecto garantiza que el filtro de selectividad de los candidatos a juez o magistrado difícilmente podrá ser intervenido; y además elimina la necesidad de los candidatos a juez o magistrado de obtener dinero legal del presupuesto público, o ilegal, para emprender costosas campañas electorales.

---

3 *Foros reforma constitucional en materia de justicia*, organizados por la UNAM, los días 29, 30, 31 de julio y 1 de agosto del 2024.

El proyecto que he elaborado se inspira en sus trazos principales en la proposición que ha hecho Peter D. Webster[4] en escritos académicos y en su tesis de maestría presentada en la prestigiosa Universidad de Virginia para los estados de su país, los Estados Unidos de América. Webster no es el único académico que ha escrito sobre ello en los Estados Unidos. La bibliografía sobre elecciones de los jueces locales de la República Norteamericana es extensa. Me valgo de la experiencia de Webster porque es una persona que ha sido juez local en su país, y que como académico ha estudiado a profundidad los procesos de elección de todos los estados de la Unión Americana, y las propuestas de reforma que en cada estado se han hecho para superar los problemas de teoría constitucional y operativos que plantea la elección popular de los jueces. Una razón añadida que motiva mi propuesta es que prefiero para mi país, y para el Estado de Chiapas, que nos aprovechemos de la experiencia de los estados de Norteamérica a la de Bolivia. En primer lugar porque los estados americanos cuentan con una experiencia de dos siglos en la elección popular de jueces locales y Bolivia únicamente una década. En segundo término, porque estoy convencido que si en los estados adoptamos el esquema que sugiero, se le facilitará a los futuros secretarios de Relaciones Exteriores y Economía de la presidenta Claudia Sheinbaum, los argumentos sobre la solidez del estado de derecho en México bajo el esquema de jueces electos, que dichos funcionarios tendrán que utilizar para persuadir a los concernidos decisores públicos y empresarios de Estados Unidos y Canadá para lograr la continuidad del T-MEC, de la cual depende en buena medida la prosperidad económica y social de México.

En este orden de ideas, propongo que los legisladores locales chiapanecos consideren para los jueces de primera instancia que

---

4 Webster, Peter D., "Selection and Retention of Judges: Is There One Best Method?", en *Florida State University Law Review*, vol. 23, número 1, 1995, pp. 1-42.

en el futuro[5] se integren a los poderes judiciales de los estados, el sistema compuesto y diacrónico de "comisión de mérito y elección popular de retención" que bajo diversas modalidades se práctica en varios estados de la Unión Americana. En tal esquema la elección popular no es primariamente un método de selección de los jueces sino de evaluación ex post de su desempeño. El sistema compuesto y diacrónico que propongo de "comisión de mérito y elección popular de retención" es perfectamente compatible con los artículos transitorios de la iniciativa de reforma constitucional del presidente Andrés Manuel López Obrador, así como con su propuesta de reforma al artículo 116 en la cual deja un margen de apreciación a los estados para dictar las modalidades de la elección popular de sus jueces. Este sistema compuesto y procedimiento diacrónico combina la designación por méritos profesionales de los jueces a cargo de una comisión por una parte, con la elección popular como mecanismo de evaluación por otro. El sistema se construye con una comisión no partidista, integrada mayoritariamente por miembros de la sociedad civil, no todos abogados, la cual determina -mediante la aplicación de un examen público de oposición a los aspirantes a juez local de primera instancia[6]- la idoneidad para el cargo de un número de candidatos. Con los resultados del examen de oposición la comisión emite y exhibe públicamente en una lista, por orden de mayor a menor mérito, el nombre de cada candidato. El citado dictamen de elegibilidad de la comisión se hace público en los

---

5 No aplicaría para los jueces que actualmente se encuentran en funciones, se presenta propuesta al final del apartado.

6 Las preguntas del examen las deben elaborar en un esfuerzo conjunto que en adición a la pertinencia de contenido inhiba la endogamia: la Comisión Nacional de Tribunales de Justicia (CONATRIB), la Escuela Judicial del Poder Judicial de la Federación, la UNAM, y la Universidad Autónoma de Chiapas. La evaluación del examen debe realizarse por la comisión de Chiapas, con observadores de la comisión interinstitucional de las instituciones arriba citadas.

diarios de mayor circulación del estado, en la radio y tv locales, en las plataformas digitales, así como en el diario oficial del estado. De esta lista el gobernador y los diputados ratifican por voto de la mayoría absoluta, en un procedimiento parlamentario público, a aquél candidato que se encuentra en primer lugar de la lista para cada juzgado civil o familiar que ha hecho la comisión. De ser el caso el gobernador y los representantes populares deben explicar ampliamente y justificar ante la ciudadanía si en lugar de optar por el primero de la lista de candidatos de la comisión, eligen al segundo, al tercer o al cuarto lugar. El juez así nombrado que accede al cargo (A) por examen público de oposición y (B) por elección democrática indirecta, ejerce la función por un período de dos años, al término del cual el citado juez se presenta a una "elección popular de retención". Esta elección es solo de evaluación del desempeño por dos años de ejercicio jurisdiccional, sin candidato alternativo de oposición, sin intervención de partidos políticos, y con información oficial del desempeño del juez proveída al votante a través de las sentencias emitidas de los jueces, que deben ser públicas, para que se les pueda analizar. De esta manera el pueblo, mediante su voto directo, le confía en la "elección de retención" la función jurisdiccional por un primer período de nueve años a los jueces de primera instancia, prorrogables mediante sucesivas elecciones populares de retención.

Ahora bien, con respecto a los jueces de primera instancia del Poder Judicial del Estado de Chiapas que ya se encuentran en funciones, en mi opinión, solo se les debe exigir presentarse a una elección de retención en las elecciones del año 2027. No se podría impedir a ninguno de ellos presentarse a dicha elección de retención. Esto se puede establecer en un artículo transitorio de la reforma a la Constitución del Estado de Chiapas.

Por otra parte, con respecto a los magistrados a sala de apelación o segunda instancia, propongo un sistema complementario que promueve y consolida la carrera judicial mediante incentivos correctamente alineados: cada vez que se presente una o varias vacantes de magistrados de una sala concreta, serían elegibles para presentarse a la elección popular únicamente quienes sean jueces de primera instancia en funciones, con al menos 5 años de antigüedad en el cargo. Subrayo: *No podría presentarse al cargo de magistrado por elección popular quien no sea juez de primera instancia en funciones al momento de la elección.*

Ahora bien, es de advertir que solo habría un candidato para cada vacante de magistrado, sin competidor alterno. Es decir los jueces no competirían entre sí ante el electorado chiapaneco para ocupar el cargo, lo cual llevaría -como sucede en las elecciones para diputados locales- a la descalificación personal, que además de injusta, deslegitimaría al propio poder judicial. Repito: Solo habría un candidato para cada vacante de magistrado, sin competidor alterno. El candidato único para cada posición vacante sería elegido mediante voto secreto en urnas transparentes únicamente por los jueces y magistrados en funciones y jubilados del Poder Judicial del Estado de Chiapas, *mediante el método del voto único transferible.* No habría campaña electoral, porque el candidato a magistrado se elegiría por sus pares jueces de primera instancia y magistrados, quienes conocerían bien la calidad de sus sentencias así como su conducta pública y privada.

El voto único transferible fue desarrollado para elegir democráticamente a representantes o directivos de comunidades pequeñas, tales como ayuntamientos de municipios pequeños, u organizaciones de la sociedad civil. Consiste en que cada votante -en nuestro caso los jueces y magistrados de Chiapas- pueden elegir de entre todos los jueces que se presenten como candidatos, a aquél que cada votante considere más competente para el cargo de magistrado de la primera sala de lo civil (o la sala que corresponda), y ponerlo como primero en el orden de preferencia de su lista (boleta), luego nombrar a un segundo candidato y ponerle en segundo lugar, luego un tercer candidato; solo es posible expresar tres preferencias meritocráticas en cada boleta. Al concluir la votación se cuentan los votos y se designa como candidato único para magistrado a la primera sala de lo civil, a aquél que haya obtenido el mayor número de preferencias personalizadas de sus pares como primer lugar en méritos[7]. Y es ese candidato único quien se propone en la boleta al pueblo el día de las elecciones populares, sin intermediación de partido político alguno, ni intervención del gobernador o del Congreso del Estado.

Para el nombramiento de magistrados supernumerarios que provisionalmente suplen a un magistrado por enfermedad o licencia, se usa la lista de elegibles que hayan quedado en segundo lugar para cada cargo específico.

III. EJEMPLO DE BOLETA DE VOTO ÚNICO TRANSFERIBLE: ELECCIÓN DE CANDIDATO ÚNICO A MAGISTRADO DE LA PRIMERA SALA REGIONAL COLEGIADA EN MATERIA CIVIL DEL PODER JUDICIAL DEL ESTADO DE CHIAPAS.

Primera sala regional colegiada en materia civil del Poder Judicial del Estado de Chiapas

Boleta modelo voto único transferible

Nombre del juez	Orden por mérito
Acuña Pérez, Sonia.	
Barajas Sánchez, Rafael.	Tercero
Coello Martínez, Elisa.	
Delgado Ramírez, Carlos.	
Escandón Rojas, Adriana.	
Farías Lastra, José Manuel.	
González Argüelles, Guadalupe.	Primero

7 Nohlen, Dieter, *Diccionario Electoral*, San José, Instituto Interamericano de Derechos Humanos, 1994, p. 694

Hernández Calderón, María.	
Ibarra Coello, Martha.	
Jiménez Estrada, Cornelia.	
Kanter Castellanos, Leticia.	Segundo

En el ejemplo se presentaron voluntariamente para obtener la candidatura a magistrado de la primera sala regional colegiada (Tuxtla Gutiérrez, Chiapas), once jueces y juezas de primera instancia en funciones, que reúnen el requisito de elegibilidad de 5 años de ejercicio, y cuyos nombres se inscribieron por orden alfabético en la boleta. Cada juez y magistrado del Poder Judicial del Estado de Chiapas, en funciones y jubilados, expresaron el orden de mérito en el que considera a los jueces elegibles del primero al tercer lugar. La Comisión realiza la contabilidad de la votación -con observadores designados por CONATRIB- y la hace pública en los diarios de mayor circulación del estado, en la radio y tv locales, en las plataformas digitales, así como en el diario oficial del estado.

El candidato único a magistrado para la primera sala regional colegiada del Poder Judicial del Estado de Chiapas así elegido por los propios jueces y magistrados del Poder Judicial local, se presenta en la elección popular del año que corresponda para obtener *por medio del sufragio popular directo* la delegación del poder jurisdiccional para ejercerlo por un período de 9 años, con posibilidad de reelección. La elección la administra el Instituto de Elecciones y Participación Ciudadana del Estado de Chiapas.

IV. REFERENCIAS

López Obrador, Andrés Manuel, "Iniciativas del Ejecutivo, con proyecto de decreto, por el que se reforman, adicionan y derogan diversas disposiciones de la Constitución Política de los Estados Unidos Mexicanos, en materia de reforma del Poder Judicial", en *Gaceta Parlamentaria de la Cámara de Diputados,* año XXVII, número 6457, lunes 5 de febrero de 2024, anexo 15.

Foros reforma constitucional en materia de justicia, organizados por la UNAM, los días 29, 30, 31 de julio y 1 de agosto del 2024.

Webster, Peter D., "Selection and Retention of Judges: Is There One Best Method?", en *Florida State University Law Review*, vol. 23, número 1, 1995, pp. 1-42.

Nohlen, Dieter, *Diccionario Electoral*, San José, Instituto Interamericano de Derechos Humanos, 1994, p. 694

Capítulo X.
El federalismo en Chiapas: retos de la gestión local y la organización municipal potenciados por la inteligencia artificial.

FEDERALISM IN CHIAPAS: CHALLENGES OF LOCAL MANAGEMENT AND MUNICIPAL ORGANIZATION ENHANCED BY ARTIFICIAL INTELLIGENCE.

LUCÍA ELENA FERNÁNDEZ ZAMORA[1]
VERANDA GUADALUPE RAMÍREZ CORONADO[2]

SUMARIO: *I.- INTRODUCCIÓN; II.- IMPORTANCIA DEL FEDERALISMO EN LA ESTRUCTURA POLÍTICA Y ADMINISTRATIVA EN CHIAPAS; III.- LOS MUNICIPIOS EN CHIAPAS DESDE LA FEDERACIÓN Y SU ORGANIZACIÓN ACTUAL; IV.- RETOS ACTUALES DE LA GESTIÓN LOCAL EN CHIAPAS Y LA ADOPCIÓN DE TECNOLOGÍA DE INTELIGENCIA ARTIFICIAL. V.- CONCLUSIONES.*

---

1 Doctora en Tecnología Educativa; Maestra en Derecho; Docente en el Instituto de Investigaciones Jurídicas de la Universidad Autónoma de Chiapas, México. (lucia.fernandez@unach.mx)

2 Doctora en Administración Pública; Docente del Instituto de Investigaciones Jurídicas de la Universidad Autónoma de Chiapas, México. (veranda.ramirez@unach.mx)

Resumen

El federalismo en Chiapas ha demostrado ser un elemento esencial en su estructura política y administrativa. Al distribuir el poder y permitir la adaptación de políticas a contextos locales, este sistema fomenta una gobernanza más efectiva, un desarrollo equitativo y la protección de la diversidad cultural. Chiapas, con su particular composición socioeconómica y cultural, ilustra claramente cómo el federalismo puede ser un vehículo hacia una mayor autonomía regional, fortaleciendo al mismo tiempo la unidad y la integridad de la nación en su conjunto. Garantizar la equidad en el acceso a las tecnologías de Inteligencia Artificial es crucial para evitar exacerbar las desigualdades. La transformación digital del gobierno es un componente clave de las estrategias de modernización del Estado, destinadas a crear administraciones públicas más transparentes y democráticas, al tiempo que se acelera el progreso hacia los Objetivos de Desarrollo Sostenible.

Palabras clave: Federalismo, Chiapas, Constitución, diversidad cultural, gestión local, inteligencia artificial, entidades federativas, gobernanza.

Abstract

Federalism in Chiapas has proven to be an essential element in its political and administrative structure. By distributing power and allowing the adaptation of policies to local contexts, this system fosters more effective governance, equitable development, and the protection of cultural diversity. Chiapas, with its particular socioeconomic and cultural composition, clearly illustrates how federalism can be a vehicle towards greater regional autonomy, while strengthening the unity and integrity of the nation as a whole. Ensuring equity in access to Artificial Intelligence technologies is crucial to avoid exacerbating inequalities. The digital transformation of government is a key component of the State's modernization strategies, aimed at creating more transparent and democratic public administrations, while accelerating progress towards the Sustainable Development Goals.

Keywords: Federalism, Chiapas, Constitution, cultural diversity, local management, artificial intelligence, federative entities, governance

I. INTRODUCCIÓN

El federalismo desempeña un papel crucial en la estructura política y administrativa de Chiapas, al igual que en todo México. Chiapas al ser uno de los 32 estados de la federación mexicana, se beneficia del federalismo en los siguientes aspectos mas importantes:

- Autonomía y autogobierno.
- Distribución de competencias.
- Participación política y representación.
- Diversidad cultural y étnica.

Es muy importante para conocer su evolución analizar primeramente, como se ha llevado a cabo la aplicación del federalismo desde sus inicios, sabemos que el gran enemigo a vencer es la centralización[3], vamos analizar las principales fortalezas y observar los aspectos de oportunidad. El federalismo en mexicano nace en 1824, en ese año se expide la primera Constitución, lo que da inicio una gran tarea para adoptar el gobierno de república federal, lo que ha llevado muchos esfuerzos para lograr al día de hoy nuestra forma de organización gubernamental.

El efecto del federalismo en Chiapas está profundamente arraigado en el marco general del federalismo en México. El federalismo en México se refiere a la distribución de poderes entre el gobierno central y los estados, permitiendo autonomía en la toma de decisiones a nivel local. En el contexto histórico de Chiapas, la región tiene una relación con la toma de decisiones a nivel local, muchas veces compleja y a menudo marcada por tensiones entre el gobierno estatal y federal. El impacto actual del federalismo en la gobernabilidad y la toma de decisiones en Chiapas se puede ver en cuestiones como la asignación de

---

[3] Armenta L., L. A., *El Federalismo Mexicano: Una ficción política*, Instituto de Investigaciones Jurídicas, UNAM, 2010, p. 4.

recursos, la prestación de servicios públicos y la representación política. Por ejemplo, la distribución de fondos y recursos federales en Chiapas nueva un papel vital para abordar las disparidades socioeconómicas y promover el desarrollo en la región.

El federalismo en Chiapas enfrenta desafíos significativos en la gestión local, donde la inteligencia artificial puede jugar un papel crucial para optimizar recursos y mejorar la toma de decisiones. Sin embargo, la implementación de estas tecnologías debe considerar las particularidades culturales y sociales de la región para asegurar su efectividad y promover una gobernanza inclusiva. Sin embargo, desafíos como las ineficiencias burocráticas y conflictos políticos pueden obstruir el federalismo en la región y su conjugación con la IA.

Para la elaboración de este artículo se utilizó el método de investigación documental, analizando datos cualitativos y descriptivos mediante métodos mixtos y métodos comparativos, análisis transversal de normativas, recolección de datos de fuentes secundarias y fuentes de datos de libros e internet, análisis de resultados publicados, así como textos legales.

II. IMPORTANCIA DEL FEDERALISMO EN LA ESTRUCTURA POLÍTICA Y ADMINISTRATIVA EN CHIAPAS

Tras la independencia de México en 1821, Chiapas enfrento un periodo de incertidumbre política, no se unió inmediatamente a México ni se mantuvo bajo el control de la recién independizada Federación Centroamericana. En 1822 tras un breve período como parte del Imperio Mexicano de Agustín de Iturbide, Chiapas se encontró en la posición donde debía decidir su afiliación nacional[4]. Entre 1823 y 1824 se realizaron una serie de plebiscitos, donde finalmente se opto por la federación a México. En la historia política de Chiapas antes de su federación muestra una región con una rica diversidad cultural y política, influenciada por dinámicas indígenas y coloniales.

El federalismo en México tiene sus raíces en la lucha por la independencia y la posterior búsqueda de la organización política que pudiera garantizar la autonomía de los estados frente al poder central. La Constitución de 1824 estableció un sistema federal que reconocía la soberanía de los estados[5], aunque este modelo enfrentó diversas crisis y periodos de centralismo, como durante la Guerra de Reforma y el Porfiriato.

En 1917, la Constitución actual reformó el federalismo, otorgando mayor peso a los derechos sociales y estableciendo un marco que buscaba equilibrar las relaciones entre la federación y los estados[6]. Sin embargo, la aplicación del federalismo en regiones como Chiapas ha presentado desafíos particulares.

Chiapas, marcado por su diversidad étnica y cultural, ha enfrentado tensiones entre el gobierno federal y comunidades indígenas. A partir de 1994, con el surgimiento del Ejército Zapatista de Liberación Nacional (EZLN) y su llamado a una mayor autonomía y derechos de los pueblos indígenas, la conversación sobre el federalismo mexicano adquirió un nuevo sentido. Esta movilización evidenció las insuficiencias del modelo federal para atender reivindicaciones de las comunidades marginadas.[7]

---

4 Rives S., R., *200 años de la administración pública en México. Tomo VI. Génesis y evolución del Federalismo en México,* INAP, México, 2013, p. 82.

5 *Íbidem,* p. 97.

6 *Íbidem,* p. 250.

7 Cedillo-Cedillo, A., "Análisis de la fundación del EZLN en Chiapas desde la perspectiva de la acción colectiva insurgente", *Revista Scielo,* Vol. 10 No. 2, San Cristóbal de Las Casas, Chis., 2012.

Durante la época prehispánica, el territorio que hoy comprende Chiapas estaba habitado por diversos grupos indígenas como los tzotziles, los tzeltales y zoques. Cada grupo tenia su propia estructura política y social, generalmente organizada en pequeños señoríos o cacicazgos independientes.

Con la llegada de los españoles en el siglo XVI, Chiapas fue incorporado al imperio español inicialmente como parte de la Capitanía General de Guatemala dentro del Reino de Guatemala, que era una división administrativa del Virreinato de Nueva España. Durante el periodo colonial, Chiapas fue gobernada por un sistema de administración español que implantó las encomiendas y más tarde los corregimientos. La región no era tan atractiva para los colonos españoles debido a su difícil geografía y al limitado acceso a recursos minerales comparado con otras áreas. Lo cual resultó en una menor influencia española y persistencia de las estructuras indígenas de gobierno y organización social que observamos hasta nuestros días.

En la actualidad, existe en algunos municipios una organización tradicional ancestral que está protegida por nuestra Carta Magna en el Artículo 2, para mantener su forma política, social y cultural, donde resalta el respeto a los derechos humanos y dignidad de las personas. Algunos municipios son:

- San Juan Chamula,
- San Andrés Larrainzar,
- Zinacantán,
- Oxchuc,
- Tenejapa,
- Chenalhó,
- Mitontic,
- Pantelhó,
- Aldama,

- Chalchihuitán.

Son etnias principalmente Tzeltales y Tzotziles donde la autoridad está en la figura del alcalde tradicional del municipio. La toma de decisiones se realiza mediante asambleas comunitarias donde todos los integrantes tienen derecho a opinar y participar, las autoridades tradicionales no perciben remuneración y suelen rotar los cargos por tiempos determinados. La elección de las autoridades tradicionales puede ser por votación o consenso de los integrantes de la asamblea, por lo que la concepción del estado federal en estos municipios ha sido gradual y hay mucho por hacer en la combinación de las dos autoridades, la autonomía local y la autoridad electa constitucionalmente.

En el resto de lo municipios de Chiapas, fue permeando la nueva organización federal de manera mas acentuada y aplicando la nueva forma de gobierno federal. La federalización por lo tanto, marcó un cambio significativo en la administración política de Chiapas, integrándonos a un marco nacional más amplio que va transformando su gobernanza y su desarrollo socioeconómico en los siglos venideros. Al optar por federarnos tenemos la posibilidad de integrar la pluralidad, igualdad, derechos humanos, conservando las costumbres las diversas culturas de cada municipio pero integrando en su organización los principios rectores de una federalización, en la que el principal eje es que todo es discutible para lograr los acuerdos para el desarrollo social.

Chiapas tenía la siguiente estructura municipal al federarse según la Constitución de 1824[8], 120 municipios, en los que habían algunos que por su situación geográfica no eran de fácil acceso, lo que fue la causa de una integración mas lenta a la nueva organización política estatal.

---

8 Constitución de Política del Estado de Chiapas de fecha 14 de Septiembre de 1824.

Además, las comunidades indígenas han recurrido a la organización social y a la resistencia cultural como formas de enfrentar las políticas que a menudo ignoran sus necesidades específicas. Este escenario destaca la importancia de un diálogo inclusivo y constante entre el gobierno federal y los puebles originarios para la construcción de un federalismo que beneficie a todos los sectores de la sociedad mexicana.

El federalismo es un sistema de gobierno que combina la autoridad general del gobierno central con la autonomía regional de los estados que componen una nación. Para Chiapas, es uno de los estados de México que juega un papel muy importante para su desarrollo social debido a la gran diversidad cultural. El federalismo se advierte a través de tres ejes principales: el fortalecimiento a la gobernabilidad, la promoción del desarrollo regional equitativo y respeto a la pluralidad cultural, lingüísticas, y los usos y costumbres.

III. LOS MUNICIPIOS EN CHIAPAS DESDE LA FEDERACIÓN Y SU ORGANIZACIÓN ACTUAL

La estructura organizativa del gobierno estatal y municipal en Chiapas, México, se compone de diversas instituciones y organismos que operan a diferentes niveles. El gobierno estatal es encabezado por el Gobernador, quien es elegido por votación popular y tiene la responsabilidad de ejecutar la leyes y políticas públicas en el estado.

A nivel municipal, Chiapas se divide en 123 municipios, distribuidos en 15 regiones[9], cada uno con su propio gobierno encabezado por un Presidente Municipal, elegido por el voto de los ciudadanos. Este Presidente cuenta con un cabildo, que incluye regidores y síndicos, quienes representan a la población

---

[9] Portal de Gobierno de Chiapas, Conoce Chiapas, Chiapas.gob.mx., https://chiapas.gob.mx/ubicacion/#:~:text= Se conforma por 123 municipios,Metropolitana

y participan en la toma de decisiones. Según el Artículo 115 de la Constitución Política de los Estados Unidos Mexicanos, los municipios poseen autonomía para gestionar su administración y recursos, lo que les permite diseñar y ejecutar programas acordes a sus necesidades[10]. Esta autonomía incluye la facultad para administrar la hacienda municipal, formular sus propios reglamentos internos y proveer de todos los servicios necesarios a la comunidad.

El Ayuntamiento es el órgano de gobierno de cada municipio, compuesto por un presidente, regidores y/o regidoras, síndico o síndica municipales. La o el presidente municipal es el ejecutivo, responsable de llevar a cabo las decisiones en el municipio, administrar los servicios públicos y representar al municipio. Las regidoras o regidores, son los responsables de formular y aprobar políticas, y supervisar las diferentes áreas del gobierno municipal, quienes son electos por votación directa y representación proporcional. La o el síndico municipal tiene la responsabilidad de fiscalizar la correcta aplicación y ejecución de los recursos del municipio y la representación legal del mismo.

El artículo 2 de la Constitución Política del Estado de Chiapas[11] dispone sobre la soberanía municipal, su personalidad jurídica propia, división territorial y su organización política y administrativa. Los municipios en Chiapas enfrentan diversos retos en materia de desarrollo y calidad de vida, cada uno tiene sus propias necesidades y es sobre lo que hay que continuar trabajando. Con su soberanía municipal, pueden promover políticas que, enmarcadas en la legislación estatal y federal, vayan mejorando la calidad de vida de ciudadanas y ciudadanos. Por

---

10 Cámara de Diputados del H. Congreso de la Unión, *Constitución Política de los Estados Unidos Mexicanos,* Diario Oficial de la Federación 5 de febrero de 1917, p. 116.

11 Constitución Política del Estado Libre y Soberano de Chiapas. https://www.haciendachiapas.gob.mx/marco-juridico/Estatal/informacion/Leyes/constitucion.pdf

mencionar algunos: desigualdad y pobreza, gestión de recursos, infraestructura y urbanización, protección ambiental y seguridad.

En la organización municipal, el H. Ayuntamiento debe proveer los servicios públicos a la ciudadanía, principalmente en los servicios de gua potable y alcantarillado, vías públicas y alumbrado, recolección de residuos, mantenimiento de parques y áreas públicas, seguridad pública, promover el desarrollo urbano, por mencionar algunos.

Uno de los principales retos es la organización municipal en Chiapas, que desde su anexión a México hasta nuestros días, se ha avanzado día con día para urbanizar y comunicar a todos los municipios que geográficamente se encuentran más alejados de la capital del estado. Este tipo de aislamiento limita el acceso de las tecnologías de la información y la comunicación, situación que abre una brecha en cuanto a la modernización de la gestión local en los municipios, lo que implica la implementación de macrooperaciones digitales en lugares donde se cuenta con la infraestructura necesaria.

Por lo anterior, podemos decir que la digitalización de la democracia se normaliza de forma silenciosa, sin ninguna coacción e influye en temas políticos, financieros, sociales, culturales, entre otros.

El acceso a las tecnologías en todos los municipios del Estado, representa una garantía para el desarrollo y, con ello, promover la rendición de cuentas y la participación ciudadana, con el objeto de implementar políticas acorde a las necesidades particulares de cada municipio.

El reto es conocer a fondo la situación particular de cada municipio y las necesidades de su gente, con respeto a la pluralidad y propiciando espacios de diálogo para fortalecer la democracia y los derechos humanos.

Otro reto importante tiene que ver con todo lo relacionado con el financiamiento y la capacidad de los municipios de proporcionar todos los servicios necesarios, donde la colaboración estatal y municipal es fundamental para superarlos, especialmente en temas de seguridad, desarrollo social y proyectos de infraestructura. La organización municipal es pilar indispensable en la administración pública del estado, permite que la gestión sea cercana a los habitantes para conocer de manera directa las necesidades locales.

En el ámbito estatal, la Ley de Gobierno Municipal del Estado de Chiapas establece las bases para el funcionamiento de los gobiernos locales, asegurando una adecuada representación y participación ciudadana en los diferentes procesos de toma de decisiones[12]. Esta ley busca fomentar la transparencia y mejorar la rendición de cuentas para que los ciudadanos tengan un papel activo en las acciones de gobierno.

Chiapas, como entidad federativa de México, se beneficia del sistema federalista que permite una distribución mas equitativa del poder entre el gobierno central y los estados. Esto es esencial para una región con una diversidad y desafíos específicos. El federalismo en Chiapas ha permitido la creación de políticas públicas adoptadas a sus necesidades particulares, como las relacionadas con la pobreza rural, los conflictos agrarios y la protección del medio ambiente. Al tener la capacidad de legislar en ciertos campos, Chiapas paulatinamente esta respondiendo de manera más efectiva a las problemáticas, asegurando una gobernabilidad más fuerte y cercana a los ciudadanos. Sabemos que el enemigo a vencer es la centralización, por lo que en la mayoría de los municipios existe participación pero que gradualmente con políticas publicas mas enfocadas al dialogo para discutir diferentes ideas, actores y medios podrían generar mayores resultados en la gobernabilidad.

Nuestro estado es uno de los estados mas ricos de México en términos de recursos naturales, pero también enfrenta niveles significativos de desigualdad económica y social. El federalismo

---

12 Gobierno del Estado de Chiapas, Ley de Desarrollo Constitucional en Materia de Gobierno y Administración Municipal del Estado de Chiapas, 2022.

facilita que recursos federales sean canalizados hacia programas específicos que buscan reducir desigualdades, por ejemplo, la asignación de fondos federales para infraestructura, educación y salud, permite un desarrollo más homogéneo que aborda las brechas entre diferentes áreas del estado. El federalismo promueve la competencia igualitaria y equitativa entre los estados, incentivando a Chiapas a mejòrar constantemente su administración y políticas publicas para atraer inversiones y proyectos de desarrollo.

Chiapas es un estado con una rica diversidad cultural, hogar de varios grupos indígenas, cada uno con su propio idioma y tradiciones. El federalismo apoya la protección y promoción de estas culturas únicas permitiendo se implementen políticas de educación bilingüe y de respeto a los derechos indígenas a nivel estatal. Esto no solo ayuda a preservar estas culturas, sino que también fortalece la cohesión social y la inclusión en un marco de respeto y valoración de la diversidad.

La organización federal de Chiapas, como estado de la República Mexicana en Estado de Chiapas conforme los principios del federalismo mexicano, establece un gobierno dividido en poderes ejecutivo, legislativo y judicial. Tanto a nivel federal como estatal, a continuación se detalla como se organiza brevemente cada uno de estos poderes en Chiapas:

El poder ejecutivo en Chiapas esta encabezado por el gobernador del estado, elegido por voto popular para un periodo de seis años sin posibilidad de reelección. El gobernador es responsable de la administración estatal y ejecuta las leyes aprobadas por el poder legislativo. Este poder incluye secretarias y secretarios de estado y diversas y diversos titulares de instituciones descentralizadas, sectorizadas y paraestatales para el desarrollo de las políticas públicas estatales.

El Poder Legislativo es unicameral, compuesto por el Congreso del Estado de Chiapas. Esta formado por diputadas y diputados electos tanto de manera directa por votantes como en representación proporcional. El congreso tiene facultad de legislar en materias fiscal, presupuestal municipal, recursos públicos y aprobar el presupuesto del Estado.

El Poder Judicial en Chiapas está encabezado por el tribunal Superior de Justicia, el cual se encarga de administrar la justicia en el Estado, supervisando todos los juzgados y tribunales estatales. El tribunal esta compuesto por magistrados nombrados que se encargan de resolver los recursos y apelaciones interpuestos contra las decisiones de tribunales inferiores y casos de primera instancia en asuntos de mayor relevancia.

Chiapas también destaca por sus esfuerzos en la creación de mecanismos de participación ciudadana, promoviendo la inclusión de grupos vulnerables en el proceso de gobernanza[13]. Las consultas públicas y los comités de participación ciudadana son ejemplos de cómo se busca integrar a la población en la formulación de políticas y programas que afectan directamente su vida diaria.

La relación entre el gobierno estatal y municipal en Chipas es fundamental para el desarrollo integral del estado. A través de diversas colaboraciones, ambos niveles de gobierno pueden trabajar en proyectos conjuntos que aborden temas prioritarios como la infraestructura, la educación, y la seguridad pública. Este trabajo coordinado es crucial para enfrentar los retos sociales y económicos de los que Chiapas adolece, un estado con una vasta diversidad cultural y necesidades particulares que tienen su efecto en el federalismo fiscal.[14]

---

13 Freidenberg, F., *Los retos institucionales y políticos para impulsar la democracia paritaria en Chiapas,* Colección Democracia y Derecho, Instituto de Investigaciones Jurídicas de la Universidad Autónoma de Chiapas, Instituto de Elecciones y Participación Ciudadana del Estado de Chiapas, 2018, p. 32.

14 Sobilla, B., López S., J. R. y Vargas V., P., "Conflicto político, corrupción y finanzas municipales en Oxchuc", *Chiapas, Economía, sociedad y territorio,* Vol. 24, Núm. 74, e2154, Universidad Autónoma de Chiapas, 2024, p.6.

La importancia del federalismo para la autonomía local, radica en que éste se ha erigido como un pilar fundamental en la organización política de muchos países, fortaleciendo la autonomía local mediante un equilibrio entre el poder central y las entidades locales. Esta estructura no solo facilita la distribución del poder, sino que también fomenta la autonomía local, un aspecto vital para la gestión eficiente y representativa de las necesidades de las comunidades.

Respecto a la autonomía local, los pueblos indígenas en México no reclaman ser reconocidos como una nación diferente a la mexicana, más bien "exigen su inclusión y reconocimiento dentro de la nación mexicana"[15]. La autonomía local es más que un simple concepto, es un principio que asegura que las decisiones que afectan a una comunidad sean tomadas por quienes la conocen mejor. En este sentido, el federalismo permite a las autoridades locales tengan un margen significativo de maniobra para adaptarse a las condiciones específicas de sus habitantes. La autonomía local es un derecho de los pueblos que les permite gestionar su propio desarrollo. Esto no solo fortalece la gobernanza local, sino que también promueve la participación ciudadana al involucrarse en el proceso de toma decisiones.[16]

Al integrar diversos niveles de gobierno, el federalismo se convierte en un mecanismo que puede potenciar la eficiencia administrativa. A través de la asignación de competencias entre el gobierno federal y los gobiernos locales, se buca evitar la centralización excesiva del poder. Con la democratización, los espacios locales han surgido como verdaderos ámbitos de discusión política, siendo los municipios espacios sociales y de

---

15 Velasco G., A., "Multiculturalismo, nación y federalismo", *Revista mexicana de ciencias políticas y sociales*, Vol. 47, Núm. 191, Facultad de Filosofía y letras de la UNAM, 2004, p. 103.

16 *Ídem.*

interacción humana[17]. Este enfoque facilita la implementación de políticas que, de otro modo, podrían ser ineficaces si se abordarán desde un nivel centralizado.

IV. RETOS ACTUALES DE LA GESTIÓN LOCAL EN CHIAPAS Y LA ADOPCIÓN DE TECNOLOGÍA DE INTELIGENCIA ARTIFICIAL.

En la gestión local de Chiapas y probablemente de varios otros estados, las limitaciones del recurso económico representa un desafío significativo. Con un entorno en constante cambio, la escasez de recursos puede afectar grandemente la operatividad en la gestión local.

Otro aspecto crucial se refiere a las capacidades administrativas, considerando que la toma de decisiones depende de éstas que, a su vez, afectan el desempeño organizacional[18]. Las organizaciones que cuenten con un liderazgo eficaz y con la información adecuada desempeñarán una mejor gobernanza. Esto requiere de una planificación cuidadosa y una comprensión de las fortalezas y debilidades. Aunque las limitaciones en recursos y capacidades administrativas pueden ser desalentadoras, también representan oportunidades para la innovación, viéndolas desde esta perspectiva, también podrían funcionar como un catalizador para el cambio y la mejora continua que comprenda el rol del municipio.[19]

Aunado a lo anterior, los problemas de gobernanza y corrupción en los gobiernos municipales son complejos y multifacéticos. Es imperativo abordar estos temas no solo a través de la implementación de políticas adecuadas, sino también mediante

---

17 Solís S., R., Salgado G., S., Montiel R., D., "Retos de la gestión municipal: entre la autonomía y la gestión", *Horizontes de la contaduría en las ciencias sociales,* Núm. 10, pp. 1-22, enero-junio 2019, p. 13.

18 *Íbidem,* p. 3.

19 *Íbidem,* p. 4.

un compromiso colectivo que incluya la participación activa de la sociedad y la comunidad internacional para garantizar que se construyan gobiernos más transparentes y responsables en la protección de los derechos humanos.

Además, la diversidad cultural de los pueblos indígenas de Chiapas enfrentan serias adversidades, como la marginación económica, la falta de acceso a servicios básicos y la discriminación, son manifestaciones cotidianas de una realidad que limita su desarrollo integral. Un informe de la UNESCO destaca la importancia sobre un entorno inclusivo y respetuoso hacia la diversidad cultural como algo fundamental en las acciones de gobierno, considerando a la diversidad como una fuerza de cohesión social.[20]

Hoy en día, la Inteligencia Artificial ha permeado numerosos aspectos tanto de la esfera económica como social, mostrando su versatilidad y potencial transformador. Tiene la función principal de atribuir a las computadoras la capacidad de realizar operaciones que podrían ser consideradas como inteligentes si las efectuaran personas, al imitar estas capacidades humanas en máquinas[21].

No podemos pasar por alto el impacto que la inteligencia artificial está teniendo actualmente en la toma de decisiones y la prestación de servicios públicos. Ademas, debemos reconocer su potencial influencia en el funcionamiento de las administraciones públicas en los próximos años[22].

Algunas aplicaciones de la Inteligencia Artificial las podemos ver en la traducción de textos como *Google Translate,* que han

---

20 UNESCO, Inclusión y educación: Todos sin excepción, Informe de seguimiento de la educación en el mundo, 2020, p. 38.

21 Kaplan, J., *Inteligencia Artificial. Lo que todo el mundo debe saber,* Editorial Teell, España, 2017, p. 1.

22 Cerrillo i M., A., "Retos y oportunidades del uso de la Inteligencia Artificial en las administraciones públicas", *RIGL Revista Iberoamericana de Gobierno Local,* Número 19, junio 2021.

evolucionado la forma en que nos comunicamos en diferentes idiomas. Estos sistemas utilizan redes neuronales sofisticadas para comprender y traducir texto con gran precisión. Los vehículos autónomos son una de las aplicaciones de la Inteligencia Artificial de las que más se habla. Empresas como Tesla, Waymo y Uber están a la vanguardia del desarrollo de vehículos autónomos que utilizan Inteligencia Artificial para la navegación, la detección de obstáculos y la toma de decisiones en la carretera. En el sector manufacturero, los robots impulsados por IA están transformando las líneas de producción; éstos equipados con Inteligencia Artificial pueden realizar tareas repetitivas con precisión y eficiencia, reduciendo la necesidad de intervención humana. La capacidad de la Inteligencia Artificial para reconocer y procesar imágenes tiene innumerables aplicaciones. En el sector sanitario, por ejemplo, los sistemas de Inteligencia Artificial pueden analizar imágenes médicas para detectar enfermedades como el cáncer en etapas tempranas, contribuyendo así al diagnóstico y tratamiento oportunos. En seguridad, la tecnología de reconocimiento facial ayuda a identificar personas en tiempo real, mejorando la vigilancia y las medidas de seguridad.

La Inteligencia Artificial se ha convertido en una herramienta clave en la gestión municipal, optimizando procesos y mejorando la eficiencia administrativa. Según Carrillo, la Inteligencia Artificial es una de las tecnologías disruptivas que transformarán nuestras sociedades en los próximos años[23], además de que impulsará el crecimiento económico y el progreso social.

La implementación de Inteligencia Artificial permite una mejor planificación urbana y una respuesta más rápida a las demandas ciudadanas; además, facilita el análisis de grandes volúmenes de datos para la toma de decisiones informadas, lo que transforma la gestión de recursos en las ciudades.

---

23 *Ídem.*

La incorporación de la IA en las prácticas de gestión local en Chiapas, puede conducir a la toma de decisiones más eficientes basadas en datos, una mejor prestación de servicios, la detección de fraudes y casos de corrupción, la resolución proactiva de problemas y una mayor participación comunitaria. Al aprovechar el poder de las tecnologías de IA, las autoridades locales pueden abordar mejor las necesidades cambiantes de sus electores y crear comunidades más resistentes y sostenibles.

Las tecnologías de inteligencia artificial, como los chatbots y los asistentes virtuales, pueden agilizar la comunicación con los residentes, respondiendo sus consultas e inquietudes con prontitud. Por ejemplo, los chatbots impulsados por la IA pueden ayudar a los ciudadanos a acceder a información sobre servicios, eventos y políticas locales, mejorando la eficiencia general de la prestación de servicios.

En la administración local, la IA permite pronosticar tendencia, identificar problemas potenciales antes de que se agraven y abordar los desafíos de manera proactiva. Al utilizar análisis predictivos, las autoridades pueden implementar medidas preventiva para mitigar los riesgos y mejorar el bienestar general de la comunidad.

En el caso de la infraestructura pública, la IA puede optimizar el mantenimiento monitoreando los sistemas en tiempo real y prediciendo las necesidades de mantenimiento. Este enfoque proactivo puede ayudar a prevenir averías, reducir el tiempo de inactividad y garantizar la longevidad de los activos de infraestructura esenciales en Chiapas y en todo el país.

Los algoritmos de la IA pueden ayudar a las autoridades locales a optimizar la asignación de recursos, ya sea en relación con la planificación presupuestaria, la dotación de personal o la gestión de proyectos; al analizar patrones de tendencias, la IA puede seguir estrategias eficientes de asignación de recursos para maximizar los resultados.

Las herramientas de inteligencia artificial pueden facilitar las iniciativas de participación de la comunidad al proporcionar plataformas para la recopilación de comentarios, el análisis de sentimientos y la participación en los procesos de toma de decisiones. Involucrar a los residentes a través de soluciones impulsadas por la IA puede fomentar la transparencia, la confianza y la colaboración entre las autoridades locales y la comunidad.

Los sistemas impulsados por la IA pueden mejorar la eficacia de los mecanismos de respuesta a emergencias mediante el análisis de datos en tiempo real para identificar áreas de alto riesgo, predecir posibles emergencias y asignar recursos de manera eficiente. Esto puede mejorar significativamente la resiliencia general de la gestión local en Chiapas.

Adicionalmente, la equidad en el acceso a las tecnologías de Inteligencia Artificial es crucial para evitar brechas que pueden profundizar en desigualdades. La transformación digital del gobierno es un componente clave de las estrategias de modernización del Estado destinadas a crear administraciones públicas más transparente, efectivas y democráticas, al mismo tiempo que acelera el progreso hacia los Objetivos de Desarrollo Sostenible.[24]

Actualmente, las innovaciones impulsadas por las tecnologías en el sector público están evolucionando hacia lo que se conocer como Gobierno Inteligente[25]; esto implica utilizar datos abiertos, big data, ciencia de datos y tecnologías como Internet de las cosas y blockchain para mejorar la prestación de servicios y desarrollar políticas públicas basadas en evidencia.

El éxito de estas iniciativas depende en gran medida del establecimiento de una gobernanza digital sólida. La digitalización de los servicios públicos permite desarrollar una administración pública ágil, flexible y eficiente[26]. Para lograrlo, es esencial ga-

---

24 CEPAL, Gobierno Digital. https://www.cepal.org/es/subtemas/gobierno-digital#

25 *Ídem.*

26 *Ídem.*

rantizar que las comunidades sin acceso al mundo digital cuenten con los medios técnicos necesarios y la facilidad de acceso; siendo el objetivo mejorar la calidad de los servicios y la información disponible para los ciudadanos y las organizaciones, agilizar los procesos de apoyo institucional y crear canales que mejoren la trasparencia y la participación. Esto, a su vez, contribuye a generar una mayor confianza ciudadana en las acciones públicas.

V. CONCLUSIÓN

La organización federal de Chiapas ha permitido una mayor adaptabilidad en la política local para dar los pasos hacia el desarrollo económico y social, permitiendo priorizar las necesidades en los diferentes servicios públicos. La diversidad en Chiapas es un gran desafío único para legislar y actuar en ámbitos que impactan directamente en el interés común. El federalismo es una plataforma sólida para abordar los problemas específicos y lograr el desarrollo social. Fomentar una cultura de responsabilidad fiscal en Chiapas, requiere un enfoque multifacético, que combine la educación, incentivos, transparencia y participación. Al mejorar la comprensión y beneficio de los servicios públicos que aporta el cumplimiento de las obligaciones tributarias en los ingresos propios asegura las exigencia de tener un desarrollo inclusivo y equitativo. La clave está en transformar la percepción de los tributos como inversión para el futuro de las comunidades.

La Inteligencia Artificial ha permeado numerosos aspectos tanto del ámbito económico como del social, demostrando su versatilidad y potencial transformador. La Inteligencia Artificial concede a las computadoras la capacidad de realizar operaciones que se considerarían inteligentes si las ejecutaran humanos. El impacto de la Inteligencia Artificial en la toma de decisiones y la prestación de servicios públicos ya es significativo, y su influencia potencial en las administraciones públicas en los próximos años será sustancial. La implementación de la Inteligencia Artificial permite una mejor planificación urbana, respuestas más rápidas a las demandas de los ciudadanos y el análisis de grandes volúmenes de datos para la toma de decisiones informadas, transformando así la gestión de recursos en los municipios.

Referencias bibliográficas

ARMENTA L., L. A., *El Federalismo Mexicano: Una ficción política*, Instituto de Investigaciones Jurídicas, UNAM, 2010.

Cámara de Diputados del H. Congreso de la Unión, *Constitución Política de los Estados Unidos Mexicanos*, Diario Oficial de la Federación 5 de febrero de 1917, p. 116.

CEDILLO-Cedillo, A., "Análisis de la fundación del EZLN en Chiapas desde la perspectiva de la acción colectiva insurgente", *Revista Scielo*, Vol. 10 No. 2, San Cristóbal de Las Casas, Chis., 2012.

CERRILLO i M., A., "Retos y oportunidades del uso de la Inteligencia Artificial en las administraciones públicas", *RIGL Revista Iberoamericana de Gobierno Local*, Número 19, junio 2021.

CEPAL, Gobierno Digital. https://www.cepal.org/es/subtemas/gobierno-digital#

Constitución de Política del Estado de Chiapas de fecha 14 de Septiembre de 1824.

Constitución Política del Estado Libre y Soberano de Chiapas. https://www.haciendachiapas.gob.mx/marco-juridico/Estatal/informacion/Leyes/constitucion.pdf

FREINDENBERG, F., *Los retos institucionales y políticos para impulsar la democracia paritaria en Chiapas*, Colección Democracia y Derecho, Instituto de Investigaciones Jurídicas de la Universidad Autónoma de Chiapas, Instituto de Elecciones y Participación Ciudadana del Estado de Chiapas, 2018.

FLORES C., A. Y., Chiapas a través de sus Constituciones.https://archivos.juridicas.unam.mx/www/bjv/libros/6/2834/10.pdf

FONSECA L., M., "Rendición de cuentas de la teoría a los modos de implementación", Maporrúa, septiembre de 2022.

Gobierno del Estado de Chiapas, Ley de Desarrollo Constitucional en Materia de Gobierno y Administración Municipal del Estado de Chiapas, 2022.

KAPLAN, J., *Inteligencia Artificial. Lo que todo el mundo debe saber*, Editorial Teell, España, 2017.

Portal de Gobierno de Chiapas, Conoce Chiapas, Chiapas.gob.mx., https://chiapas.gob.mx/ubicacion/#:~:text= Se conforma por 123 municipios,Metropolitana

RABASA E., *Historia de las Constituciones Mexicanas,* Instituto de Investigaciones Jurídicas, UNAM, 2004.

RIVES S., R., *200 años de la administración pública en México. Tomo VI. Génesis y evolución del Federalismo en México,* INAP, México, 2013WEBER, MAX, Economía y sociedad, México, FCE, 2014.

SOBILLA, B., López S., J. R. y Vargas V., P., "Conflicto político, corrupción y finanzas municipales en Oxchuc", *Chiapas, Economía, sociedad y territorio,* Vol. 24, Núm. 74, e2154, Universidad Autónoma de Chiapas, 2024.

SOLÍS S., R., Salgado G., S., Montiel R., D., "Retos de la gestión municipal: entre la autonomía y la gestión", *Horizontes de la contaduría en las ciencias sociales,* Núm. 10, pp. 1-22, enero-junio 2019.

UNESCO, Inclusión y educación: Todos sin excepción, Informe de seguimiento de la educación en el mundo, 2020.

VELASCO G., A., "Multiculturalismo, nación y federalismo", *Revista mexicana de ciencias políticas y sociales,* Vol. 47, Núm. 191, Facultad de Filosofía y letras de la UNAM, 2004.

Capítulo XI. La paridad de género a la luz del constitucionalismo mexicano

GENDER PARITY IN THE LIGHT OF MEXICAN CONSTITUTIONALISM

LAURA ELOYNA MORENO NANGO[1]
LUIS MANUEL MARTÍNEZ VELA[2]

SUMARIO: *I. INTRODUCCIÓN. II. ANTECEDENTES DE LA PARTICIPACIÓN POLÍTICA DE LAS MUJERES. III. LA PARIDAD COMO ELEMENTO PARA EL FORTALECIMIENTO DE LA DEMOCRACIA MEXICANA. IV. LA INCORPORACIÓN DEL PRINCIPIO DE PARIDAD DE GÉNERO EN EL MARCO JURÍDICO MEXICANO. V. CONCLUSIONES. VI. BIBLIOGRAFÍA.*

Resumen

El funcionamiento de la maquinaria democrática en México a través de la inclusión del principio de paridad de género, constituye un cambio de paradigma no solo para las mujeres, este modifica el acceso sin exclusión al entramado

---

1 Licenciada, Maestra y Doctora en Derecho por la Universidad Autónoma de Chiapas, actualmente forma parte del Sistema Estatal de Investigadores de Chiapas y se desempeña como Coordinadora de la Licenciatura en Derecho modalidad no escolarizada del Instituto de Investigaciones Jurídicas de la UNACH.

2 Profesor e Investigador del Instituto de Investigaciones Jurídicas de la Universidad Autónoma de Chiapas (UNACH), Candidato a Investigador Nacional CONAHCYT. Correo electrónico: luis.martinez@unach.mx

político del Estado constitucional y democrático de derecho a través de medidas que inciden integralmente, las cuales fortalecen y pluralizan la participación ciudadana, consolidando las bases y cumpliendo los fines del Estado, generando una participación inclusiva.

Palabras clave: Paridad de género, participación política de las mujeres, democracia.

Abstract

Functioning of the democratic machinery in Mexico through the inclusion of the principle of gender parity constitutes a paradigm shift not only for women; it modifies access without exclusion to the political framework of the constitutional and democratic State of law through measures that have a comprehensive impact, which strengthen and pluralize citizen participation, consolidating the bases and fulfilling the purposes of the State, generating inclusive participation.

Key Words: Gender parity, political participation of women, democracy.

I. INTRODUCCIÓN

La paridad de género constituye un principio constitucional que actualmente se ubica como una de las bases y elementos principales de la organización de las elecciones en México, asimismo, a partir de la reforma constitucional “La paridad en todo”, se ha vuelto determinante dentro de la administración pública ya que se han establecido criterios para la integración paritaria de todas las instituciones, tanto en el orden nacional, como local y municipal, esto como mandato transversal.

Lo anterior, sin duda es trascendental para los fines del Estado constitucional y democrático de derecho, ya que, la participación política de las mujeres se ha convertido en un elemento esencial, difícilmente podríamos encontrarnos en uno si los derechos de su ciudadanía no son respetados plenamente.

No obstante, lo anterior, en cada proceso electoral podemos ver nuevas estrategias de los partidos político para eludir el cumplimiento de este mandato constitucional, lo que provoca una serie vulneraciones a los derechos político-electorales de las mujeres, dentro de los cuales destaca la relativa al ejercicio de la violencia, esto con la finalidad de que no puedan ejercer su derecho a ser votadas.

Si bien, se cuenta formalmente con las bases dentro de la legislación mexicana para hacer frente a dicha violencia, hace falta que estas se materialicen para garantizar espacios igualitarios, libres de violencia, donde se respeten a plenitud los principios del Estado constitucional y democrático de derecho, ya que la paridad emerge como pilar esencial de este, y por lo tanto debe asegurarse su eficacia para evitar que sea vulnerado.

II. ANTECEDENTES DE LA PARTICIPACIÓN POLÍTICA DE LAS MUJERES

En México uno de los primeros movimientos encaminados para reconocer el voto de las mujeres fue el de las Mujeres Zacatecanas, quienes se organizaron para enviar cartas al constituyente de 1824, pidiendo el reconocimiento de la ciudadanía mexicana para las mujeres y con ello tuvieran la oportunidad de participar en los espacios públicos y la toma de decisiones.

De igual forma Laurena Wright encabezó un movimiento por medio de la revista Violetas del Anáhuac, en la cual se realizaban publicaciones periódicas donde se demandaba que se reconociera el derecho al voto de las mujeres.

En este tenor destaca a pesar de no ser un hecho en suma reconocido por la historia, la lucha de las mujeres involucradas en la Revolución Mexicana, quienes tuvieron una participación muy activa, ya que entendían que la construcción de un nuevo país con igualdad de oportunidades significaba a su vez ser reconocidas.

Un acontecimiento relevante en este contexto fue también el primer Congreso feminista celebrado en Yucatán en 1916; donde las mujeres asistentes acordaron trabajar por el reconocimiento del voto femenino, los primeros resultados se presentaron 7 años después, cuando los primeros Estados en México empezaron a reconocer este derecho, siendo los pioneros; Yucatán en 1923, San Luis Potosí en 1923, Tabasco en 1925 y Chiapas para 1925.

En 1947 el presidente Miguel Alemán reconoció el derecho al voto en igualdad de condiciones, aunque solamente a nivel municipal, si bien esto se convierte en un avance significativo, también implicada la generación de una brecha en el reconocimiento de los derechos de las mujeres al reconocerlos de forma limitada.

Es en 1953, cuando bajo la presidencia de Adolfo Ruiz Cortines, se reconoce el voto a las mujeres en todo el país y en todos los niveles, bajo esta declaración existe mucha labor de las sufragistas de esa época quienes comprometieron en campaña a Ruiz Cortines para reconocer el voto si ganaba la presidencia. En este tenor, otro factor relevante, también fue el surgimiento de la Convención sobre los Derechos Políticos de la Mujer en marzo de ese mismo año, no obstante, México la ratificó hasta 1981.

Lo anterior constituyen algunas de las demostraciones fehacientes de la labor que han desempeñado las mujeres a lo largo de la historia. Su lucha ha sido significativa para alcanzar los fines democráticos del Estado constitucional, dando lugar a la participación de las mujeres en el entramado político y electoral, cimentando la posibilidad de una participación atenta a la paridad de género, libre de violencia donde las mujeres puedan desarrollarse plenamente.

III. LA PARIDAD COMO ELEMENTO PARA EL FORTALECIMIENTO DE LA DEMOCRACIA MEXICANA

La paridad de género es un principio que ha surgido con el propósito de concluir con las desigualdades históricas sostenidas entre mujeres y hombres, la primera vez que dicho principio se abordo fue en la 1era Cumbre Europea *Mujeres en el Poder,* celebrada en 1992 en Grecia, de la cual surgió la *Declaración de Atenas.* La paridad de género desde sus inicios no se ha estipulado como una cuota, como se creé, sino como principio que pretende integrarse, incidir y transformar los sistemas democráticos con la intención de trasladar a un plano material la igualdad entre mujeres y hombres.

Richard Barathe expone 5 razones por las cuales la paridad es clave en las democracias:

1. Calidad y legitimidad democrática: es decir, cuando la diversificación en la toma de decisiones no se presenta, los intereses y necesidades traducidas en políticas, representan únicamente a un grupo especifico en desmedro de otros.
2. Igualdad real en el acceso al poder: además de la participación de las mujeres en los diversos espacios y órganos de decisión política, también resulta necesario promover las mismas condiciones y oportunidades para mujeres y hombres dentro de las estructuras políticas de manera transversal. La paridad, como medida legal en el ámbito político-electoral ha demostrado ser una directiva efectiva para lograr la diversidad e igualdad en el acceso al espacio público
3. Igualdad real a través de nuevas leyes y políticas: la pari dad de género permite que las mujeres ejerzan el poder, produciéndose un impacto positivo en las políticas, temas y soluciones consideradas (incluyendo presupuestarias).
4. Aprovechar el capital humano y mejorar el desarrollo: la desigualdad tiene costos altos para el desarrollo de los países y el ejercicio de los derechos humanos.
5. Transformación en las relaciones de poder: la participación de mujeres en las políticas contribuye a generar roles nuevos, distintos a los tradicionales. El hecho de redistribuir el ejercicio del poder de forma equilibrada entre hombres y mujeres a la luz de la democracia paritaria (tanto en el mundo público como en la vida privada) ayuda a generar

relaciones horizontales de igualdad y liderazgos libres de estereotipos y prejuicios.[3]

La paridad se instituye de esta manera como un elemento que no solo pretende impactar en el espacio político, sino que se instaura de forma transversal con la finalidad de aportar al desarrollo de las naciones que lo reconocen e instituyen, presentando resultados benéficos no solo en la protección de los derechos humanos, sino también trae consigo resultados económicos que puedan potencializar el crecimiento del país. "En un estudio efectuado en América Latina se estimó que al eliminar la desigualdad de género en el mercado laboral podría aumentar el salario de las mujeres en un 50% y el producto nacional en un 5%."[4]

México ha instaurado la paridad dentro del Sistema Electoral Mexicano, como un principio constitucional, convirtiéndolo en uno de los principales fines democráticos y por ende de sus instituciones. "La noción de democracia paritaria nace de la contradicción entre el aumento de mujeres en muchos de los ámbitos de la vida social y su ausencia de los espacios donde se votan las leyes y se toman decisiones que afectan al conjunto de la sociedad y muy particularmente a las vidas de las mujeres."[5]

---

3 Barathe, Richard, *5 razones por las cuales la paridad es clave para las democracias de América Latina,* s.l., ONU Mujeres América Latina y el Caribe, 2019. Disponible en: https://lac.unwomen.org/es/noticias-y-eventos/articulos/2019/1/5-razones-para-la-paridad-en-las-democracias

4 Naciones Unidas, "*The World's Women 2000: Trends and Statistics. Social Statistics and Indicators,*" *Series k,* Núm. 16, New York, División de Estadística. Departamento de Asuntos Económicos y Sociales, Naciones Unidas, 2000 en Fondo de Población de las Naciones Unidas, *Estado de la Población Mundial 2000. Vivir juntos en Mundos Separados,* s.l., Fondo de Población de las Naciones Unidas, s,f., p. 38. Disponible en: https://www.unfpa.org/sites/default/files/pub-pdf/swp2000_esp.pdf

5 Cobo, Rosa, "Democracia paritaria y sujeto político feminista", *Anales de la Catedra Francisco Suárez,* N° 36, 2002. Disponible en: http://portales.

De esta forma, la paridad constituye una estrategia orientadas a combatir la discriminación de carácter histórico y estructural que ha excluido a las mujeres de los espacios públicos de deliberación y toma de decisiones. Conforma un principio democrático que responde a un entendimiento congruente, incluyente e igualitario, donde la representación descriptiva y simbólica de las mujeres es indispensable, en este tenor a diferencia de las cuotas, es una medida permanente.[6]

La adopción de paridad trae consigo diversos efectos, tanto a nivel nacional como internacional, elevando la calidad democrática del país; el Instituto Internacional para la Democracia y la Asistencia Electoral (IDEA Internacional) ha establecido que uno de los principios que definen la calidad democrática de un Estado es "Superar obstáculos que impidan el ejercicio igualitario de los derechos ciudadanos, tales como los de género, etnia, religión, idioma, clase, riqueza, etcétera". [7]

Ante lo anterior es importante retomar las aportaciones Yunuel Cruz Guerrero quien ha determinado que: "la democracia bajo su concepción general nos refiere a la participación ciudadana y, por ende, a una mayor inclusión de las voces que conforman el entramado social; en esta lógica la incorporación a la legislación de la perspectiva de género para materializar el

te.gob.mx/genero/sites/default/files/Democracia%20Paritaria%20Rosa%20Cobo_0.pdf.

6 Alanis Figueroa, María del Carmen, "Paridad", *Diccionario Electoral*, México, Instituto Interamericano de Derechos Humanos, Tribunal Electoral del Poder Judicial de la Federación, t. II, 2017, pp. 803 y 804.

7 Landman, Todd (ed.), *Evaluar la calidad de la democracia Una introducción al marco de trabajo de IDEA Internacional*, Suecia, Instituto Internacional para la Democracia y la Asistencia Electoral, 2009, p. 11.

goce pleno de los derechos humanos y su instrumentación resulta indispensable para rectificar y superar las desigualdades."[8]

La transformación del funcionamiento del aparato democrático en México por medio de la inclusión de la paridad de género no es solamente en beneficio de las mujeres, este nuevo paradigma transforma las condiciones de acceso para otros grupo históricamente relegados, ya que a través de este se adoptan medidas de inclusión integral. Mediante la inclusión se fortalece y pluraliza la democracia, consolidando sus bases y cumpliendo sus principales fines, que es la participación de toda la población.

IV. LA INCORPORACIÓN DEL PRINCIPIO DE PARIDAD DE GÉNERO EN EL MARCO JURÍDICO MEXICANO

Es importante destacar que el reconocimiento de la Paridad de Género a nivel constitucional tiene dos antecedentes; el activismo femenino y la labor jurisdiccional, el primero comienza con movimientos de organizaciones feministas que desarrollaban el papel de observadoras del respeto de los derechos político-electorales de las mujeres, especialmente del cumplimiento de las cuotas de género que debían ser implementadas en cada proceso electoral, las cuales eran eludidas por los partidos políticos.

Las organizaciones feministas visibilizaban este tipo de tácticas evasivas en distintos medios, lograron organizarse para instrumentar los recursos ante el Tribunal Electoral del Poder Judicial de la Federación, dando como resultado junto con una postura garantista de los derechos de las mujeres, que se establecieran

---

8 Cruz Guerrero, Yunuel Patricia, "Índice de efectividad de la cuota de género Un aporte para la armonización de los derechos político-electorales de las mujeres", *Ética Judicial e Igualdad de Género*, México, SCJN, 2014, pp. 378 y 379.

criterios jurisprudenciales sumamente relevantes que marcaron un cambio de paradigma en el sistema electoral mexicano.

De las sentencias más relevantes se encuentra la derivada del expediente SUP-JDC-12624/2011 y sus acumulados, en donde se recibieron 10 demandas en contra del del acuerdo CG327/2011, del Consejo General del Instituto Federal Electoral en el cual se establecieron lineamientos para la inscripción de candidaturas, este acuerdo contenía una salvedad contra el cumplimiento de la cuota (en ese entonces establecida en la legislación electoral), la cual consistía en que podía incumplirse si la selección de candidaturas se realizaba por medio de procesos democráticos internos. También reconocía que las fórmulas deberían procurar que fueran del mismo género y no lo consideraba como una obligación, además de acusar el IFE de extralimitar sus funciones al emitir criterios de candidaturas que iban contra la legislación.

Después de un exhaustivo estudio de la legislación nacional y de criterios internacionales se resolvió que el acuerdo debía ser modificado, ya que en concordancia con el objetivo de la norma electoral, lo que se pretendía era lograr un equilibrio entre mujeres y hombres en el ámbito político-electoral, por lo que no se debería establecer criterios que contravinieran los propósitos de la ley; "una cuestión central tomada en cuenta en la sentencia fue la reforma a los derechos humanos, publicada en junio de 2011. Esta reforma subrayó que los derechos humanos debían interpretarse en el territorio de conformidad con la Constitución Política de los Estados Unidos Mexicanos y con los tratados internacionales sobre la materia, que en todo momento se procurara a las personas la protección más amplia".[9]

---

[9] Ortiz, Adriana y Scherer, Clara, *Contigo aprendí Una lección de democracia gracias a la sentencia 12624*, México, Tribunal Electoral del Poder Judicial de la Federación, 2015, p. 29.

Las mujeres históricamente limitadas en el ejercicio de sus derechos político-electorales, acompañadas de una grave invisibilizarían de sus derechos en diversos sectores derivado por los roles y estereotipos de género que las han colocado en los espacios privados, ligados a su rol reproductivo comienza a transformarse, dando cabida a su participación dentro del andamiaje político y electoral del Estado.

La importancia de que los Tribunales apliquen una adecuada perspectiva de derechos humanos, en conjunto con una aplicación del control convencional radica en que, si la norma nacional no contiene los elementos necesarios para garantizar los derechos de las personas, estos pueden ser retomados de los tratados internacionales con la finalidad de brindar la protección necesaria a sus derechos.

Es ahí en el ámbito internacional donde la paridad de género ha tenido un acompañamiento importante, reflejándose en reformas constitucionales que han modificado el paradigma electoral, encaminado a lograr un cambio total dentro el sistema constitucional y democrático, lo que en consecuencia provocará una la transformación social, donde todas las personas cuenten con las mismas oportunidades para desarrollarse en el ámbito que deseen.

Actualmente, al menos en el plano formal se cuentan con herramientas para que la paridad pueda ser real, tal como dan testimonio las reformas constitucionales de 2014 y 2019, sin embargo, ya se contaban con elementos plenamente reconocidos, que de haber sido eficaces, no hubiese sido necesario introducir elementos más específicos para su cumplimiento, ejemplo del esto lo encontramos en el artículo 4to Constitucional en el que se establece la igualdad entre mujeres y hombres, lo cual significa "que no haya privilegio ni poder para un sexo, ni incapacidad alguna para el otro",[10] lamentablemente este mandato no fue

---

[10] Rey Martínez, Fernando, *El derecho fundamental a no ser discriminado por razón de sexo,* México, Consejo Nacional para prevenir la discriminación, 2005, p. 56.

suficiente para generar las mismas oportunidades en torno al ejercicio pleno de sus derechos, por lo que resulto necesario que se implementaran medidas para que la igualdad pueda ser una realidad genuina en nuestro país.

Las medidas vigentes vienen desde la incorporación de las acciones afirmativas en los años noventa, hasta la adopción de las cuotas de género en la década de los dos mil; a lo largo de ese trayecto se ha pasado de recomendaciones para promover la participación política de las mujeres hasta la obligación de integrar candidaturas en las que no se exceda más de cierto porcentaje de un solo sexo. En este tenor, se han creado criterios para la integración de fórmulas de candidaturas, así como el orden en que se deben de presentar.

Uno de los principales obstáculos a los que las mujeres se han enfrentado en materia electoral es la simulación, los partidos políticos en un primer momento presentaban fórmulas de candidaturas en donde las mujeres eran suplentes de hombres para poder cumplir con la cuota establecida, cuando se les indicó que las mujeres debían de ser las propietarias, sus suplentes eran hombres, lo que provocaba que después de que se ganara la elección se presentara una renuncia masiva de mujeres electas, para que fueran los hombres quienes ejercieran el cargo.

Una de las problemáticas más difundidas han sido el registro de candidatas denominada juanitas, ya que, cuando las fórmulas de candidaturas permitían que fueran mixtas y las mujeres debían ser las propietarias, estas renunciaban para que sus suplentes hombres pudieran ocupar el cargo. Cuando las fórmulas ya solo debían conformarse únicamente por personas de un mismo sexo, lo que sucedió es que formulas completas renunciaban para que se diera paso a los hombres para el ejercicio del cargo.

Las simulaciones persisten y en cada proceso electoral se presentan nuevas modalidades, cuando esto no sucede, en algunos casos las mujeres llegan a ser víctimas de violencia política en razón de género, en muchas ocasiones la violencia se origina dentro de la militancia de su partido.

Ante ello, se consideró necesario que la paridad se estableciera como uno de los principales objetivos de la operatividad de los partidos políticos, por lo que, deberá formar parte los componentes de sus estatutos, lo anterior con la intención de que pudieran adoptarla sin tanta resistencia y convertirla en parte de la vida partidista. Para poder concretar este fin, además de lo establecido en la Constitución, dentro de la Ley General de Instituciones y Procedimientos Electorales (LGIPE) la igualdad y la paridad se han instituido como una obligación de los partidos políticos.

Cabe destacar que si bien, en la norma constitucional no se define de forma clara que se puede entender como paridad, ya que está puede considera solo como un principio en el que se brinden las mismas oportunidades a hombre y mujeres, sin que se traduzca de forma tácita en un cincuenta por cierto para cada sexo, al realizar una interpretación en conjunto con la intención de adoptar la paridad a la luz de los tratados internacionales y la obligación del Estado de adoptar las medidas que hagan efectivos estos derechos, se puede advertir el establecimiento de un criterio cincuenta/cincuenta para el registro de candidaturas dentro de la redacción de la norma reglamentaria.

Otro elemento por considerar en este contexto es el de las facultades otorgadas a las autoridades electorales de poder negar el registro de candidaturas en caso de contravenir la legislación en materia de paridad, lo que fortalece el aparato institucional en la protección de los derechos político-electorales de las mujeres.

Es notorio que una de las principales problemáticas yacen en el interior de los partidos políticos, por lo que se considera necesario que esta transformación continue, para que exista un pleno respeto por los principios constitucionales, requiriendo de una colaboración de todas las instituciones involucradas, tanto en los procesos electorales como fuera de estos, ya que no solo demanda que se garantice la participación política de las mujeres como candidatas, sino también es importante considerar que puedan ejercer libremente su cargo.

Martha Ferreyra establece que: "para hablar de paridad es necesario promover un debate que cruce de manera transversal todas las facetas de la sociedad, dirigido a cuestionar justamente esa división sexual del trabajo que frena la integración política al emprender transformaciones que nuestra sociedad necesita para llamarse justa, democrática y más aún, representativa".[11]

Para lograr el objetivo de representatividad paritaria, es necesario que se involucren los principales actores en la materia; los partidos políticos, juegan un papel fundamental dentro de las democracias, para que estos puedan cumplir con su labor fundamental con la ciudadanía deben adaptarse a los cambios que ha traído consigo los nuevos paradigmas de la democracia, los cuales demandan un verdadero sentimiento de representación e interacción, así como cumplir con los fines que se le han impuesto en la ley.

Nuestra norma fundamental, ha determinado que "los partidos políticos tienen como fin promover la participación del pueblo en la vida democrática, fomentar el principio de paridad de género, contribuir a la integración de los órganos de representación política, y como organizaciones ciudadanas, hacer posible su acceso al ejercicio del poder público"[12] no obstante, se ha observado como cada proceso electoral se han implementado estrategias para eludir su responsabilidad respecto a la paridad de género y por esto, después de cada proceso los lineamientos para el cumplimiento de este principio constitucional deben ser actualizados previendo medidas para combatir las nuevas formas de eludir el principio de paridad democrática.

---

11 Ferreyra, Marta, *Paridad un nuevo paradigma para la acción política de las mujeres*, México, Instituto de Liderazgo Simone de Beauvoir, 2015, p. 32.

12 Constitución Política de los Estados Unidos Mexicanos, art. 41, par. 5 .https://www.diputados.gob.mx/LeyesBiblio/pdf/CPEUM.pdf

Lamentablemente, esta circunstancia no ha podido ser eludida completamente, en Chiapas durante el proceso electoral 2018, al quedarse el Partido Verde Ecologista de México sin mujeres a las cuales poder asignar cargos, se pretendía asignar hombres, no obstante, el Instituto Nacional Electoral, implementó su facultad de atracción para conocer el caso y aplicando una adecuada perspectiva de género y en concordancia con el principio de paridad, determinó nuevas reglas para la asignación en casos de renuncias, determinado que de no poder designar a una mujer del mismo partido, se asignarían entre aquellos que si contarán con fórmulas de mujeres.[13]

De igual forma, otra de las tácticas que se han implementado para evitar el cumplimiento de la paridad de género, radica en la postulación de candidaturas en Ayuntamientos o Distritos en donde los partidos políticos tienen niveles bajo de aceptación, es decir aquellos en donde sería muy difícil poder ganar la elección. Ante esto se realizaron diversas disposiciones a la normativa electoral en las cuáles, "los integrantes del Congreso de la Unión finalmente accedieron a cambiar esta situación, mejorando las condiciones de competencia entre ambos géneros en todos los distritos y evitando que en el proceso de selección de las candidaturas alguno de los géneros fuera asignado a los distritos donde el partido hubiera perdido en la elección anterior".[14]

Para que el cumplimiento de principio de paridad de género pueda cumplirse plenamente se requiere que los partidos políticos tomen conciencia de los fines por los cuales ha sido creado y cumplan con las obligaciones que se les han impuesto, "algunos

---

13 *Consejo General INE, Resolución INE/CG1307/2018, 12 de septiembre de 2018. Disponible en:* https://repositoriodocumental.ine.mx/pdfjs-flipbook/web/viewer.html?file=/xmlui/bitstream/handle/123456789/98353/CGex201809-12-rp-unico.pdf?sequence=1&isAllowed=y

14 Freidenber, Flavia y Erika Estrada, "Paridad + Democracia Interna = +Democracia, México" en *Revista Voz y Voto*, núm. 260, octubre 2014.

sostienen la necesidad de fórmulas de constitucionalidad en el sentido de sistemas de control para que los partidos ajusten su actividad a los principios democráticos".[15]

Los partidos políticos no pueden sustraerse de las obligaciones en torno a los derechos humanos y sus principios fundamentales de igualdad y no discriminación, tal como lo reconoce nuestra Constitución y los instrumentos internacionales ratificados por el Estado mexicano.[16]

La paridad al reconocerse como principio constitucional permea todo el aparato de organización electoral, por lo que resulta necesario que se asuma con total responsabilidad, ya que, solo por medio de su cumplimiento se podrán consolidar todos los elementos de un verdadero Estado constitucional y democrático de derecho, tal como lo afirma Ferrajoli, "la garantía de los derechos de todos se ha convertido en su rasgo característico."[17]

V. CONCLUSIONES

La paridad de género constituye un principio constitucional que se ha incorporado al contexto jurídico mexicano con el firme propósito de fortalecer la democracia, así como la calidad de esta, erradicando las desigualdades históricas de los grupos vulnerables, creando un nuevo paradigma en el que todas las voces sean escuchadas y se encuentren adecuadamente representadas.

---

15 Cárdenas Gracia, Jaime F., *Partidos políticos y democracia*, México, Instituto Nacional Electoral, 2015 (Cuadernos de divulgación de la cultura democrática, 8), p. 34.

16 Torres García, Isabel, "Promoviendo la igualdad: cuotas y paridad en América Latina" en *Revista de Derecho Electoral Tribunal Supremo de Elecciones*, Núm. 14, Julio-diciembre 2012, pp. 1-13.

17 Ferrajoli, Luigi, *Derechos y garantías; la ley del más débil*, 4 ed., España, Trotta, 2004, p. 141.

Sin duda un elemento fundamental es el relativo al involucramiento de todas las instituciones, especialmente de los partidos políticos en los cuales se ha podido observar cierta reticencia a la incorporación y aplicación de la paridad de género, no obstante, el adecuado acompañamiento del poder legislativo y judicial, resulta indispensable para implementar la normatividad necesaria para que no existan lagunas o interpretaciones vagas sobre su cumplimiento, generando certeza y respondiendo a las posibles fracturas democráticas.

La paridad de género se ha convertido en un principio que ha transformado los paradigmas actuales de la organización electoral y de la administración pública, ha permitido que se cierren las brechas entre hombres y mujeres, además de permitir que la pluralidad que compone a una sociedad tan diversa como la mexicana pueda verse reflejada en los puestos de toma de decisiones, con esto se fortalece la democracia y la protección de los derechos humanos.

VI. BIBLIOGRAFÍA

ALANIS FIGUEROA, María del Carmen, "Paridad", *Diccionario Electoral,* México, Instituto Interamericano de Derechos Humanos, Tribunal Electoral del Poder Judicial de la Federación, t. II, 2017.

BARATHE, RICHARD, *5 razones por las cuales la paridad es clave para las democracias de América Latina,* s.l., ONU Mujeres América Latina y el Caribe, 2019. Disponible en: https://lac.unwomen.org/es/noticias-y-eventos/articulos/2019/1/5-razones-para-la-paridad-en-las-democracias

CÁRDENAS GRACIA, Jaime F., *Partidos políticos y democracia,* México, Instituto Nacional Electoral, 2015 (Cuadernos de divulgación de la cultura democrática, 8).

COBO, Rosa, "Democracia paritaria y sujeto político feminista", *Anales de la Catedra Francisco Suárez,* N° 36, 2002. Disponible en: http://portales.te.gob.mx/genero/sites/default/files/Democracia%20Paritaria%20Rosa%20Cobo_0.pdf.

Consejo General INE, Resolución INE/CG1307/2018, 12 de septiembre de 2018. Disponible en: https://repositoriodocumental.ine.mx/pdfjs-flipbook/

web/viewer.html?file=/xmlui/bitstream/handle/123456789/98353/CGex201809-12-rp-unico.pdf?sequence=1&isAllowed=y

Constitución Política de los Estados Unidos Mexicanos, https://www.diputados.gob.mx/LeyesBiblio/pdf/CPEUM.pdf

CRUZ GUERRERO, Yunuel Patricia, "Índice de efectividad de la cuota de género Un aporte para la armonización de los derechos político-electorales de las mujeres", *Ética Judicial e Igualdad de Género,* México, SCJN, 2014.

FERRAJOLI, Luigi, *Derechos y garantías; la ley del más débil,* 4 ed., España, Trotta, 2004.

FERREYRA, Marta, *Paridad un nuevo paradigma para la acción política de las mujeres,* México, Instituto de Liderazgo Simone de Beauvoir, 2015.

FREIDENBER, Flavia y Erika Estrada, "Paridad + Democracia Interna = +Democracia, México" en *Revista Voz y Voto,* núm. 260, octubre 2014.

LANDMAN, Todd (ed.), *Evaluar la calidad de la democracia Una introducción al marco de trabajo de IDEA Internacional,* Suecia, Instituto Internacional para la Democracia y la Asistencia Electoral, 2009.

Naciones Unidas, "*The World's Women 2000: Trends and Statistics. Social Statistics and Indicators,*" *Series k,* Núm. 16, New York, División de Estadística. Departamento de Asuntos Económicos y Sociales, Naciones Unidas, 2000 en Fondo de Población de las Naciones Unidas, *Estado de la Población Mundial 2000. Vivir juntos en Mundos Separados,* s.l., Fondo de Población de las Naciones Unidas, s,f., Disponible en: https://www.unfpa.org/sites/default/files/pub-pdf/swp2000_esp.pdf

ORTIZ, Adriana y SCHERER, Clara, *Contigo aprendí Una lección de democracia gracias a la sentencia 12624,* México, Tribunal Electoral del Poder Judicial de la Federación, 2015.

REY MARTÍNEZ, Fernando, *El derecho fundamental a no ser discriminado por razón de sexo,* México, Consejo Nacional para prevenir la discriminación, 2005, p. 56.

TORRES GARCÍA, Isabel, "Promoviendo la igualdad: cuotas y paridad en América Latina" en *Revista de Derecho Electoral Tribunal Supremo de Elecciones,* Núm. 14, Julio-diciembre 2012, pp. 1-13.

Capítulo XII. Acercamiento al federalismo y constitucionalismo chiapaneco desde un enfoque intercultural

APPROACH TO FEDERALISM AND CHIAPANECEAN CONSTITUTIONALISM FROM AN INTERCULTURAL APPROACH

MANUEL GUSTAVO OCAMPO MUÑOA[1]
JORGE ALBERTO PASCACIO BRINGAS[2]

SUMARIO: I. INTRODUCCIÓN; II. DESARROLLO HISTÓRICO DEL RECONOCIMIENTO DE LOS DERECHOS COLECTIVOS A LOS PUEBLOS ORIGINARIOS DEL ESTADO DE CHIAPAS; III. CONCLUSIONES; IV REFERENCIAS

Resumen

El documento aborda el federalismo y el constitucionalismo en Chiapas desde una perspectiva intercultural, enfocándose en la protección de los derechos colectivos de los pueblos originarios de la región. Se examina la evolución histórica de estos derechos, incluyendo su reconocimiento en las constitu-

1 Profesor Investigador del Instituto de Investigaciones Jurídicas de la Universidad Autónoma de Chiapas, integrante del sistema nacional de investigadoras e investigadores del CONAHCyT.

2 Director del Instituto de Investigaciones Jurídicas de la Universidad Autónoma de Chiapas.

ciones, el Convenio 169 de la OIT, y el concepto de nación multiétnica. El análisis destaca la necesidad de adaptar el sistema de justicia para que sea más inclusivo y respetuoso de las particularidades culturales, enfatizando el debido proceso penal intercultural. También se discuten las dificultades que enfrentan los pueblos indígenas en el acceso a la justicia, como la falta de traductores y la discriminación. El texto aboga por un enfoque que no solo reconozca la multiculturalidad, sino que también fomente un diálogo intercultural que respete las diferencias y promueva la igualdad.

Palabras Clave: Federalismo; Constitucionalismo; Interculturalidad; Pueblos originarios; Pluralismo jurídico

Abstrac

The document addresses federalism and constitutionalism in Chiapas from an intercultural perspective, focusing on the protection of the collective rights of the native peoples of the region. The historical evolution of these rights is examined, including their recognition in constitutions, ILO Convention 169, and the concept of the multiethnic nation. The analysis highlights the need to adapt the justice system to be more inclusive and respectful of cultural particularities, emphasizing intercultural criminal due process. The difficulties that indigenous peoples face in accessing justice, such as the lack of translators and discrimination, are also discussed. The text advocates an approach that not only recognizes multiculturalism, but also encourages intercultural dialogue that respects differences and promotes equality.

Keywords: Federalism; Constitutionalism; Interculturality; indigenous peoples; Legal pluralism

I. INTRODUCCIÓN

En Chiapas el tema de la interculturalidad, generalmente es asociado con la defensa de los derechos individuales y colectivos de los pueblos originarios, lo cual no es extraño, si tomamos en consideración que existen 1,459,648 personas mayores de 3 años de edad que hablan alguna lengua indígena,[3] sin embargo existen otros grupos vulnerables que requieren atención y reclaman espacios.

El Estado Mexicano, tradicionalmente se ha referido a estos grupos como vulnerables en el sentido que la Ley de Asistencia Social da a quienes en estado de necesidad, indefensión, desventaja física y mental, las cuales requieren su incorporación a una vida plena y productiva; estableciendo además que la asistencia social comprende acciones de promoción, previsión, prevención, protección y rehabilitación.[4]

En dicho ordenamiento legal se consideran como sujetos preferentes de ese derecho a la asistencia social a los denominados indígenas migrantes, desplazados o en situación vulnerable,[5] es decir debemos entender que las políticas públicas del Estado Mexicano están obligadas a privilegiar a todos los pueblos originarios, puesto que estas comunidades por situación geográfica, económica, social, cultural, económica, educativa, por mencionar algunas causas, se encuentran en estado de necesidad y no tienen acceso a esa vida plena y productiva que refiere la citada ley. Desde el constitucionalismo y el federalismo, estudiar el debido proceso penal como derecho fundamental de contenido intercultural en Chiapas, implica el análisis de la lucha de sus pueblos originarios por el reconocimiento por parte del Estado de las prerrogativas elementales.

Cabe aquí recordar que el derecho al debido proceso legal fue concebido en el seno del Estado Nacional cuyas más importantes características son la existencia de un territorio para un pueblo

---

3 Instituto Nacional de Estadística y Geografía, INEGI, *diversidad*, México, 2020, https://cuentame.inegi.org.mx/monografias/informacion/chis/poblacion/diversidad.aspx?tema=me&e=07#:~:text=En%20Chiapas%20hay%201%2C459%2C648%20personas,que%20hablan%20alguna%20lengua%20ind%C3%ADgena.&text=66%2C092-,FUENTE%3A%20INEGI.,de%20Poblaci%C3%B3n%20y%20Vivienda%202020.

4 Congreso de la Unión, Ley de Asistencia Social, Artículo 3

5 Congreso de la Unión, Ley de Asistencia Social, Artículo 4

con una lengua; y la lucha por el reconocimiento de los pueblos originarios destruye esa idea, pues abraza en un primer momento al multiculturalismo; más tarde con la interculturalidad, surge un nuevo concepto de igualdad, basado en el respeto a las diferencias.

En Chiapas como en Latinoamérica la evolución de la afirmación de los derechos de sus pueblos originarios, pasa, por tres ciclos: la introducción en las constituciones de los derechos colectivos que definen la identidad cultural, después la incorporación de las normas del Convenio 169 de la OIT y por último la inclusión del concepto de nación multiétnica que genera el debate sobre el estado Plurinacional introducidos por ejemplo en las Constituciones de Bolivia y Ecuador, ya que la promulgación de estas dos constituciones inaugura una nueva era del constitucionalismo latinoamericano caracterizado por una mayor participación popular y direccionada para la solución de problemas genuinamente latinoamericanos. Entre otras dificultades, la cuestión de la autodeterminación de los pueblos indígenas que involucra el derecho de administrar su propia justicia. De una tolerancia sencilla a una tolerancia calificada, o sea, el reconocimiento. [6]

El debido proceso penal, en esta Entidad Federativa del sureste de México, debe incorporar el dato sociológico entendido no como lo que la ley determina en cada caso, pero lo que del caso erige el derecho para hacer la decisión justa.

Ahora bien, cabe mencionar que las demandas de estos pueblos más relevantes, no se relacionan estrictamente con las transformaciones al sistema penal, y son expresadas no de manera directa por los afectados, ya que existe un fenómeno de mediación o interlocución en el que intervienen las organizaciones de la sociedad civil y los operadores judiciales, que transmiten, en el mejor de los casos, su perspectiva y visión, de lo

---

6 Otfried Höffe. *Derecho Intercultural.* Trad. Rafael Sevilla, Barcelona, Gedisa, 2008, pp. 137.

que consideran es más urgente para los Pueblos y comunidades indígenas. Lo cual es muy valioso y responde muchas veces a la realidad, pero no reemplaza la voz directa de los involucrados.

Un grupo de mediadores importante en Chiapas son los defensores de derechos humanos, en sentido amplio son aquellas personas que por medio de sus acciones intentan garantizar el respeto de los derechos contemplados en la normativa internacional y nacional[7], dichos grupos reclaman en Oaxaca; Guerrero y Chiapas la solución de problemas, que aquejan a sus pueblos originarios, tales como la explotación de recursos naturales, dado que el Estado altera radicalmente su territorio y en ese sentido transforma y afecta su calidad de vida. Si bien las leyes sobre Pueblos indígenas protegen sus derechos y les garantizan intangibilidad de sus recursos, en la práctica, las industrias extractivas, por ejemplo, se han convertido en uno de los actores que más vulneran sus derechos.

El derecho a la consulta, ya que ni en las propias leyes sobre Pueblos indígenas, ni las recientes reformas procesales penales han sido consultadas las comunidades indígenas. Existe un reclamo generalizado de las organizaciones de derechos humanos de que permanecen al margen de cualquier iniciativa.

Obstáculos en el Acceso a la Justicia, en este sentido son múltiples. Se presentan por lo general en todos los países latinoamericanos (incluido México), y son característicos de los sistemas de administración de justicia. Se resumen en la dificultad de las agencias judiciales de "entender y atender" a los indígenas que acuden en busca de ayuda. El problema de la lengua se potencia con el racismo imperante, por lo cual la discriminación y el maltrato predominan.

Falta de traductores y/o intérpretes calificados, y sobre todo la inexistencia de un sistema que los incorpore al presupuesto anual

---

7 Ramírez, Silvina, *La protección de los derechos de los Pueblos indígenas a través de un nuevo sistema de justicia penal Estados de Oaxaca, Chiapas, Guerrero,* Fundación para el Debido Proceso, México 2012.

previsto para la administración de justicia, y por consiguiente, que su tarea sea remunerada. La falta de recursos económicos se complejiza con una dificultad adicional: las variantes lingüísticas en las lenguas. En ese sentido, no sólo es preciso contar con el soporte económico, sino considerar que es prácticamente imposible disponer de traductores para todas las lenguas y las variantes lingüísticas existentes.

La aplicación de medidas cautelares como la prisión preventiva, que de por sí constituye un castigo ajeno a la cosmovisión indígena, se agrava cuando se impone en procesos que son lentos e ineficientes, y cuando éste se produce alejado de sus comunidades y por ende a una distancia considerable de la familia. Lo que provoca desarraigo, abandono y soledad, desatención, etcétera.

La falta de fortalecimiento del derecho propio de los pueblos originarios, no sólo por la importancia de que administren justicia de acuerdo a sus propias pautas, sino porque el derecho a ejercer su propio derecho forma parte de la recuperación de la institucionalidad y de la consolidación de rasgos relevantes como Pueblos. En ese sentido, a la par que se deben prever mecanismos de respeto a sus derechos en la justicia ordinaria, debe profundizarse el respeto a sus propios sistemas normativos.

Necesidad de capacitación e Información a los operadores judiciales sobre el nuevo sistema de administración de justicia que transforme radicalmente los modos de gestionar la conflictividad.

Visto lo anterior, la particularidad más relevante en la búsqueda de un debido proceso penal intercultural en Chiapas es el reto que tiene la interculturalidad misma, puesto que este enfoque, no trata de reconocer la existencia de un simple mosaico de culturas, más bien trata de un dialogo, de una renuncia, de un esfuerzo en ver al otro como igual[8], la sociedad Chiapaneca es

---

8 Esteban Guitart Moisés, "Identidades Interculturales" en Vila Toni (comp), *Lengua, interculturalidad e identidad*, Girona, España, Documenta Universitaria, Universidad de Girona, 2007, pp. 71-91

compleja y se encuentra en un proceso de aceptación todavía de la multiculturalidad por lo que tal parece que el pluralismo jurídico está en una etapa embrionaria.

II. DESARROLLO HISTÓRICO DEL RECONOCIMIENTO DE LOS DERECHOS COLECTIVOS A LOS PUEBLOS ORIGINARIOS DEL ESTADO DE CHIAPAS.

Si partimos del supuesto que en Chiapas los pueblos originarios representan el principal indicador de la idea de interculturalidad y que comúnmente esto se asocia con indigenismo de manera inconsciente, aunado que a raíz del movimiento zapatista de 1994 Chiapas se convirtió en un foco rojo no solo en México sino en América Latina en el tema del reconocimiento de los derechos de los pueblos originarios, se justifica la necesidad de la creación de instrumentos jurídicos que tengan la pretensión de dar solución a las demandas de estas comunidades, no obstante históricamente, ese esfuerzo no ha sido suficiente, ya que la discriminación que sufren los llamados despectivamente indígenas de Chiapas subsiste hasta nuestros días, aun y cuando las Constituciones Políticas Federal y Local la prohíben, esto parece letra muerta, pues los mecanismos de defensa y antes que nada el reconocimiento de los derechos de los pueblos originarios en la vida real carecen de aplicación o es casi nula.

A continuación, analizaremos brevemente los ordenamientos jurídicos que consideramos relevantes, generados en Chiapas, como producto de la lucha de estos pueblos, que se traduce en espacios ganados al gobierno en el reconocimiento de su individualidad y el respeto a sus diferencias. Partimos de los acuerdos de San Andrés Larrainzar firmados el 16 de febrero de 1996 entre el Gobierno Mexicano y el Ejercito Zapatista de Liberación Nacional con los que concluyó una etapa del movimiento zapatista, incluyendo, desde luego, la ley de derechos y cultura indígenas y por último la Constitución Política de

Chiapas vigente que transcribe los objetivos de desarrollo del milenio de la Organización de las Naciones Unidas.

Los Acuerdos de San Andrés que se firmaron el 16 de febrero de 1996 entre el Ejército Zapatista de Liberación Nacional (EZLN) y el Gobierno Federal, constituyen compromisos entre ambas partes para transformar la relación entre los Pueblos Originarios, la sociedad y el Estado. Estas propuestas, conjuntas, se enviarían a las cámaras legislativas para que se convirtieran en Reformas Constitucionales. Es decir, el gobierno se comprometió a consultar con el EZLN su propuesta de Reformas, por eso se habla de propuestas conjuntas. El objetivo central de estos acuerdos era terminar con la relación de subordinación, desigualdad, discriminación, pobreza, explotación y exclusión política de los pueblos y comunidades.

Con esa finalidad, se planteó un nuevo marco jurídico que contemplara el reconocimiento en la Constitución de los derechos de los pueblos originarios, no sólo derechos individuales, de personas, sino derechos colectivos, de pueblos (sean tzeltales, purépechas, nahuas, tarahumaras, huicholes, mixtecos o de cualquier otro pueblo indio que habite dentro del territorio nacional)[9]. Los derechos por reconocer serían los siguientes:

- Políticos, expresados especialmente en el reconocimiento de los gobiernos propios, y de las formas propias de elección de sus autoridades
- Jurídicos, para poder ejercer sus sistemas normativos internos, sus formas de elegir a sus propias autoridades, sus formas de impartir justicia, reparar las faltas y decidir en materia de conflictos internos.
- Sociales, para decidir sus propias formas de organización social.

[9] Información obtenida de la página web del centro de documentación sobre zapatismo, http://www.cedoz.org

- Económicos: para decidir su propia organización para el trabajo, para el disfrute de sus propios recursos y para que se impulse la producción y el empleo y la satisfacción de las necesidades propias de los pueblos indios.
- Culturales: para garantizar la cultura propia de los pueblos indígenas.
- El gobierno y el EZLN para alcanzar, el citado reconocimiento suscribieron además, compromisos y propuestas que de manera conjunta deberían a la brevedad impulsar, pero que implicaban sobretodo actividad estatal, tales como: Reconocimiento de los pueblos indígenas en la Constitución y su derecho a la libre determinación en un marco constitucional de autonomía. Y ampliar la participación y representación política, el reconocimiento de sus derechos políticos, económicos, sociales y culturales.
- Garantizar el pleno acceso de los pueblos indios a la justicia del Estado, a la jurisdicción del Estado y el reconocimiento de los sistemas normativos internos de los pueblos indios.
- Promover las manifestaciones culturales de los pueblos indígenas.
- Asegurar la educación y la capacitación y aprovechar y respetar sus saberes tradicionales.
- Satisfacer sus necesidades básicas.
- Impulsar la producción y el empleo.
- Proteger a los indígenas migrantes.
- Esta nueva relación necesitaba de una profunda reforma del Estado, un nuevo pacto social en el que se respetase la autonomía de los pueblos originarios. Para que haya este respeto, toda acción, programa o proyecto de desarrollo que el Estado impulsase debía garantizar la participación activa de estos pueblos, y como tal basarse en los siguientes principios:

- o Libre determinación y autonomía: El Estado no podrá realizar acciones unilaterales y deberá respetar los planteamientos y previsiones de los pueblos, las comunidades y organizaciones indígenas.
- o Participación: Los pueblos y las comunidades deberán ser sujetos activos en el diseño, la planeación, ejecución y evaluación de los programas y proyectos que se decidan, junto con el gobierno.
- o Pluralismo: Este principio busca que se respete la diversidad de todos los indígenas del país. Que no exista más discriminación contra nadie.
- o Integralidad: Esto quiere decir que los programas y acciones del gobierno tienen que abarcar los problemas completos y no intentar resolver sólo parte de ellos. Se busca que los problemas que tienen relación se resuelvan juntos.
- o Sustentabilidad: Es importante que los proyectos y programas no dañen el medio ambiente ni los recursos de los pueblos indios. Se busca con esto que se respete la naturaleza y la cultura de los pueblos indígenas.
- o El contenido de estos acuerdos debía ser trasladado al Congreso para su discusión, a fin de reformar la Constitución generando un nuevo marco jurídico que plasmase estas relaciones, lo cual nunca ocurrió. Los acuerdos fueron incumplidos, a pesar de que surgieron a raíz del levantamiento del Ejército Zapatista en 1994, y que produjeron un alto impacto no sólo en Chiapas, sino en todo el Estado mexicano y en América Latina. Deshonrar los compromisos sellados luego de una amplia consulta, como lo expresa Silvina Ramírez, es una muestra más de la traumática e histórica relación entre Pueblos y

> comunidades indígenas y el Estado mexicano.[10] Estos acuerdos, sin duda constituyen un buen intento de inclusión en el derecho positivo Mexicano del pluralismo jurídico, o en otras palabras, hoy día sirven de parámetro para establecer el mínimo de derechos que deben ser reconocidos por el orden jurídico para ser intercultural, pues nacen del seno mismo de las comunidades y pueblos originarios de Chiapas y lógicamente la institución jurídica del derecho al debido proceso penal requiere tomar en consideración esta nueva forma de ver el derecho, misma que rompe con los moldes de lo tradicional y lo despoja de su influencia occidental adecuándolo a la realidad Chiapaneca, pues nace del dialogo entre las diversas culturas basado en el respeto a las diferencias.

La Ley de Derechos y Cultura Indígenas del Estado de Chiapas entra en vigor a finales del mes de julio de 1999 y es un intento por dar respuesta a los acuerdos de San Andrés, al menos en el ámbito local, su última reforma trascendental es del mes de noviembre del año 2014 con la finalidad de adecuarla a las reforma y adiciones sufridas por la Constitución Política del Estado libre y soberano de Chiapas.

Esta Ley reconoce y protege a las autoridades tradicionales de las comunidades indígenas, nombradas por consenso de sus integrantes y conforme a sus propias costumbres[11]. Las autoridades tradicionales, quienes ancestralmente han aplicado los usos, costumbres y tradiciones de sus comunidades en la solución de conflictos internos, serán auxiliares de la administración de

---

10 Ramírez, Silvina, *La protección de los derechos de los Pueblos indígenas a través de un nuevo sistema de justicia penal Estados de Oaxaca, Chiapas, Guerrero,* Fundación para el Debido Proceso, México 2012.

11 Congreso del Estado de Chiapas, Ley de Derechos y Cultura Indígenas del Estado de Chiapas, Artículo 6, disponible en http://www.poderjudicialchiapas.gob.mx

justicia y sus opiniones serán tomadas en cuenta en los términos de la legislación procesal respectiva para la resolución de las controversias que se sometan a la jurisdicción de los Juzgados de Paz y Conciliación Indígenas, sin embargo se debe precisar que las resoluciones de las autoridades tradicionales son "opiniones consultivas" sin valor jurídico obligatorio.

El capítulo II está dedicado al tema de la jurisdicción. Entre otros aspectos, destaca que al aplicar la justicia ordinaria a un indígena deberán tenerse presentes sus características económicas, sociales y culturales; se establecerá la sustitución, en lo posible, de la pena privativa de la libertad; y se reconoce el derecho del indígena a que se le designe un traductor y defensor que conozca su cultura.

Se considera que los usos, costumbres y tradiciones ancestrales de las comunidades indígenas constituyen la base fundamental para la resolución de sus controversias, y en el ámbito penal en Chiapas, de acuerdo a la ley de Derechos y Cultura Indígenas del Estado, las comunidades indígenas se distinguen por características y particularidades propias, cuyas reglas tradicionales se deben respetar y tendrán aplicación dentro de los límites de su hábitat, siempre que no constituyan violaciones a los derechos humanos[12]

Se encomienda al Supremo Tribunal de Justicia del Estado de Chiapas, establecer Juzgados de Paz y Conciliación Indígenas en los municipios o comunidades con población indígena que por sus características lo requieran. La competencia jurisdiccional de dichos Juzgados será la establecida en los códigos de la materia y su procedimiento se regirá por los principios de oralidad, conciliación, inmediatez, sencillez y pronta resolución[13].

---

12 Congreso del Estado de Chiapas, Ley de Derechos y Cultura Indígenas del Estado de Chiapas, Artículo 11, disponible en http://www.poderjudicialchiapas.gob.mx

13 Congreso del Estado de Chiapas, Ley de Derechos y Cultura Indígenas del Estado de Chiapas, Artículo 12, disponible en http://www.poderjudicialchiapas.gob.mx

En materia penal, los Jueces de Paz y Conciliación Indígenas podrán aplicar las sanciones conforme a los usos, costumbres y tradiciones de las comunidades indígenas donde ocurra el juzgamiento, en tanto no se violen los derechos fundamentales que consagra la Constitución General de la República, ni se atente contra los derechos humanos[14]

Ahora bien, hay que aclarar que los órdenes normativos de los pueblos originarios, no siempre son ancestrales y como producto de una sociedad, las normas, usos y costumbres han evolucionado e incluso se han construido con la influencia de culturas externas.

Una observación importante es que en los artículos 12, 13 y 14 de la ley de derechos y cultura indígena del estado de Chiapas que, como se dijo establecen los juzgados de paz y conciliación indígenas, se permite su creación pero sólo en los municipios o comunidades con población indígena que lo "requieran". Resulta interesante además que se adapta a los trabajos en beneficio de la comunidad como pena sustitutiva de la privación de la libertad, tratándose de delitos que no sean considerados como graves por las leyes vigentes siempre que se haya cubierto el pago de la reparación del daño y la multa, en su caso, y que el beneficio sea solicitado por el sentenciado y por las autoridades tradicionales de la comunidad a la que pertenece, sin sujeción al tiempo de la pena impuesta, ni al otorgamiento de caución. En estos casos, las autoridades tradicionales del lugar tendrán la custodia del indígena sentenciado por el tiempo que duren los trabajos comunitarios.[15]

---

14 Congreso del Estado de Chiapas ,Ley de Derechos y Cultura Indígenas del Estado de Chiapas, Artículo 13, disponible en http://www.poderjudicialchiapas.gob.mx

15 Congreso del Estado de Chiapas ,Ley de Derechos y Cultura Indígenas del Estado de Chiapas, Artículo 16 disponible en http://www.poderjudicialchiapas.gob.mx

El capítulo III se refiere a la defensoría de oficio indígena[16], como la institución obligada a instrumentar programas para capacitar a defensores de oficio bilingües, a fin de mejorar el servicio de defensa jurídica que estos proporcionan, así como también se le faculta para tomar las medidas necesarias a fin de crear un cuerpo suficiente de traductores preferentemente indígenas, que intervenga en todas las instancias de procuración y administración de justicia, en las que exista interés jurídico de miembros de las comunidades indígenas.

Cabe mencionar que pese a estas disposiciones en Chiapas hasta el día de hoy no se ha creado ese instituto de defensoría especializada en materia de pueblos originarios, y el Poder Judicial se limita a establecer en el artículo 6 fracción IV de la Ley de la Defensoría pública del Estado que tratándose de miembros pertenecientes a comunidades indígenas, se procurará que para la defensa jurídica los defensores públicos tengan conocimientos en su lengua y cultura; o bien, sean asistidos por interpretes con dichos conocimientos, señalando además que lo mismo aplicará para los servicios de orientación y asesoría jurídica.[17]

Lo anterior deja de manifiesto la falta de sensibilidad por parte de las autoridades y que esta Ley de Derechos y Cultura Indígenas del Estado de Chiapas, es simplemente un complemento de la Constitución tanto federal como estatal, que lejos de garantizar derechos y una calidad de vida mejor para los pueblos y comunidades originarias complica más el acceso a la justicia.

---

16 Congreso del Estado de Chiapas Ley de Derechos y Cultura Indígenas del Estado de Chiapas, disponible en http://www.poderjudicialchiapas.gob.mx, Artículos 30 y 31

17 Congreso del Estado de Chiapas, Ley De La Defensoría Pública Del Estado De Chiapas, artículo 6 disponible en http://www.poderjudicialchiapas.gob.mx/forms/archivos/1d13ley-de-la-defensoria-publica-del-estado-de-chiapas.pdf

Otro ordenamiento central es la Constitución Política del Estado Libre y Soberano de Chiapas (Decreto 263 de fecha 26 de junio de 2011); cabe señalar que el Estado de Chiapas ha sido regido por siete constituciones políticas de los años 1826, 1858, 1894, 1921, 1973, 1982 y la del 2011 que corresponde al decreto número 263 en el que se promulgan reformas y adiciones, vigente hasta la fecha.

Desde el Primer Congreso Constituyente de Chiapas que se instaló en Ciudad Real el 5 de enero de 1825 y expidió la primera Constitución Política del Estado Libre y Soberano de Chiapas el 19 de noviembre del mismo año, misma que fue promulgada el 9 de febrero de 1826 hasta la Constitución política del 2011 expedida el 26 de junio del 2011 por el constituyente permanente de la Sexagésima Cuarta Legislatura del Congreso del Estado y promulgada al día siguiente, mediante un simple decreto por el que se reformaron diversas disposiciones constitucionales, lo que demuestra la carencia de técnica legislativa y desconocimiento del Derecho constitucional por parte de dichos Legisladores, pues no hacen mención en el citado decreto de los párrafos o artículos que se reformaron, derogaron o se recorrieron, dándole un nuevo orden a los preceptos ya establecidos; han ocurrido eventos que determinan los contenidos de estos Códigos Políticos, por ejemplo uno de los temas centrales es la protección de los derechos humanos de manera general y en particular el reconocimiento de algunos derechos individuales y colectivos de los pueblos originarios.

La llamada "Constitución Política del Estado de Chiapas, Siglo XXI", está dividida en 15 títulos, 24 capítulos, 96 artículos y dos transitorios, y entró en vigor el 28 de junio del 2011; siendo de lo destacado el abordaje e inclusión de los objetivos del milenio de la Organización de las Naciones Unidas (ONU) en materia de Derechos Humanos en su texto, pues prácticamente se hizo una transcripción de los mismos, por lo que en el estado de Chiapas toda persona gozará de las garantías individuales y sociales que señalan la Carta Magna y los Derechos Humanos reconocidos por la Organización de las Naciones Unidas.

Se establece la obligación de enseñar los Derechos Humanos contenidos en esta Constitución y en la Declaración Universal de los Derechos Humanos de la ONU. Los poderes del Estado y los ayuntamientos, en la esfera de su competencia, deberán establecer e implementar políticas públicas con el fin de lograr los Objetivos de Desarrollo del Milenio del Programa de la Naciones Unidas para el Desarrollo, con el objeto de erradicar la pobreza extrema, elevar el índice de desarrollo humano y calidad de vida de los habitantes del estado y los municipios que lo integran.[18]

Cabe señalar que el 25 de julio del mismo 2011 se publicaron las primeras reformas de esta nueva Constitución, pues como se dijo, el decreto fue elaborado con faltas de técnica legislativa.

La incorporación de los mencionados objetivos del milenio en la Constitución Política de Chiapas, sin duda alguna, que genera un ambiente propicio para que el derecho al debido proceso penal tenga un contenido intercultural, que responda a las necesidades de todos los grupos vulnerables y en especial de los pueblos originarios, situación que en los considerandos del Decreto 263 de la Sexagésima Cuarta Legislatura Constitucional del Honorable Congreso del Estado Libre y Soberano de Chiapas[19], se advierte cuando se justifica la inclusión de dichos objetivos, en la búsqueda constante de mejores condiciones de vida de los habitantes y de garantizar el estado de derecho que a estos corresponde, es decir busca el respeto a las diferencias, por ello se da vida a una Institución indispensable: El Consejo Estatal de los Derechos Humanos.

Dicho organismo autónomo, tendría como objetivo la protección de esos Derechos de las y los Chiapanecos, inclusive de los

---

18 Congreso del Estado de Chiapas ,Constitución Política del Estado Libre y Soberano de Chiapas, Artículo 77, disponible en http://www.consejeriajuridica.chiapas.gob.mx.

19 Considerandos del Decreto 263 de la Sexagésima Cuarta Legislatura Constitucional del Honorable Congreso del Estado Libre y Soberano de Chiapas, disponible en http//www.consejeriajuridica.chiapas.gob.mx

inmigrantes durante su estancia en territorio chiapaneco; pues el Estado considera que la libertad, la justicia y la paz en el mundo tienen como base el reconocimiento de la dignidad intrínseca de los derechos inalienables de todo ser humano, proclamados como la aspiración más elevada del hombre, por lo que se establece constitucionalmente, los derechos consagrados en la Declaración Universal de los Derechos Humanos con la finalidad de garantizar a los individuos dignidad, libertad e igualdad.[20]

El Consejo se conformaría por cinco integrantes, y en la normativa se estableció que entre los procedimientos para la designación de los Consejeros/as, se encontraban la elección popular regulado por el Instituto de Elecciones y Participación Ciudadana; la designación directa por instancias de educación pública; la elección mediante convocatoria, por parte del Honorable Congreso del Estado; la designación por parte de los organismos de derechos humanos, y la elección por las autoridades tradicionales de las comunidades indígenas señaladas en la Constitución Política del Estado de Chiapas, lo que volvió bastante atractivo ese modelo de Consejo, pues se advertía un proceso democrático en la designación de sus integrantes con miras a garantizar su autonomía en el ejercicio de sus funciones, sin embargo en la práctica los primeros consejeros designados después de la reforma constitucional eran militantes o ex militantes de partidos políticos e incluso ex funcionarios públicos ligados con violaciones a derechos humanos.

Por lo anterior y a decir de la Administración Pública Estatal con el fin de armonizar las reformas constitucionales federales en materia de derechos humanos a nuestro sistema jurídico estatal, el 16 de agosto del año 2013, se reformaron diversas disposiciones de la Constitución Política del Estado, para crear

---

[20] Congreso del Estado de Chiapas,Constitución Política del Estado Libre y Soberano de Chiapas, Artículo 3, disponible en http://www.consejeriajuridica.chiapas.gob.mx.

la Comisión Estatal de los Derechos Humanos, con el objeto de la defensa, promoción, respeto, estudio y divulgación de los derechos humanos reconocidos en el orden jurídico mexicano y en los instrumentos internacionales ratificados por el Estado Mexicano, esto en remplazo del Consejo Estatal de los Derechos Humanos y para estandarizar a Chiapas de conformidad con las estructuras que tienen los organismos públicos de derechos humanos de las demás entidades federativas, así como del organismo Nacional, de tal manera que su nuevo diseño orgánico responda de manera eficaz las necesidades de la sociedad.

Esta nueva Comisión acorde a las condiciones históricas, sociales, étnicas y culturales, tendrá facultades para mediar ante casos de tensión social, así como combatir toda conducta discriminatoria y excluyente, no sólo a través de recomendaciones e informes sino también promoviendo acciones positivas y coadyuvando en iniciativas de políticas públicas al respecto.[21]

El cambio de Consejo a Comisión de Derechos Humanos, lejos de armonizar constituye un retroceso en la búsqueda de protección de estos Derechos, pues históricamente en Chiapas ha quedado demostrado que como Comisión no ha colaborado en nada al respeto y promoción, tan es así que los casos de la denominada matanza de Acteal y las expulsiones de evangélicos de Chamula, hallaron apoyo únicamente en Organismos no gubernamentales de defensa de derechos humanos. Lo que era una institución de avanzada o vanguardista se convierte en una de tantas Comisiones creadas por el Estado Mexicano para legitimar su defensa de los derechos fundamentales.

En la Constitución Chiapaneca vigente, se pueden identificar también de manera clara, un conjunto de artículos que reconocen

---

21 Congreso del Estado de Chiapas, Ley de la Comisión Estatal de los Derechos Humanos, considerandos, disponible en http://www.cedh-chiapas.org/transparencia/LEY-CEDH.pdf.

algunos derechos a los Pueblos originarios. En el Capítulo IV, verbigracia, denominado de los Pueblos indígenas, integrado por un solo artículo, se hace énfasis en que el Estado de Chiapas, la población es pluricultural y se reconoce la existencia de manera concreta dentro de su territorio de los pueblos Tzeltal, Tzotzil, Chol, Zoque, Tojolabal, Mame, Kakchiquel, Lacandón, Mocho, Jacalteco, Chuj y Kanjobal, pero además extiende su protección a los derechos de los indígenas que por cualquier circunstancia se encuentren asentados dentro del territorio del Estado y que pertenezcan a otros pueblos indígenas, comprometiéndose a preservar y promover dentro del marco de las garantías individuales y los derechos humanos, el desarrollo de la cultura, lenguas, usos, costumbres, tradiciones, sistemas normativos y formas de organización social, política y económica de las comunidades indígenas.[22]

Además en los temas relacionados con el acceso a la justicia, a los servicios de salud y a la educación bilingüe de igual manera el Estado se compromete a garantizarlos plenamente, con perspectiva de género, equidad y no discriminación.

En materia del debido proceso penal con enfoque intercultural, el Estado de Chiapas, al menos en el texto constitucional, garantiza que en todo procedimiento o juicio en el que una de las partes sea indígena, se tomará en consideración su cultura, usos, costumbres y tradiciones; tendrán el derecho a que se les designe un traductor y un defensor que hablen su lengua y conozcan su cultura. En el caso de los municipios con población de mayoría indígena, el trámite y resolución de las controversias entre personas pertenecientes a comunidades indígenas, será conforme a sus usos, costumbres, tradiciones, sistemas normativos y valores culturales, y con la participación de sus autoridades tradicionales, debiendo salvaguardarse los derechos fundamen-

---

22 Congreso del Estado de Chiapas,Constitución Política del Estado Libre y Soberano de Chiapas, Artículo 7, disponible en http://www.consejeriajuridica.chiapas.gob.mx.

tales que consagra la Constitución General de la República y el respeto a los derechos humanos.

Se prohíbe toda forma de discriminación de origen étnico o por razón de lengua, sexo, religión, costumbre, o condición social. La contravención a esta disposición será sancionada en los términos de la legislación penal vigente.

Las personas que pertenezcan a un pueblo originario deberán compurgar sus penas, preferentemente en los establecimientos más próximos a sus comunidades, a fin de propiciar su reintegración a éstas, como parte de su readaptación social.

La Constitución introduce también cláusulas específicas sobre la administración de Justicia en materia penal con cierto enfoque intercultural, como la creación de dos fiscalías especializadas, dependientes de la Procuraduría General de Justicia del Estado, una en Atención a Grupos Sensibles, Vulnerables y en contra de la Discriminación y una segunda en justicia indígena;[23] así como el establecimiento de la Comisión de Atención a los Derechos Humanos de los Pueblos indígenas dependiente del Consejo Estatal de Derechos Humanos.[24]

Aunado a lo anterior en el capítulo II del título VIII dedicado al Tribunal Superior de Justicia del Estado, aparecen dentro de su integración los Juzgados de paz y Conciliación Indígena,[25] que constituyen una nueva forma de impartir justicia, sin embargo esta figura jurídica requiere de mayor independencia en la toma

---

23 Congreso del Estado de Chiapas,Constitución Política del Estado Libre y Soberano de Chiapas, Artículo 50, disponible en http://www.consejeriajuridica.chiapas.gob.mx.

24 Congreso del Estado de Chiapas,Constitución Política del Estado Libre y Soberano de Chiapas, Artículo 55 disponible en http://www.consejeriajuridica.chiapas.gob.mx.

25 Congreso del Estado de Chiapas,Constitución Política del Estado Libre y Soberano de Chiapas, Artículo 57 disponible en http://www.consejeriajuridica.chiapas.gob.mx.

de decisiones, pues las resoluciones de este tipo de jueces de paz y conciliación indígena deben fundarse y motivarse no solo en el derecho positivo sino interactuar con las normas de cada comunidad, es decir considerar la cosmovisión de cada pueblo originario para ser congruentes con la realidad.

El Consejo de la Judicatura del Poder Judicial del Estado de Chiapas es el encargado de nombrar a estos Jueces a propuesta de los Ayuntamientos, tomando en consideración su calidad de conciliadores reconocida por el Centro de Justicia Alternativa del Poder Judicial del Estado, así como su correspondiente acreditación por el órgano encargado de la Carrera Judicial y demás normatividad que para tal efecto contemple el Código de Organización del Poder Judicial del Estado,[26] procedimiento de selección que no es congruente con el respeto a las diferencias y por tanto no garantiza el debido proceso intercultural, ya que al ser los ayuntamientos quienes proponen, muy probablemente la persona designada guarde relación política con las autoridades municipales y no cuente con los saberes diversos que se requieren, es decir, no solo debe ser hablante de una legua originaria sino alguien con capacidad conciliadora pero no a los ojos de instituciones producto del derecho tradicional u occidental como los encargados de centros alternativos de justicia sino por la comunidad misma.

III. CONCLUSIONES

La implementación de un debido proceso penal intercultural en Chiapas enfrenta múltiples retos, entre ellos la necesidad de fortalecer el derecho propio de los pueblos originarios y garantizar un acceso a la justicia que respete sus normas y cos-

---

26 Congreso del Estado de Chiapas , Constitución Política del Estado Libre y Soberano de Chiapas, Artículo 62, disponible en http://www.consejeriajuridica.chiapas.gob.mx.

movisiones. Además, se subraya que la sociedad chiapaneca aún está en proceso de aceptación de la multiculturalidad, lo que refleja que el pluralismo jurídico en la región está en una etapa embrionaria. Se destaca la importancia de que las personas designadas para impartir justicia en comunidades indígenas no solo hablen una lengua originaria, sino que también posean un profundo entendimiento de las culturas locales. Se requiere una mayor independencia de los jueces de paz y conciliación indígena en la toma de decisiones, y un proceso de selección que sea congruente con el respeto a las diferencias culturales

IV. REFERENCIAS

Congreso de la Unión, Ley de Asistencia Social, México, Congreso de la Unión, 2024

Congreso del Estado de Chiapas, Constitución Política del Estado Libre y Soberano de Chiapas,

Congreso del Estado de Chiapas, Ley de Derechos y Cultura Indígenas del Estado de Chiapas,

Congreso del Estado de Chiapas Ley De La Defensoría Pública Del Estado De Chiapas, artículo 6 disponible en

Esteban Guitart Moisés, "Identidades Interculturales" en Vila Toni (comp), *Lengua, interculturalidad e identidad*, Girona, España, Documenta Universitaria, Universidad de Girona, 2007

Instituto Nacional de Estadística y Geografía, INEGI, *diversidad*, México, 2020, https://cuentame.inegi.org.mx/monografias/informacion/chis/poblacion/diversidad.aspx?tema=me&e=07#:~:text=En%20Chiapas%20hay%201%2C459%2C648%20personas,que%20hablan%20alguna%20lengua%20ind%C3%ADgena.&text=66%2C092-,FUENTE%3A%20INEGI.,de%20Poblaci%C3%B3n%20y%20Vivienda%202020.

Otfried Höffe. *Derecho Intercultural*. Trad. Rafael Sevilla, Barcelona, Gedisa, 2008

Ramírez, Silvina, *La protección de los derechos de los Pueblos indígenas a través de un nuevo sistema de justicia penal Estados de Oaxaca, Chiapas, Guerrero*, Fundación para el Debido Proceso, México 2012.

Capítulo XIII. Los dilemas de la política criminal del estado mexicano

THE DILEMMA OF THE CRIMINAL POLICY OF THE MEXICAN STATE

ALICIA AZZOLINI[1]

SUMARIO: *I. INTRODUCCIÓN, II. LA CPEUM CONTIENE DIRECTRICES CONTRADICTORIAS DE POLÍTICA CRIMINAL, III. LOS PLANES Y PROGRAMAS DE PAZ Y SEGURIDAD QUE NO SE HAN APLICADO, SINO QUE SE HA OPTADO POR LA MILITARIZACIÓN, IV. LA LEGISLACIÓN SECUNDARIA NO ES CONSECUENTE CON LOS PRINCIPIOS CONSTITUCIONALES GARANTISTAS NI CON LOS PLANES DE GOBIERNO EN PAZ Y SEGURIDAD, V. LA PARTICIPACIÓN CIUDADANA NO GARANTIZA UN MAYOR RESPETO A LOS DERECHOS FUNDAMENTALES, VI. SE PERPETÚAN LOS OLVIDADOS DE SIEMPRE. VII. REFLEXIONES FINALES, MATERIAL DE CONSULTA.*

Resumen

La política criminal de un Estado de derecho guarda relación estrecha con la ingeniería constitucional. En los casos, como México, en los que el diseño constitucional es defectuoso porque contiene disposiciones contradictorias, se favorece la existencia de instituciones, reglas y prácticas contrarias a los derechos humanos. A lo largo del ensayó se analizaron las figuras contradictorias

1 Profesora Investigadora de la UAM Azcapotzalco, Miembro de Número de la Academia Mexicana de Ciencias Penales. Profesora del Instituto Nacional de Ciencias Penales y de la Escuela de la Judicatura Federal. Miembro del Sistema Nacional de Investigadores Nivel I. abab@azc.uam,mx abazzolini@yahoo.com

en el texto constitucional y el impacto negativo en la legislación secundaria y en las practicas institucionales.

Abstract

The criminal policy of a State of law is closely related to constitutional engineering. In cases, such as Mexico, in which the constitutional design is defective because it contains contradictory provisions, the existence of institutions, rules and practices contrary to human rights is favored. Throughout the essay, the contradictory figures in the constitutional text and the negative impact on secondary legislation and institutional practices were analyzed.

Palabras claves: Derechos humanos, Sistema penal, Política criminal, Estado de derecho

Keywords: Human rights, Penal system, Criminal policy, State of law

I. INTRODUCCIÓN

En el marco de la conmemoración de los doscientos años de la federación de Chiapas a México, y ante situaciones de violencia generalizada que se han vivido en este Estado de la República –y en gran parte del país–, es pertinente analizar la política criminal diseñada en la Constitución Política de los Estados Unidos Mexicanos (CPEUM) a la luz de los derechos humanos y de las exigencias del Estado de Derecho.

Una política es una lista de metas o propósitos en orden de prioridad. La política criminal es la política referente al fenómeno delictivo y, como tal, no es más que un capítulo de la política general del estado. Es parte de las políticas públicas. En este contexto "... El concepto de políticas presta atención a lo que de hecho se efectúa y lleva a cabo, más que a lo que se propone y quiere. Las políticas se conforman mediante un conjunto de decisiones, y la elección entre alternativas"[2].

En palabras de Raúl Zaffaroni "la política criminal es resultado de la interdisciplinariedad del derecho penal con la ciencia política y en especial con la ingeniería constitucional"[3].

Las normas constitucionales deben sentar las bases de la actuación penal del Estado en todas sus dimensiones: las actuaciones y decisiones legislativas, judiciales y de las demás instituciones que intervienen en el sistema penal.

En este trabajo, desde una mirada comprometida con los derechos humanos y los principios propios de un sistema penal garantista, se analizan algunos aspectos de la política criminal del Estado mexicano: la legislación y la actuación institucional. Para ello se formulan cinco postulados que se desarrollan de manera muy acotada

II. LA CPEUM CONTIENE DIRECTRICES CONTRADICTORIAS DE POLÍTICA CRIMINAL

La política criminal del Estado mexicano ha de diseñarse necesariamente a partir del marco constitucional de referencia. Al momento actual el reconocimiento de los derechos humanos por la comunidad internacional y la doctrina consecuente con esa línea de pensamiento ha impulsado el concepto de Estado constitucional de derecho. Con independencia de las corrientes dentro del constitucionalismo actual, es posible afirmar que todas ellas coinciden en que la validez de las normas secundarias no reposa únicamente

---

2 Aguilar Astorga y Lima Facio (2009), *¿Qué son y para qué sirven las Políticas Públicas?,* en Contribuciones a las Ciencias Sociales, septiembre, p. 4. www.eumed.net/rev/cccss/05/aalf.htm (18/07/2024) .

3 Zaffaroni, R., Alagia, A., Slokar, A., (2001) *Derecho Penal; Parte General,* México: Porrúa, p,149.

en su forma de creación sino en que sus contenidos sean consecuentes con los principios constitucionales[4]. De ahí la necesidad de adecuar los programas y planes relacionados con la prevención y respuesta al fenómeno delictivo al marco constitucional.

La CPEUM de 1917 diseñó un modelo de Estado democrático, respetuoso de los derechos fundamentales de las personas, entendidos éstos como *todos aquellos "derechos subjetivos" que corresponden universalmente a "todos" los seres humanos en cuanto dotados del status de persona, de ciudadanos o personas con capacidad de obrar*[5]. El texto constitucional reconoce expresamente un conjunto de derechos y libertades a todos los individuos, ello presupone, necesariamente, limitaciones al ejercicio del poder estatal. El *ius puniendi* encuentra sentido y límites infranqueables que se extienden a la legislación secundaria.

El texto vigente de la Constitución contiene, luego de un número significativo de reformas, las bases fundamentales del sistema penal y el programa de actuación penal del estado mexicano de los últimos años que no se apega al texto original. Los contenidos no son homogéneos, nuestra Constitución se debate en el falso dilema entre combatir de la delincuencia y garantizar los derechos de los gobernados.

---

4 Ferrajoli distingue entre el constitucionalismo garantista y el constitucionalismo principalista. Para efectos de esta exposición ambos coinciden con la necesidad de derivar la validez de las normas secundarias de sus contenidos acordes al marco constitucional Ferrajoli, Luigi, "Constitucionalismo Principialista y Constitucionalismo Garantista". Disponible https://www.corteidh.or.cr/tablas/r30355.pdf (12/05/2024)

5 Ferrajoli, Luigi, *Derechos y garantías; La ley del más débil*, 4ª edición, Editorial Trotta, Madrid, 2004, p. 37. En este mismo texto los derechos subjetivos son entendidos como *cualquier expectativa positiva (de presentaciones) o negativa (de no sufrir lesiones) adscrita a un sujeto por una norma jurídica*; y el *status, como la condición de un sujeto, prevista asimismo por una norma jurídica positiva, como presupuesto de su idoneidad para ser titular de situaciones jurídicas y/o autor de los actos que son ejercicio de éstas.*

En un Estado constitucional de derecho el sistema penal y los consecuentes planes y programas de gobierno en la materia han de contemplar la represión penal como el último recurso, atendiendo al principio de mínima intervención, a la par que exijan acciones positivas del Estado para garantizar la seguridad de las personas. La actuación del Estado debe respetar y proteger los derechos humanos de todas las personas y, en particular, de aquellas sujetas al sistema penal como son la persona imputada, la víctima a y los testigos. De manera reforzada la de aquellas que se encuentran en situación de particular vulnerabilidad como las personas adolescentes.

La CPEUM reconoce y adopta los derechos humanos contenidos en los tratados internacionales y en el propio texto constitucional (art. 1). En materia penal sustantiva reconoce los principios de legalidad (art 14, art 16), lesividad (art 22), humanidad (art. 22), proporcionalidad (art. 22) y finalidad preventiva (art. 18) de las penas. Asimismo, ha sentado los principios propios de un sistema procesal acusatorio (arts. 16, 19, 20). Pero estos principios no siempre se respetan en la legislación secundaria.

A su vez, el propio texto constitucional contiene figuras controvertidas que se contraponen con estos principios y con los derechos humanos:

1. Prisión preventiva oficiosa (art. 19).

La prisión preventiva es una medida cautelar en ocasiones necesaria para garantizar la consecución del proceso, la protección de la víctima y la integridad de los medios probatorios. Esas finalidades están reconocidas en los instrumentos internacionales y corresponden a los principios que rigen el modelo acusatorio[6].

---

6 Pacto de Derechos Civiles y Políticos, Convención Interamericana de Derechos Humanos.

En 2008, cuando se introdujo en la CPEUM las disposiciones para cambiar el modelo procesal penal lo autores de la reforma impulsaban la prisión preventiva justificada. El nuevo modelo reconocía a la libertad como la regla durante el proceso, dejando a la prisión preventiva para casos de excepción, para salvaguardar las garantías procesales. Con ello se pregonaba un cambio respecta al modelo anterior, el mixto, en el que el concepto de "delito grave" –asociado directamente a la prisión preventiva– había dado lugar a una lista que se incrementaba constantemente, al punto que muy pocas conductas tipificadas escapaban a esa categoría. Sin embargo, esa postura que propiciaba el proceso en la libertad, salvo casos excepcionales en que se demostrara la necesidad de la medida cautelar privativa de libertad, fue vencida en el debate ante la "línea dura" de quienes se negaban a un cambio tan radical en nuestro sistema procesal. Se incorporó en el artículo 19 constitucional el concepto de prisión preventiva oficiosa (PPO) para unos cuantos delitos: delincuencia organizada, homicidio doloso, violación, secuestro, delitos cometidos con medios violentos como armas o explosivos, así como delitos graves que determine la ley en contra de la seguridad de la nación, el libre desarrollo de la personalidad y de la salud. En estos casos la sola vinculación a proceso conlleva la medida cautelar privativa de la libertad, sin que se requiera demostrar la necesidad, en el caso concreto, de salvaguardar las garantías procesales.

En julio de 2011 se incorporó a la lista de delitos que ameritan la PPO la trata de personas.

En 2019 se incorporaron los delitos de feminicidio, robo de casa habitación, uso de programas sociales con fines electorales, corrupción tratándose de los delitos de enriquecimiento ilícito y ejercicio abusivo de funciones, robo al transporte de carga en cualquiera de sus modalidades, delitos en materia de hidrocarburos, petrolíferos o petroquímicos, delitos en materia de desaparición forzada de personas y desaparición cometida por particulares y delitos en materia de armas de fuego y explosivos de uso exclusivo del Ejército, la Armada y la Fuerza Aérea. Y siempre existe el riesgo de que la lista se siga incrementando.

La figura no ha dejado de ser objeto de controversia. Criticada en el ámbito académico y de los defensores de derechos humanos, defendida por las autoridades y los sectores más "conservadores" en el ámbito penal.

Recientemente, el 25 de enero de 2023, la Corte Interamericana de Derechos Humanos (CorteIDH)se pronunció en el sentido que esta figura contemplada en el artículo 19 de la CPEUM es contravencional. La Corte advirtió que esa norma no menciona las finalidades de la prisión preventiva, ni los peligros procesales que buscaría precaver, ni exige hacer un análisis de la necesidad de la medida frente a otras menos lesivas para los derechos de la persona procesada, como lo serían las medidas alternativas a la privación a la libertad. Esta disposición viola, según la CorteIDH, diversos derechos reconocidos en la Convención Interamericana de Derechos Humanos (ConvIDH): el derecho a no ser privado de la libertad arbitrariamente (art. 7.3), al control judicial de la privación de la libertad (art. 7.5), a la presunción de inocencia (art. 8.2), y a la igualdad y no discriminación (artículo 24).[7]

"En julio de 2023 el Pleno Regional en Materia Penal de la Región Centro-Norte, con residencia en la Ciudad de México, al resolver la contradicción de criterios 40/2023, determinó, esencialmente, que es viable conceder la suspensión provisional con efectos restitutorios cuando el acto reclamado en el juicio de amparo indirecto sea la imposición de la medida cautelar de prisión preventiva oficiosa. Ello, con motivo de que se actualiza la apariencia del buen derecho con las sentencias emitidas por la Corte Interamericana

---

7 Corte Interamericana de Derechos Humanos, Caso García Rodríguez y otro vs. México", Sentencia De 25 de enero de 2023, Resumen Oficial emitido por la Corte Interamericana, p.3, puntos A. e), disponible https://www.corteidh.or.cr/docs/casos/articulos/resumen_482_esp.pdf (13/05/2024).

de Derechos Humanos, en los casos Tzompaxtle Tecpile y otros contra México y García Rodríguez y otro contra México, en las que, entre otras cuestiones, se condenó al Estado mexicano y se declaró la inconvencionalidad de dicha medida”[8]. Esta interpretación no ha encontrado eco en todos los tribunales federales.

Ante la inminencia que la SCJN aborde la discusión de varios proyectos relacionados con la prisión preventiva oficios y la aplicación de la sentencia de la CorteIDH del caso García Rodríguez, el ejecutivo federal se ha pronunciado a través de los medios defendiendo la supremacía constitucional frente a “injerencias de tribunales internacionales.[9] Asimismo, 32 gobernadores del país presentaron el 26 de abril de este año ante la Suprema Corte de Justicia de la Nación (SCJN) un escrito con el que alertaron sobre los efectos negativos que tendría la eliminación de la prisión preventiva oficiosa. Indicaron que la Constitución debe prevalecer por encima de cualquier norma internacional que pueda afectar el derecho interno del país.

Esta postura significa un franco retroceso en el recorrido seguido por el sistema jurídico mexicano para el reconocimiento y aplicación efectiva de los derechos humanos contenidos en los instrumentos internacionales y de la jurisdicción contenciosa de

---

[8] Nota informativa del Consejo de la Judicatura federal, disponible https://www.cjf.gob.mx/documentos/notasInformativas/docsNotasInformativas/2023/notaInformativa9.pdf (14/05/2024).

[9] La Secretaria de Gobernación dijo “Preocupa también que la Suprema Corte decline su función de máximo tribunal del estado mexicano en favor de una instancia regional donde sus jueces representan los intereses de gobiernos extranjeros y de la Organización de los Estados Americanos”. En esta misma línea, Alcalde ha dicho: “Ningún Estado, Gobierno, organismo o tribunal extranjero puede ordenarle a México modificar su Constitución, su régimen político, ni su forma de Gobierno, hacerlo sería un acto inadmisible de injerencia”. Ver *El País, México,* 17 de abril de 2024, disponible https://elpais.com/hemeroteca/2024-04-17/3/ (19/ 0// 2024)

la Corte Interamericana de Derechos Humanos. Se contradicen, además, con las actuaciones del propio Estado mexicano frente a otras instancias internacionales como es la Corte Internacional de Justicia, a la que México acudió ante la incursión del gobierno de Ecuador en la Embajada Mexicana en aquel país.

La Academia Mexicana de Ciencia Penales (AMCP) en respuesta inmediata al amicus *cur*iae presentado por los gobernadores de 32 estados emitió un comunicado a través de su presidente, el doctor Miguel Ontiveros Alonso, en el que precisó que “México debe reconocer la resolución emitida por la Corte Interamericana de Derechos Humanos que ha declarado inconvencional la PPO. Por otro lado, dicha modalidad de privación de libertad configura claramente una pena anticipada, ilegítima de conformidad con la Constitución Política de los Estados Unidos Mexicanos. Finalmente, la prisión preventiva oficiosa es —evidentemente—, violatoria de los derechos humanos, indigna del Estado Constitucional y absolutamente inaceptable en una democracia. Por lo anterior, esta asociación científica manifiesta su absoluto e incondicional respaldo a la Suprema Corte de Justicia de la Nación de cara eliminar —definitivamente y sin excepción alguna—la prisión preventiva oficiosa del sistema de justicia penal de México”[10].

2. Arraigo (art. 16)

Esta figura de más larga data en el sistema jurídico mexicano ha sido objeto de múltiples críticas, casi ninguna defensa, pero persiste en nuestra legislación. El arraigo se eleva a rango constitucional en 2008. La reforma que impulsa un sistema procesal penal más garantista incorpora una figura que contiene en sí mismas rasgos más autoritarios y arbitrarios que la prisión pre-

---

10 Comunicado de la AMDP de 7 de mayo de 2024.

ventiva oficiosa[11]. Autoriza que una persona pueda ser detenida para ser investigada, aunque no haya datos que hagan suponer fundadamente su involucramiento en un hecho que la ley señala como delitos. Es un paso previo a la prisión preventiva oficiosa.

La SCJN sostuvo en el Amparo en revisión 1250/2012 los supuestos de privación de la libertad de las personas deben estar permitidos en la Constitución Federal. Por tanto, el arraigo al estar previsto en el artículo 16 constitucional como una institución apta para restringir la libertad de las personas de forma provisional, no es inconstitucional por la simple razón de ser una institución contemplada la Constitución Federal. Consideró que debía entenderse como una excepción constitucional explícita a la regla general de libertad personal[12].

El 27 de enero de 2023, CorteIDH notificó al Estado mexicano la sentencia del caso *Tzompaxtle Tecpile y otros vs. México*, en la que declaró la responsabilidad del Estado por someter a tres personas —Jorge Marcial Tzompaxtle Tecpile, Gerardo Tzompaxtle Tecpile y Gustavo Robles López— a formas de detención intrínsecamente violatorias de derechos humanos. Entre otras

---

11 Artículo 16 párrafo octavo de la CPEUM: "La autoridad judicial, a petición del Ministerio Público y tratándose de delitos de delincuencia organizada, podrá decretar el arraigo de una persona, con las modalidades de lugar y tiempo que la ley señale, sin que pueda exceder de cuarenta días, siempre que sea necesario para el éxito de la investigación, la protección de personas o bienes jurídicos, o cuando exista riesgo fundado de que el inculpado se sustraiga a la acción de la justicia. Este plazo podrá prorrogarse, siempre y cuando el Ministerio Público acredite que subsisten las causas que le dieron origen. En todo caso, la duración total del arraigo no podrá exceder los ochenta días. Por delincuencia organizada se entiende una organización de hecho de tres o más personas, para cometer delitos en forma permanente o reiterada, en los términos de la ley de la materia".

12 https://www.scjn.gob.mx/sites/default/files/sinopsis_asuntos_destacados/documento/2017-01/TP-140415-AGOM-1250.pdf

medidas de reparación, la Corte IDH ordenó al Estado reformar su normatividad para eliminar y modificar, respectivamente, dos formas de detención: el arraigo y la prisión preventiva.

"Con respecto a esta figura, arraigo la Corte indicó que, por tratarse de una medida restrictiva a la libertad de naturaleza preprocesal con fines investigativos, resultaba contraria al contenido de la Convención, en particular vulneraba per se los derechos a la libertad personal y la presunción de inocencia de la persona arraigada. Sobre el artículo 12 de la Ley Federal contra la Delincuencia de 1996 así como en el artículo 133 bis al Código Federal Procesal Penal de 1999 indicó que: a) no permitían que la persona arraigada fuera oída por una autoridad judicial antes de que fuese decretada la medida; b) restringían la libertad de una persona sin contar con elementos suficientes para vincularla formalmente a un delito concreto; c) no se referían a los supuestos materiales que se debían cumplir para aplicar esa medida; d) establecían una finalidad para la medida restrictiva a la libertad que no resultaba compatible con las finalidades legítimas para la restricción a la libertad personal, y e) afectaban el derecho a no declarar contra sí mismo de la persona arraigada[13].

La postura de los tribunales mexicanos ante estas dos figuras no es unánime. Pesa sobre ellos la CT 293/2011 que establece que debe prevalecer la CPEUM frente a los tratados internacionales cuando exista en nuestra Carta Magna una restricción expresa a los derechos reconocidos en el ámbito internacional.[14]

---

13 https://www.corteidh.or.cr/docs/casos/articulos/resumen_470_esp.pdf

14 "DERECHOS HUMANOS CONTENIDOS EN LA CONSTITUCIÓN Y EN LOS TRATADOS INTERNACIONALES. CONSTITUYEN EL PARÁMETRO DE CONTROL DE REGULARIDAD CONSTITUCIONAL, PERO CUANDO EN LA CONSTITUCIÓN HAYA UNA RESTRICCIÓN EXPRESA AL EJERCICIO DE AQUÉLLOS, SE DEBE ESTAR A LO QUE ESTABLECE EL TEXTO CONSTITUCIONAL. CT 293/2011, pp. 64 -65. Disponible https://www2.scjn.gob.mx/

La doctrina tampoco es unánime. Hay quienes consideran que ante una restricción constitucional como la PPO o el arraigo no opera la ConvIDH ni las sentencias de la Corte IDH ni la interpretación conforme pro persona. Otros afirman que debe ser la SCJN la que debe fijar un criterio vinculante al respecto, y, finalmente, hay quienes sostienen la necesidad de una interpretación en armonía con los tratados internacionales y la jurisprudencia de la CorteIDH por lo cual estas figuras –arraigo y PPO– no deben aplicarse en forma automática.

La PPO y el arraigo no son las únicas figuras contenidas en el texto constitucional que contravienen principios de derecho penal garantista y derechos humanos convencionales. La inclusión de un régimen de excepción para la delincuencia organizada y la figura de la extinción de dominio[15] contraviene el derecho a la igualdad, a la seguridad jurídica y a la presunción de inocencia[16]. Sin embargo,

---

asuntosrelevantes/pagina/seguimientoasuntosrelevantespub.aspx?id=129659&seguimientoid=556 (19/07/2024).

15 Se trata de un juicio autónomo que no está sujeto, en principio, a los resultados del procedimiento penal. Este hecho, y el que se pueda extinguir el dominio respecto de bienes cuyos propietarios no participaron ni tuvieron relación alguna con el delito, ha generado múltiples críticas y se ha cuestionado su constitucionalidad

16 El constituyente ha incorporado al texto fundamental disposiciones aplicables a la delincuencia organizada que afectan las garantías de imputados y condenados. El artículo 16 prevé la figura del arrarigo y la detención por parte del Ministerio Público de hasta noventa y seis horas; el artículo 18 ordena que la reclusión preventiva y la ejecución de sentencias por delitos de delincuencia organizada, se cumpla en centros especiales y autoriza que a los inculpados y condenados se les pueda restringir las comunicaciones con terceros, salvo con su defensor; el artículo 19 estable que si con posterioridad a la emisión del auto de vinculación a proceso por delincuencia organizada, el inculpado evade la acción de la justicia o es puesto a disposición de otro juez que lo reclame en el extranjero, se suspenderá el proceso junto con los plazos para la prescripción de la acción penal; el mismo artículo obliga

pareciera que el crecimiento del crimen organizado en gran parte del país ha mitigado las reservas que la mayoría de la comunidad jurídica tenía ante la existencia de un régimen penal de excepción.

III. LOS PLANES Y PROGRAMAS DE PAZ Y SEGURIDAD QUE NO SE HAN APLICADO, SINO QUE SE HA OPTADO POR LA MILITARIZACIÓN

La Estrategia Nacional de Seguridad Pública del Gobierno de la República, publicada en el Diario Oficial de la Federación[17] el 16 de mayo de 2019 dice textualmente:

> *"En lo que se refiere a la seguridad pública, la prevención, la procuración e impartición de justicia y el trato oficial a delincuentes presuntos o sentenciados, es necesario abandonar el autoritarismo y la violencia y avanzar a una perspectiva de respeto a las libertades y los derechos humanos. En lugar de ampliar el catálogo de las prohibiciones vigentes, incrementar las sanciones y construir nuevas cárceles, es necesario ensanchar la soberanía de los individuos y de las colectividades, edificar escuelas y hospitales y diseñar sistemas eficaces de reinserción para los infractores. Se debe transitar de una autoridad vengativa*

---

a los jueces ordenar de oficio la prisión preventiva a los imputados por este delito; el artículo 20, Apartado B, fracción I permite que los jueces autoricen que en casos de delincuencia organizada se mantenga en reserva el nombre y los datos del acusador; la fracción III, párrafo segundo, faculta al legislador ordinario para establecer beneficios a favor del inculpado, procesado o condenado que preste ayuda eficaz para la investigación y persecución de los delitos en esta materia; la fracción V admite que en casos de delincuencia organizada, tengan valor probatorio las actuaciones realizadas en fase de investigación. Finalmente, el artículo 22 prevé la figura de extinción de dominio de aquellos bienes que sean producto del delito o que se hayan utilizado para su comisión en los casos de delincuencia organizada

17 DOF, 19 de mayo de 2019 https://www.dof.gob.mx/nota_detalle.php?codigo=5560463&fecha=16/05/2019#gsc.tab=0 (14 de mayo de 2024).

a una autoridad justa, de un estado de persecución a un estado de bienestar y de la ley de la jungla al imperio de la ley".[18]

Unas líneas más adelante, en el mismo documento, se señala que:

> *"Con base en la reciente reforma constitucional en materia de prisión preventiva oficiosa, que incorpora diversos delitos, sin duda es otro paso más en un esfuerzo compartido entre el poder legislativo y ejecutivo para sentar las bases en el combate eficaz contra la delincuencia. Esta incorporación constitucional de delitos de mayor impacto, sin duda detendrá en buena medida "la puerta giratoria" de personas que entran al sistema de justicia penal y la percepción de impunidad que tiene la sociedad".*[19]

Es evidente que en el diseño de las estrategias conviven posturas antagónicas que no han llegado a armonizarse en las políticas concretas. Aumentar el catálogo de delitos de prisión preventiva oficiosa es "ampliar el catálogo de prohibiciones vigentes", lo que se contradice con la propuesta específica de no hacerlo.

Hablando de las acciones emprendas por el Estado mexicano en las estrategias mencionadas se incluyen al menos dos que están lejos de haber sido cumplidas:

1. Se mencionan que se promoverá la adopción de modelos de justicia transicional, la cultura de paz y la recuperación de la confianza en la autoridad, se pretende que sean vistos como elementos consustanciales a la estrategia de seguridad.
2. Se señala la necesidad de recuperar el control de los penales de las mafias que se enseñorean en ellos, combatir la corrupción de las autoridades carcelarias, establecer un régimen de respeto a los derechos de los internos, implementar mecanismos de supervisión externa, separar a los imputados de los sentenciados, garantizar que la cárcel

---

18 *Ídem.*

19 *Ídem.*

no sea un doble castigo para las mujeres y dignificar las condiciones de alojamiento, salud y alimentación de los reclusos, todo ello en atención a recomendaciones de expertos nacionales e internacionales y en estricto acatamiento a las resoluciones emitidas en años recientes por la Comisión Nacional de Derechos Humanos.

Ambos propósitos no han pasado de ser buenas intenciones. En especial la justicia transicional había despertado amplias expectativas en las organizaciones de la sociedad civil. La Ley federal de amnistía se ha aplicado en pocas ocasiones y está lejos de constituir una estrategia de justicia transicional.

En el mismo documento que consagra la justicia transicional y que busca abandonar el autoritarismo y defender derechos humanos se menciona a la Guardia Nacional, un cuerpo de carácter fundamentalmente castrense. El texto señala que es

> "...necesario trabajar a través de las leyes secundarias en la arquitectura de la Guardia Nacional, aprovechando al máximo los recursos humanos, materiales y financieros de los miembros del ejército, de marina y de la Policía Federal". Asimismo, sugiere que "sin abandonar sus misiones constitucionales de velar por la seguridad nacional y la integridad territorial del país incluidos su espacio aéreo y el mar patrimonial, la preservación de la soberanía nacional y la asistencia a la población en casos de desastre, nuestras Fuerzas Armadas participen en la construcción de la paz por medio de un papel protagónico en la formación, estructuración y capacitación de la Guardia Nacional".[20]

Es difícil comprender a las fuerzas armadas construyendo una cultura de paz al capacitar a la Guardia Nacional a la que en párrafos posteriores se le asigna el combate e la delincuencia.

> "La consolidación de la Guardia Nacional como instrumento de combate a la delincuencia debe ir acompañado de la obligación permanente de generar programas de capacitación en

---

[20] *Ídem.*

> derechos humanos, principios y empleo del uso de la fuerza, adiestramiento en medios, métodos y técnicas para el control físico, adiestramiento en el empleo de armas no letales, código de conducta de los servidores públicos, ética y doctrina policial, responsabilidades jurídicas; entre otros"[21]

Se reconoce la necesidad de capacitar en materia de derechos humanos y ética y doctrina policial a la GN, pero esa capacitación no podrán darla las fuerzas armadas que están formadas para acciones militares y no policiales.

Si las estrategias no son coherentes los planes y programas que de ellas se deriven difícilmente s podrán operarse con éxito.

IV. LA LEGISLACIÓN SECUNDARIA NO ES CONSECUENTE CON LOS PRINCIPIOS CONSTITUCIONALES GARANTISTAS NI CON LOS PLANES DE GOBIERNO EN PAZ Y SEGURIDAD

Un texto constitucional que contiene y expresa las contradicciones existentes en materia de política criminal y una estrategia gubernamental que pregona la paz pero diseña instituciones para la guerra favorecen sin duda que la legislación secundaria tome rumbos propios, con la influencia mediática sobre los legisladores locales y federales.

Un ejemplo es el caso de la Ciudad de México, que se había caracterizado por posturas vanguardistas en el tema de derechos humanos y sistema penal. El código penal del DF de 2002 representó en su momento un avance de las posturas garantista. Esta línea siguió vigente en la reforma de 2007 en la que despenalizó el aborto en las primeras doce semanas de gestación. Reforma que generó en su momento mucha controversia, pero que res-

---

21 *Ídem.*

ponde a un reclamo de importantes sectores de la población. En todo caso es una reforma despenalizadora. Que reduce el *ius puniendi* estatal y no ha significado, en los hechos, una afectación de derechos para la población.

A partir de 2019 se llevaron a cabo un conjunto de reformas al Código Penal para el Distrito Federal (CPDF) orientadas a incorporar instituciones de corte peligrosistas, como la reincidencia y el Registro de personas agresoras sexuales; a incrementar punibilidades en el feminicidio, a aumentar la edad de la persona sujeto pasivo de la violación equiparada y a penalizar cualquier supuesto de terapia de conversión.

Se podrían mencionar múltiples reformas al CPF, incremento de sanciones y, recientemente, limitaciones a la suspensión en materia de amparo.

Este último tema –suspensión en materia de amparo–, aunque no es necesariamente de carácter penal, dio lugar a un pronunciamiento de la AMCP, en la que se "expresó su firme oposición a una propuesta de reforma a la Ley de Amparo que busca limitar la facultad de los jueces de otorgar suspensiones de normas con efectos generales". El Presidente de la AMCP subrayó que esta medida limitaría la capacidad de los jueces para conceder suspensiones con efectos generales contra normas que podrían vulnerar los derechos humanos. Adicionalmente, señaló que las posibles consecuencias de esta restricción son inaceptables en el contexto de un Estado Constitucional.

V. LA PARTICIPACIÓN CIUDADANA NO GARANTIZA UN MAYOR RESPETO A LOS DERECHOS FUNDAMENTALES

En un estado democrático moderno el Estado atiende a la sociedad para la toma de decisiones. Sin embargo, la participación ciudadana no garantiza decisiones respetuosas de los derechos fundamentales. El populismo punitivo, como se ha acogido el término en español, reivindica lo que la gente quiere, piensa y siente sobre el delito. Las iniciativas legislativas se legitiman por el respaldo popular. Expresa un rechazo al *establishment*, al sistema penal institucionalizado.

En contrapartida con la positivización internacional de los derechos humanos y ante diversos eventos de violencia política y social, de la expansión de la criminalidad trasnacional y del terrorismo, amplios sectores de la población reclaman seguridad a la vez que grupos en situación de vulnerabilidad -mujeres, víctimas de delito, personas con preferencias sexuales diversas- exigen ser atendidos en su singularidad. Incluso aquellos movimientos políticamente alternativos o anti-estatales, que en sus inicios mostraban poca confianza en el Estado y en la Ley, fueron migrando hasta convertirse en promotores del Derecho penal e impulsores activos de leyes.[22] Esto fue y sigue siendo capitalizado por grupos de distinto signo político en busca de apoyo popular y de legitimación de sus actuaciones.

Al tiempo que un sector importante de la población atemorizado por el incremento de la violencia generalizada y desalentado por la ineficacia de las autoridades para controlarla reclama más pena, más cárcel, más represión para esos "otros" que representen un peligro para la sociedad, la gran mayoría de los dogmáticos penales latinoamericanos han criticado el populismo penal e impulsan un sistema penal garantista que limite el *ius puniendi estatal.*

El "neopunitivismo", es una corriente político-criminal que se caracteriza por la renovada creencia mesiánica de que el poder punitivo puede y debe llegar a todos los rincones de la vida social. Señala que se ha recurrido al derecho penal como práctica para intentar solucionar los más variados conflictos en la vida social.

---

22 Albrecht, P. A. (2000), "El derecho penal en la intervención de la política populista", *La insostenible situación del derecho penal,* Granada: Instituto De Ciencias Criminales De Frankfurt (Ed.) Área De Derecho Penal de la Universidad Pompeu Fabra (ed. española), p. 479.pp 471–486

Esta corriente organismos y activista de derechos humanos. Hay quienes, incluso, reprochan a la CorteIDH haber privilegiado la respuesta penal ante las violaciones de derechos humanos, incurriendo en la misma práctica que esos actores critican al Estado.

Desde la academia se ha procurado racionalizar la actividad legislativa atendiendo y escuchando a los sectores sociales, tomando en cuenta, a su vez, la racionalidad pragmática que atiende a las capacidades reales de la pretendida intervención penal, a su probable eficacia y a la racionalidad sistemática, se enfoca en que los fines y el contenido de la nueva ley penal se inserten de modo coherente en el ordenamiento jurídico vigente[23].

El sistema penal mexicano no ha sido ajeno, como se ha señalado, a las presiones populistas que han favorecido el aumento desproporcionado de las consecuencias penales y la inclusión de tipos vagos que propician la penalización de conductas que no agreden los bienes jurídicos de mayor relevancia social.

VI. SE PERPETÚAN LOS OLVIDADOS DE SIEMPRE

Cuando Luis Buñuel filmó en 1950 la película "Los olvidados" buscó que la sociedad volteara a ver a los niños y adolescentes que quedaban atrapados por la "justicia de menores" de esa época. Sin embargo, su llamada no ha tenido el éxito suficiente.

El Sistema integral de justicia penal para adolescente ha sido diseñado de conformidad con los instrumentos internacionales. La legislación vigente en México acerca de los derechos de NNA y de la actuación penal estatal respecto de las personas adoles-

---

23 Díez Ripollés. J,L,.(2019) La racionalidad legislativa penal decisiones en un procedimiento socio-legislativo complejo. Daniel Oliver-Lalana, A. (ed.) *La legislación en serio; Estudios sobre derecho y legisprudencia.* Valencia: Tirant lo Blanch, pp. 119 a 170.

centes que se encuentran involucradas en procesos penales es respetuosa de derechos humanos.

La legislación no es perfecta, favorece la formalización de los conflictos adolescentes, pero regula la privación de la libertad como último recurso y reconoce los derechos fundamentales de las personas adolescentes.

Por tratarse de un sector que sigue "olvidado" no han habido modificaciones de corte punitivista a la legislación aplicable a quienes infringen la legislación penal.

Sin embargo, los objetivos del sistema están muy lejos de alcanzarse. Las y los adolescentes que ingresan al sistema de justicia juvenil no cuentan con opciones reales para reinsertarse socialmente. La finalidad socio educativa del sistema es una promesa pendiente.

La sociedad no es la única que no voltea a ver la situación en que se encuentran las y los jóvenes que quedan atrapados en el sistema penal de adolescentes. Las instituciones estatales, en especial las de seguridad, ignoran los derechos de las personas adolescentes y no parece existir interés por tenerlos en cuenta.

Las y los adolescentes que han detenidos en virtud de una medida cautelar o de sanción son puestos en libertad a momento en que cumplen con esa medida sin apoyo alguno por las instancias estatales. Salvo pocas excepciones, las entidades federativas carecen programas para el acompañamiento necesario que garantice una reinserción positiva de las personas adolescentes en la sociedad.

En la Plataforma México quedan registradas las personas adolescentes que son detenidas por las fuerzas armadas, por la Guardia Nacional o por otras fuerzas de seguridad. Aunque la LNSIJPA prevé que se eliminen esos registros, de conformidad con los instrumentos internacionales en la materia, en México ello es un objetivo inalcanzable. Este antecedente impide que esos jóvenes accedan a trabajos dignos y bien remunerados.

El olvido en que muchas instancias gubernamentales tiene a las personas adolescentes en conflicto con la ley refleja indiferencia hacia su situación de vulnerabilidad y a la vida futura de esos jóvenes. Muchos de ellos ingresarán al poco tiempo de quedar en libertad al sistema de adultos.

El sistema de justicia penal para adolescentes pasa a ser la antesala del sistema de justicia penal de adultos.

VII. REFLEXIONES FINALES

El sucinto panorama expuesto en este trabajo deja ver que la ingeniería constitucional del sistema penal mexicano es defectuosa. La CPEUM contiene normas que contravienen sus propios principios y se oponen a los derechos humanos reconocidos en los tratados internacionales suscritos por México; oposición que contraría el texto del artículo 1° de la Carta Magna.

En 2010, en el trabajo que presenté para ingresar como miembro de número a la AMCP escribí: "Las reglas de la experiencia y la complejidad de la regulación constitucional nos indican que la política criminal del Estado mexicano seguirá recorriendo en los años venideros un sendero sinuoso, cuyo trazo estará marcado por el pragmatismo derivado de los acontecimientos que condicionen y determinen las decisiones políticas para solucionar los conflictos penales."[24]

Catorce años después, en 2024, la política criminal del Estado mexicano sigue enmarcada en el pragmatismo, dando respuesta a fenómenos puntuales, sin estrategias definidas y coherentes. Se incrementa la brecha entre el discurso y las acciones especí-

---

[24] Azzolini Bincaz, A. (2012) *El sistema penal constitucional; El laberinto de la política criminal del Estado mexicano*, México: Ubijus–Félix Cárdenas S.C.

ficas, éstas se orientan a objetivos diversos a los expresados en las metas propuestas en las estrategias de paz y seguridad.

La política criminal de un Estado constitucional de derechos debe tener como eje central el respeto y la vigencia de los derechos humanos, privilegiar las medidas no represivas, atender a la reinserción social de las personas que fueron condenadas, y especialmente de las personas adolescentes.

A doscientos años de la federación de Chiapas a México la Constitución Nacional se debate entre el respeto a los derechos fundamentales y la lógica de la seguridad por encima de cualquier otra consideración hacia las personas. Es de esperarse que la reflexión académica y la actuación de quienes defienden y respetan los derechos humanos en los distintos ámbitos del sistema penal inclinen el fiel de la balanza en favor de un sistema garantista que procure una cultura de paz en la actuación estatal.

Material de consulta

ACADEMIA MEXICANA DE CIENCIAS PENALES, Comunicado de 7 de mayo de 2024. Disponible https://www.facebook.com/AcademiaMexicanaDeCienciasPenales/?locale=es_LA (19/07/2024).

AGUILAR ASTORGA, Carlos Ricardo, LIMA FACIO, Marco Antnio (2009), *¿Qué son y para qué sirven las Políticas Públicas?,* en Contribuciones a las Ciencias Sociales, septiembre, p. 4. Disponible www.eumed.net/rev/cccss/05/aalf.htm (18/07/2024).

ALBRECHT, Peter–Alexis (2000), "El derecho penal en la intervención de la política populista", *La insostenible situación del derecho penal,* Granada: Instituto de Ciencias Criminales de Frankfurt (Ed.) Área De Derecho Penal de la Universidad Pompeu Fabra (ed. española), pp. 471 – 486.

AZZOLINI BINCAZ, Alicia Beatriz. (2012*), El sistema penal constitucional; El laberinto de la política criminal del Estado mexicano,* México: Ubijus–Félix Cárdenas S.C.

CONSEJO DE LA JUDICATURA FEDERAL (2023), N*ota Informativa,* CUANDO SE RECLAMA EN UN JUICIO DE AMPARO LA PRISIÓN PREVENTIVA OFICIOSA, LA SUSPENSIÓN PROVISIONAL DEBERÁ CONCEDERSE CON EFECTOS RESTITUTORIOS EN TUTELA ANTI-

CIPADA. Disponible https://www.cjf.gob.mx/documentos/notasInformativas/docsNotasInformativas/2023/notaInformativa9.pdf (19/07/2024).

CORTE INTERAMERICANA DE DERECHOS HUMANOS, *Caso tzompaxtle tecpile y otros vs. México.* Sentencia de 7 de noviembre de 2022. Disponible https://www.corteidh.or.cr/docs/casos/articulos/resumen_470_esp.pdf (19/07/2024).

CORTE INTERAMERICANA DE DERECHOS HUMANOS, *Caso García Rodríguez y otro vs. México,* Sentencia de 25 de enero de 2023. Disponible https://www.corteidh.or.cr/docs/casos/articulos/resumen_482_esp.pdf (13/05/2024).

DÍEZ RIPOLLÉS. José Luis (2019), La racionalidad legislativa penal decisiones en un procedimiento socio-legislativo complejo. Daniel Oliver-Lalana, A. (ed.) *La legislación en serio; Estudios sobre derecho y legisprudencia.* Valencia: Tirant lo Blanch, pp. 119 a 170.

EL PAÍS, "El gobierno de López Obrador aumenta la presión sobre la Suprema Corte por la prisión preventiva oficiosa", México, 17 de abril de 2024, Disponible https://elpais.com/hemeroteca/2024-04-17/3/ (19/07/2024).

Estrategia Nacional de Seguridad Pública del Gobierno de la República, Diario Oficial de la Federación el 16 de mayo de 2019. Disponible https://www.dof.gob.mx/nota_detalle.php?codigo=5560463&fecha=16/05/2019#gsc.tab=0 (19/07/2024).

FERRAJOLI, Luigi (2010), "Constitucionalismo principialista y constitucionalismo garantista". Disponible https://www.corteidh.or.cr/tablas/r30355.pdf (12/05/2024).

Ferrajoli, Luigi (2004), *Derechos y garantías; La ley del más débil,* 4ª edición, Madrid: Editorial Trotta.

SUPREMA CORTE DE JUSTICIA DE LA NACIÓN, *CT 293/2011.* Disponible https://www2.scjn.gob.mx/asuntosrelevantes/pagina/seguimientoasuntosrelevantespub.aspx?id=129659&seguimientoid=556 (19/07/2024).

SUPREMA CORTE DE JUSTICIA DE LA NACIÓN, *ARRAIGO DECRETADO POR UN JUEZ PENAL, NO VIOLA EL DERECHO HUMANO A LA LIBERTAD CONTENIDO EN LA CONSTITUCIÓN POLÍTICA DE LOS ESTADOS UNIDOS MEXICANOS.* Disponible https://www.scjn.gob.mx/sites/default/files/sinopsis_asuntos_destacados/documento/2017-01/TP-140415-AGOM-1250.pdf (19/07/2024).

ZAFFARONI, Raúl, ALAGIA, Alejandro, SLOKAR, Alejandro, (2001) *Derecho Penal; Parte General,* México: Porrúa.

Instrumentos internacionales

Pacto de Derechos Civiles y Políticos

Convención Interamericana de Derechos Humanos

Legislación nacional

Constitución Política de los Estados Unidos Mexicanos.

Código Penal para el Distrito Federal

Capítulo XIV.
Evolución del sistema penitenciario mexicano en el marco del federalismo

EVOLUTION OF THE MEXICAN PRISON SYSTEM WITHIN THE FRAMEWORK OF FEDERALISM

MARÍA JOSÉ OSEGUERA NARVÁEZ [1]
ADRIÁN ALBERTO REYES VÁZQUEZ[2]

Resumen

El sistema penitenciario mexicano ha tenido tres grandes reformas, abordando ideales distintos en torno a su objetivo, identificándose de la siguiente forma: la prisión como medio de regeneración , la prisión bajo la idea de la rehabilitación y finalmente el sistema penitenciario bajo la idea de la reinserción social, modelo vigente actualmente. De tal forma que el sistema penitenciario

---

1 Doctora en Derecho por la Universidad Autónoma de Chiapas, Coordinadora de la Maestría en Derecho del Instituto de Investigaciones Jurídicas (UNACH), miembro del Sistema Estatal de Investigadores de Chiapas. ORCID: https://orcid.org/0009-0004-1923-121X

2 Doctor en derecho, Profesor Investigador del Instituto de Investigaciones Jurídicas (UNACH), miembro del Sistema Nacional de Investigadores e Investigadoras y del Sistema Estatal de Investigadores de Chiapas.

se ha estructurado bajo un esquema normativo nacional e internacional, dando cuenta de una evolución en el sentido humanista y protector de derechos, sin embargo, pese a los avances en el tratamiento de las personas privadas de la libertad, las prisiones siguen enfrentando retos más allá del sistema normativo, los cuales, se derivan de las exigencias sociales, el diseño de la política criminal, los factores culturales y económicos, por lo que su análisis toma relevancia entorno a la ola de violencia en México y los retos en materia de seguridad.

Abstrac

The Mexican penitentiary system has had three major reforms, addressing different ideals around its objective, identifying itself as follows: the prison as a means of regeneration, the prison under the idea of rehabilitation and finally the penitentiary system under the idea of social reintegration, currently current model.

In such a way that the penitentiary system has been structured under a national and international regulatory scheme, reflecting an evolution in the humanistic and rights-protective sense, however, despite the advances in the treatment of people deprived of liberty, Prisons continue to face challenges beyond the regulatory system, which derive from social demands, the design of criminal policy, and cultural and economic factors.

Palabras clave: sistema penitenciario, tratados internacionales, ejecución penal

Keywords: penitentiary system, international treaties, criminal execution

I. DE LA REGENERACIÓN A LA REINSERCIÓN SOCIAL EN EL SISTEMA PENITENCIARIO MEXICANO

En México el sistema penitenciario ha tenido tres momentos históricos que atendieron a la visión jurídico-social de la época sobre las personas que se encontraban en prisión a causa de la comisión de un delito, cada una de ellas se ha visto reflejada en las distintas reformas a la constitución y en los modelos que se desarrollaran en la presente investigación.

La primera de estas épocas se denominó de *regeneración moral*, dentro de un contexto post revolucionario, la existencia a partir de la constitución de 1917 de un derecho penitenciario significaba dejar atrás la pena de muerte, este concepto aun carecía de infinidad de normas garantistas, pero sobre todo perpetuaba aun la idea del exilio y olvido social de aquel que cometía un delito fortaleciendo así la desigualdad y las violaciones a derechos humanos.

El 3 de enero de 1917 se aprueba añadir al texto constitucional en el numeral 18, lo siguiente, "Los gobiernos de la Federación y de los Estados organizarán, en sus respectivos territorios, el sistema penal -colonias, penitenciarías o presidios- sobre la base del trabajo como medio de regeneración".[3]

Durante el constituyente de 1917 frente la discusión sobre la necesidad de una regulación de la prisión, el entonces diputado José Natividad Macías, señalo respecto de la adición al 18 constitucional:

> [...] El delincuente, el hombre que cometía una infracción a la ley penal, debe dar a la sociedad una reparación, según sea su falta, y por consiguiente debe ser castigado, no sólo para que se regenere y no vuelva a cometer otro delito, sino para que su castigo sirva de ejemplo a los demás miembros de la sociedad y éstos se abstengan de cometer un delito semejante [...].[4]

Sobre este señalamiento se pueden observar algunos aspectos relevantes de cómo el derecho penitenciario durante cien años se ha ido construyendo en nuestro país, en primer momento deja a la vista la idea de la regeneración como si las personas se tratasen de objetos que podían construirse nuevamente a partir de la prisión y en un segundo momento uno de los fines que ha legitimado el uso de la privación de la libertad de forma justifi-

---

3 García, Ramírez, Sergio, "El sistema penitenciario, siglos XIX y XX", Boletín Mexicano de Derecho comparado, México, Número 95, ISNN 2448-4873. https://revistas.juridicas.unam.mx/index.php/derecho-comparado/article/view/3589/4324

4 Congreso de la Unión, Diario de los debates del Congreso Constituyente, Convocatoria al IV Congreso Constituyente, México, 12 de diciembre de 1914, p. 647. https://www.diputados.gob.mx/LeyesBiblio/ref/cpeum/DD_Constituyente.pdf

cada y sustentada en un orden jurídico, esta es la de prevención, es decir, el uso de la prisión debería en sentido estricto disuadir al resto de la sociedad de delinquir y a la persona privada de la libertad de reincidir, he aquí uno de los fines de la pena y la materialización de la prevención especial y general. Sobre la regeneración, Sarre señala que "[...] se consideraba que quienes se hacían acreedores a una pena privativa de la libertad eran sujetos desvalidos y carentes de oficio". [5]

Cabe señalar que, en el código penal expedido en agosto de 1931, en el artículo 77 se señala que, "corresponde al Ejecutivo Federal la ejecución de las sanciones con consulta del órgano técnico que señale la ley"[6] de esta forma, si bien se comenzaba a tener indicios de la existencia de un derecho penitenciario, el ejercicio y funcionamiento de este continuaba supeditado a situaciones de índole político al concentrar en el ejecutivo la imposición de la pena de prisión.

Otros aspectos importantes que recalcar sobre la idea de la regeneración se refiere a que, dentro del código penal de 1931, se hace referencia a las personas acreedoras a prisión como delincuentes y se expresa en el artículo 78[7], que deberán ser tratados bajo una serie de acciones entre las cuales se encuentran:

- La separación del delincuente de la sociedad, observando el tipo de conducta criminal cometido y las circunstancias personales del mismo
- Diversificar el tratamiento dependiendo de la clase de delincuente de que se trate

---

5 Sarre, Miguel y Manrique, Gerardo, Sistema de justicia de ejecución penal... *op. cit.*, p. 139.

6 H. Congreso de la Unión, Código penal federal, articulo 77, publicado en Diario Oficial de la Federación el 14 de agosto de 1931, https://www.diputados.gob.mx/LeyesBiblio/ref/cpf/CPF_orig_14ago31_ima.pdf

7 Ibidem, artículo 78.

- Elegir medios adecuados al comportamiento antiético del delincuente
- La orientación del tratamiento considerando la mejor readaptación del delincuente y la posibilidad de un trabajo que cubra sus propias necesidades.

Como se puede observar, si bien estos lineamientos representan las bases del inicio de un derecho penitenciario, también es cierto, que los mismo carecen de una óptica esenciales para el sistema penitenciario de un Estado de derecho, tales como una perspectiva de igualdad y no discriminación, inclusión, perspectiva de género, respeto a los derechos humanos y observancia de los estándares internacionales.

Posteriormente a este modelo en 1964 comienza a visualizarse una nueva reforma, la cual, resultaba sumamente necesaria tomando en consideración que la idea de la regeneración llevaba vigente cerca de medio siglo en una sociedad que evidentemente había evolucionado, así es como nace la idea de un derecho penitenciario bajo el enfoque de la readaptación social.

En 1965 el texto constitucional es nuevamente modificado para incluir la idea de la readaptación social, quedando el artículo 18 de la siguiente forma:

> Los gobiernos de la Federación y de los estados organizarán el sistema penal, en sus respectivas jurisdicciones, sobre la base del trabajo, la capacitación para el mismo y la educación como medios para la readaptación social del delincuente. Las mujeres compurgaran sus penas en lugares separados de los destinados a los hombres para tal efecto. [8]

---

8 Constitución Política de los Estados Unidos Mexicanos, Diario Oficial de la Federación el 23 de febrero de 1965. Art. 18. https://www.scjn.gob.mx/sites/default/files/cpeum/documento/2017-03/CPEUM-018.pdf

De este nuevo texto, es posible advertir cambios considerables en la forma de observar los fines de la prisión como respuesta a la comisión de un delito, además del trabajo ya considerado de 1917, se adiciona la capacitación para realización del trabajo y se reconoce que las personas privadas de la libertad tienen el derecho a la educación como una forma de readaptación, por otra parte se incluye la perspectiva de género al puntualizar que las mujeres no podrán llevar su proceso de readaptación en los mismo lugares que los hombres, dando de esta forma un enfoque positivo de tratamiento diferenciado siendo aquí donde puede observarse el apego al Pacto internacional de derechos económicos, sociales y culturales.

Sobre el tema Cuellar, Ugalde y Martínez, describen el cambio de un enfoque regenerador al readaptador de la siguiente manera:

> En armonía con la función terapéutica atribuida a la pena por el modelo readaptador o resocializador, el discurso penitenciario se inundó de expresiones de la criminología positivista tales como tratamiento progresivo, técnico, clínico, individualizado, científico e interdisciplinario, estudios de personalidad y peligrosidad, todas ellas recogidas, formalizadas e institucionalizadas en la referida Ley de Normas Mínimas.[9]

El margen normativo que permitió el funcionamiento de este sistema penitenciario fue la Ley que establece las Normas mínimas sobre readaptación social de sentenciados, misma que fue derogada en 2016 y cuya organización se describió de la siguiente forma en el artículo 2, "El sistema penal se organizará sobre la

---

9 Cuellar, Angélica, Ugalde A. *et al.*," Derechos Humanos y ejecución penal en el nuevo sistema de justicia en México", Revista Acta Sociológica, número 72, 2017, p. 220. http://www.revistas.unam.mx/index.php/ras/article/view/58976/52073

base del trabajo, la capacitación para el mismo y la educación como medios para la readaptación social del delincuente". [10]

Retomando el rubro del trabajo como base del sistema penitenciario, la misma ley en el artículo 10, señalaba:

> La asignación de los internos al trabajo se hará tomando en cuenta los deseos, la vocación, las aptitudes, tratándose de internas, en su caso, el estado de gravidez, la capacitación laboral para el trabajo en libertad y el tratamiento de aquéllos, así como las posibilidades del reclusorio. [11]

Más allá de que en esencia esta ley consideraba una idea mucho más novedosa y garantista para las personas privadas de la libertad, la realidad es que éstas aún no se encontraban visualizadas como personas, si no como objetos de estudio y tratamiento que debían colocarse dentro de una actividad laboral, pero sin dimensionar los efectos de esta o lo sucesivo al cumplimiento de la pena, es decir, el momento en que las personas privadas de la libertad se encontrarán nuevamente frente al reto de vivir en sociedad.

Como se ha comentado anteriormente la ley de normas mínimas fue derogada en el año 2016, dando paso a la entrada en vigor de la Ley Nacional de Ejecución Penal, de la cual, se ha dado ya un breve preámbulo, para abordarla más a fondo es preciso dirigirnos a la tercera gran época en el sistema penitenciario, la cual, se establece bajo la óptica de la *reinserción social*.

En el año 2008 se llevó a cabo unas de las más grandes reformas en nuestros Sistema Penal, la denominada Reforma en materia de Seguridad e Impartición de Justicia, uno de los objetivos planteados en esta reforma se refirió así:

---

10 Congreso de la Unión, Ley que establece las normas mínimas sobre readaptación social de los sentenciado, articulo 2, Ley derogada en 2016. https://www.diputados.gob.mx/LeyesBiblio/abro/lnmrss/LNMRSS_abro.pdf

11 Ibidem, artículo 10.

> Los objetivos son ajustar el sistema a los principios de un estado democrático de derecho, cómo defender las garantías de víctimas y acusados y la imparcialidad en los juicios, así como implantar prácticas más eficaces contra la delincuencia organizada y en el funcionamiento de las cárceles. Asimismo, adaptar las leyes penales a compromisos internacionales de México. [12]

De tal forma que las cárceles fueron un tema central dentro de los objetivos de esta reforma, lo anterior en consideración a que la ciudadanía no solo se encontraba en un punto de desconfianza total frente a la eficiencia del sistema penal, sino además que las prisiones se encontraban colapsadas y teniendo un deficiente funcionamiento bajo una fuerte crisis de violaciones a derechos humanos.

En lo que respecta al tema, el artículo 18 constitucional fue modificado, quedando de la siguiente manera:

> El sistema penitenciario se organizará sobre la base del trabajo, la capacitación para el mismo, la educación, la salud y el deporte como medios para lograr la reinserción del sentenciado a la sociedad y procurar que no vuelva a delinquir, observando los beneficios que para él prevé la ley. Las mujeres compurgarán sus penas en lugares separados de los destinados a los hombres para tal efecto.[13]

Respecto de la modificación anterior Sarre y Manrique señalan:

> Si bien se adoptó el nuevo paradigma de la *reinserción social*, el texto constitucional aún abriga cierta remora del modelo anterior, puesto que al dejarse incólume el fragmento *"que no vuelva a delinquir"*, se sugiere indebidamente que la persona sentenciada por un delito tiene una tendencia a cometer nuevos delitos, con

---

12 Congreso de la Unión, Reforma Constitucional de Seguridad y Justicia, México, 2015, p. 1. http://biblioteca.diputados.gob.mx/janium/bv/hcd/lx/refcons_segjus_gc.pdf

13 Constitución Política de los Estado Unidos Mexicanos, Congreso de la Unión, art. 18, publicado en Diario Oficial de la Federación el 18 de junio de 2008. https://www.diputados.gob.mx/LeyesBiblio/ref/dof/CPEUM_ref_180_18jun08.pdf

> lo que se contradicen, además, los principios constitucionales de no discriminación, *non bis in ídem* y la prohibición de marcas. [14]

En 2011 a raíz de la reforma en materia de Derecho Humanos, nuevamente el artículo 18 constitucional sufre una modificación, quedando de la siguiente manera:

> El sistema penitenciario se organizará sobre la base del respeto a los derechos humanos, del trabajo, la capacitación para el mismo, la educación, la salud y el deporte como medios para lograr la reinserción del sentenciado a la sociedad y procurar que no vuelva a delinquir, observando los beneficios que para él prevé la ley. Las mujeres compurgarán sus penas en lugares separados de los destinados a los hombres para tal efecto.[15]

Esta nueva reforma adiciona un estándar de carácter internacional, es decir, que el sistema penitenciario debía ser garante y respetuoso de los derechos humanos, visibilizando así a las personas privadas de la libertad, justamente con su calidad de personas, cuyos derechos deben materializarse independientemente de que algunos se encuentren limitados por su propia condición jurídico-penal, sin embargo, debe analizarse si esta adición tiene un efecto real en el funcionamiento y manejo de los centros penitenciarios o es solamente una adición político-internacional.

Una vez sentado el precedente del modelo penitenciario actual, se abordarán conceptos relevantes al respecto:

> Ontiveros señala que se denomina penitenciarismo o penitenciario, al conjunto de normas jurídicas que regulan la ejecución de la pena y las medidas de seguridad. Esto significa que nos ubicamos en la última fase del sistema penal, una vez que el

---

14 Sarre, Miguel y Manrique, Gerardo, Sistema de justicia de ejecución penal… *op. cit.*, p. 152.

15 Constitución Política de los Estado Unidos Mexicanos, Congreso de la Unión, art. 18, publicado en Diario Oficial de la Federación el 10 de junio de 2011. https://www.diputados.gob.mx/LeyesBiblio/pdf/CPEUM.pdf

> juzgador ha individualizado la consecuencia jurídica y ésta se le ha impuesto a la persona-sea física o jurídica- sentenciada. [16]

La Ley Nacional de Ejecución Penal define al sistema penitenciario como:

> Al conjunto de normas jurídicas y de instituciones del Estado que tiene por objeto la supervisión de la prisión preventiva y la ejecución de sanciones penales, así como de las medidas de seguridad derivadas de una sentencia, el cual está organizado sobre la base del respeto de los derechos humanos, del trabajo, la capacitación para el mismo, la educación, la salud y el deporte como medios para lograr la reinserción de la persona sentenciada a la sociedad y procurar que no vuelva a delinquir. [17]

Es innegable el hecho de que en México ha existido una evolución al menos normativa respecto del sistema penitenciario, García Ramírez señala que "hemos creado un sistema penal que es el reflejo de lo que somos, y aspiramos a crear otro -sobre las ruinas de éste o desde sus cimientos- que sea la insignia de lo que pretendemos"[18], cabría preguntarse entonces ¿realmente hemos transitado de la idea de la regeneración y readaptación al modelo de reinserción más allá del contenido de la norma? O, ¿continua el sistema penitenciario y las personas privadas de la libertad siendo un tema pendiente, generador de costos humanos?

---

16 Ontiveros Alonso, Miguel, *Derecho penal. Parte general…op.cit.* p. 462.

17 Ley Nacional de ejecución penal, Congreso de la Unión, Publicado en el DOF 16-06-2016. art. 3. http://www.diputados.gob.mx/LeyesBiblio/pdf/LNEP_090518.pdf

18 García Ramírez, Sergio, *"Crimen y prisión en el nuevo milenio"*, Instituto de Investigaciones Jurídicas, UNAM, 2003. https://revistas.juridicas.unam.mx/index.php/derecho-comparado/article/view/3796/4710

II. ESTÁNDARES INTERNACIONALES EN MATERIA PENITENCIARIA SUSCRITOS POR EL ESTADO MEXICANO

México a nivel internacional ha suscrito algunas normas que contienen estándares respecto del funcionamiento del sistema penitenciario, las personas privadas de la libertad y los derechos humanos que deben garantizarse dentro de él. "Los estándares basados en el derecho internacional de los derechos humanos, en consecuencia, fijan una orientación general, en ocasiones una meta a alcanzar, pero no dictan las políticas públicas concretas que deben implementarse en cada caso".[19]

Algunas de las normas más relevantes suscritas por México en materia penitenciaria son las que se enuncian en la tabla siguiente:

Tabla 1. Instrumentos Internacionales para el funcionamiento de los Centros Penitenciarios

Instrumento internacional	**Artículos relacionados a los centros penitenciarios o personas privadas de la libertad**
Declaración universal de los derechos humanos	Artículos 2°, 3°, 4°, 5°, 7°, 9°, 10, 11, 17, 18, 19, 21, 23, 25 y 26
Pacto internacional de los derechos civiles y políticos	Artículos 9°,10° y 14
Pacto internacional de derechos económicos, sociales y culturales	Artículo 7°,12 y 13
Reglas mínimas para el tratamiento de los reclusos (Reglas de Tokio)	En su totalidad las 23 reglas contenidas están dirigidas a los centros penitenciarios y a las medidas de tratamiento que no son privativas de la libertad.

19 Organización Internacional para las Migraciones, "Los estándares internacionales en materia de derechos humanos y políticas migratorias", Caracas, Venezuela, 2007, p.3. https://www.acnur.org/fileadmin/Documentos/BDL/2007/5577.pdf?view

Reglas mínimas de las Naciones Unidas para el Tratamiento de los Reclusos (Reglas Nelson Mandela)	En su totalidad las 122 reglas contenidas están dirigidas al funcionamiento de los centros penitenciarios y los derechos de las personas privadas de la libertad.
Reglas de las Naciones Unidas para el tratamiento de las reclusas y medidas no privativas de la libertad para las mujeres delincuentes (Reglas de Bangkok)	Cuentan con un total de 70 reglas dirigidas a quienes operan el sistema penitenciario con el fin de observar alternativas al encarcelamiento de las mujeres que han cometido delitos, además de proponer la observancia de un enfoque diferenciado que atienda las necesidades de estas mujeres.
Reglas mínimas de las naciones unidas para la administración de la justicia de menores	Con una totalidad de 30 reglas se busca orientar a los Estados parte a generar un sistema de justicia para menores que permita su desarrollo y bienestar, además de considerar la justicia para menores un rubro de mínima intervención solo cuando no exista otra alternativa.
Convención sobre los derechos del niño	Artículo 3°,19,20,37 y 40

Fuente: Elaboración propia a partir de las normas citadas.

En lo que respecta a la Declaración Universal de los Derechos Humanos, algunos de los temas que aborda en relación con el sistema penitenciario, son el reconocimiento de derechos como la vida, la igualdad y la seguridad sin distinción,[20] los cuales, guardan cierta relación con los principios del derecho penal sobre la centralidad de la persona y la más amplia protección de esta. Además, esta normativa establece la prohibición de situaciones de esclavitud en cualquiera de sus modalidades, así como la prohibición del uso de tortura o tratos crueles en contra de cualquier persona,[21] inclusive de aquellas que se encuentran

[20] Declaración universal de los derechos humanos, Organización de Naciones Unidas, arts. 3° y 7°. Paris, 10 de diciembre de 1948. https://www.un.org/es/about-us/universal-declaration-of-human-rights

[21] Ibidem, arts. 4°y 5°.

dentro de un centro penitenciario, esto en apego al respeto y garantía de los derechos humanos y la dignidad de la persona.

Por otra parte, dentro de esta normativa se contemplan dos aspectos esenciales del sistema de justicia penal, el primero de ellos respecto de la prohibición de detenciones arbitrarias y el segundo sobre el respeto al derecho de presunción de inocencia de toda persona frente al proceso penal.[22]

Ahora bien, sobre el Pacto Internacional de los Derechos Civiles y Políticos, el artículo 9 establece las reglas bajo las cuales una persona puede ser detenida, el respeto a su presunción de inocencia y a la dignidad humana, además del derecho al debido proceso y la reparación en caso de detenciones arbitrarias o ilegales. [23] Sobre el numeral 10, éste contempla uno de los fines esenciales y razón de ser de un sistema penitenciario, puesto que señala que:

> El régimen penitenciario consistirá en un tratamiento cuya finalidad esencial será la reforma y la readaptación social de los penados. Los menores delincuentes estarán separados de los adultos y serán sometidos a un tratamiento adecuado a su edad y condición jurídica.[24]

Si bien, en este artículo se contempla que el sistema penitenciario debe tener por objetivo generar un cambio en la persona privada de la libertad, ya sea adolescente o adulto, el término "readaptación", en el sistema penitenciario mexicano fue eliminado a raíz de la última reforma en la materia, ya que se ha considerado necesaria la transición de un sistema que observaba a la persona que comete un delito como una "persona inadapta-

---

[22] Declaración universal, Organización de Naciones Unidas... *op.cit.*, arts. 9°y 11.

[23] Pacto Internacional de derecho civiles y políticos, Organización de Naciones Unidas, art. 9°, 23 de marzo de 1976, disponible en https://www.ohchr.org/es/instruments-mechanisms/instruments/international-covenant-civil-and-political-rights

[24] Ibidem, artículo 10°.

da" a un sistema penitenciario basado en la reinserción social, es decir, un sistema que busca dotar de herramientas a la persona privada de la libertad para que una vez cumplida la pena ésta pueda integrarse nuevamente a la sociedad o comunidad sin reincidir y con la capacidad de desenvolverse dentro de ella.

Por otra parte, el artículo 14, reconoce aquellos derechos que deben ser garantizados dentro del proceso penal, tales como el recibir información que le permita al procesado comprender su situación jurídica, a una defensa adecuada, a un juicio pronto, a un intérprete, a que en el caso de adolescentes se tome en cuenta su calidad de menor, a recibir una resolución judicial sobre su situación jurídica, a la reparación en caso de condenas erradas y la imposibilidad de ser juzgado dos veces por el mismo delito. [25]

El Pacto Internacional de Derechos Económicos, Sociales y Culturales, si bien no hace referencia específicamente al sistema penitenciario, guarda una estrecha relación con el plan de actividades y los derechos de la persona privada de la libertad; la relación radica en que dicho pacto señala derechos esenciales como el de acceso a la educación, la salud, las condiciones de trabajo, la protección durante y después de la maternidad y la protección de los menores,[26] con base en lo anterior debe señalarse que la observancia de estos derechos es necesaria para lograr que el plan de actividades, así como el tiempo que dure la pena cumpla con su función de reinserción social, además de generar condiciones de respeto a los derechos humanos de las personas privadas de la libertad.

En lo que refiere a las Reglas mínimas de Naciones Unidas sobre las medidas no privativas de la libertad también conocidas como Reglas de Tokio, fueron adoptadas en 1990, éstas seña-

---

25 Pacto internacional de derechos civiles…*op.cit.,* art.14.

26 Pacto internacional de los derecho económicos, sociales y culturales, Organización de las Naciones Unidad, 3 de enero de 1976. https://www.ohchr.org/es/instruments-mechanisms/instruments/international-covenant-economic-social-and-cultural-rights

lan que tienen entre sus objetivos fundamentales "promover la aplicación de medidas no privativas de la libertad, así como salvaguardias mínimas para las personas a quienes se aplican medidas sustitutivas de la prisión".[27] Lo anterior significa que las reglas de Tokio, están dirigidas para medidas distintas de la prisión preventiva o de la privación de la libertad como pena, por ello se señala en la regla 2.3 lo siguiente:

> A fin de asegurar una mayor flexibilidad, compatible con el tipo y la gravedad del delito, la personalidad y los antecedentes del delincuente y la protección de la sociedad, y evitar la aplicación innecesaria de la pena de prisión, el sistema de justicia penal establecerá una amplia serie de medidas no privativas de la libertad, desde la fase anterior al juicio hasta la fase posterior a la sentencia. El número y el tipo de las medidas no privativas de la libertad disponibles deben estar determinados de manera tal que sea posible fijar de manera coherente las penas.[28]

Lo anterior significa que deberán ponderarse las medidas que no priven de la libertad a la persona que ha cometido el delito sobre las que si lo hacen tomando en consideración los elementos específicos de cada caso, lo cual, como estándar internacional resulta en contraposición del uso indiscriminado de la prisión preventiva como medida cautelar en el sistema penal mexicano y el aumento al catálogo de delitos que la ameritan de manera oficiosa puesto que como señala en la regla 6 debe considerarse, "la prisión preventiva como último recurso".[29] Giacomello señala sobre el uso de la privación de la libertad:

---

[27] Reglas mínimas de Naciones Unidas sobre las medidas no privativas de la libertad, Organización de Naciones Unidas, regla 1.1, diciembre de 1990, https://www.ohchr.org/es/instruments-mechanisms/instruments/united-nations-standard-minimum-rules-non-custodial-measures

[28] Ibidem, regla 2.3.

[29] Reglas mínimas sobre medidas, Organización de Naciones Unida... *op.cit.*, regla 6.

> La privación de la libertad es la forma más aflictiva de la aplicación del derecho penal y causa de sufrimiento para la persona que se encuentra interna, así como para sus familiares. Por ello, su uso debe limitarse lo más posible, particularmente en fase preventiva y, en los casos donde se aplica debe garantizarse que las condiciones de detención no sean aflictivas ni se traduzcan en penas adicionales. Sin embargo, la privación de la libertad se mantiene como la reacción más común del Estado frente a las personas acusadas o encontradas culpables de la comisión de un delito.[30]

Lo anterior, permite plantearnos sí; ¿el Estado Mexicano ha empelado como instrumentación de poder político la prisión?, de tal forma, que se ha podido desenfocar dentro de la política publica actual que los sistemas penitenciarios deben garantizar procesos efectivos de reinserción, a la vez de ser instancias que permitan a la sociedad recuperar el sentido de seguridad coadyuvando así a la reestructuración del tejido social que se ha visto dañado por el delito.

III. LA EJECUCIÓN PENAL EN EL SISTEMA JURÍDICO MEXICANO

El Derecho de ejecución penal —propio de un sistema con reglas de debido proceso— sustituye al derecho penitenciario, asociado a la idea de la regeneración social y de la readaptación social; es decir, de regenerar o readaptar, como si se tratara de un hospital.[31] o al menos esa es la idea con que surge el concepto de reinserción social.

---

30 Giacomello Corina, "La ejecución penal desde la perspectiva de género", en Vela B. Estefanía (comp.), Manual para juzgar con perspectiva de género en materia penal, México, Suprema Corte de Justicia de la Nación, 2021, pp. 309-380. https://www.scjn.gob.mx/derechos-humanos/sites/default/files/Publicaciones/archivos/2021-11/V_Manual%20para%20juzgar%20con%20perspectiva%20de%20ge%CC%81nero%20en%20materia%20penal_2_0.pdf.

31 Sarre, Miguel. Manrique, Gerardo, *et. al.,* El ABC del nuevo sistema de justicia de ejecución penal en México, Instituto Nacional de Ciencias

La ejecución penal, anteriormente se consideraba un elemento más del proceso penal, actualmente, con la existencia de la Ley Nacional de Ejecución Penal se contempla el tema como apartado distinto, es decir, el derecho de ejecución penal, el cual, cuenta con una normatividad propia, que regula la aplicación de las penas considerando una serie de factores desde una óptica del derecho internacional y la protección a los derechos fundamentales.

> El Derecho de ejecución penal surgió con base en la reforma constitucional de 2008 en el marco del Nuevo Sistema de Justicia Penal e instrumentado por la Ley Nacional de Ejecución Penal, en vigor desde 2016. Esta normativa introdujo procedimientos judiciales para resolver las controversias en la prisión. Por lo tanto, se trata de una nueva rama del derecho que, siguiendo la analogía del sidecar, posee su vehículo independiente, ocupa un carril exclusivo y cuyo movimiento ya no depende de la motocicleta.[32]

Si bien es cierto que la ejecución penal hoy en día es un tema que tiene una relevancia propia, esto no significa que su adecuado funcionamiento se dé por sí solo, dado que para llegar a la ejecución penal y que ésta tenga como base una adecuada fundamentación y justificación deberá ser el proceso penal a la vez un garante de legalidad y eficiencia en cuanto al esclarecimiento de los hechos y la debida apreciación de las pruebas presentadas, solo así la ejecución penal podrá atender la totalidad de circunstancias de cada caso y de esta forma individualizar la pena.

Al respecto de los cambios del sistema de justicia en México, Cuellar señala:

> El garantismo que enarbola el sistema acusatorio oral se concreta en una serie de prácticas encaminadas a subsanar y proteger a la víctima y considerar la presunción de inocencia del imputa-

---

Penales, México, 2018. pp.8-9. https://bibliotecadigital.fiscaliamichoacan.gob.mx/Libros/ABC%20del%20Nuevo%20Sistema%20de%20Justicia%20Penal%20en%20Mexico.pdf

32 Ibidem, p.9

> do. Los operadores jurídicos vigilarán la correspondiente reparación del daño a la víctima. Por otro lado, el juez de ejecución deberá vigilar y proteger el debido proceso al imputado que tuvo una sentencia condenatoria, o bien, que se encuentra en prisión preventiva mientras se ventila su proceso. Entonces se puede observar cómo en el nuevo sistema de justicia penal el proceso, las prácticas y los roles van encaminados a salvaguardar la integridad de las personas. El garantismo se propone como el principio que regula la dinámica dentro de este nuevo sistema.[33]

Sin embargo, el sistema sigue conteniendo en sí muchos de los vicios anteriores, ejemplo de ello la revictimización como resultado de la violencia institucional que refleja las fallas estructurales[34] o las deficiencias en cuanto a los servicios proporcionados a las personas privadas de la libertar.

La ejecución penal desde una primera concepción trata de un "conjunto de actos que tienden a dar cumplimiento a los pronunciamientos contenidos en los fallos o parte dispositiva de las resoluciones judiciales ejecutables recaídas en un proceso penal"[35] El derecho de ejecución penal trastoca un derecho esencial del ser humano, la libertad, por tanto, la privación de ésta supone un tema que debe ser abordado desde ópticas muy particulares.

Entonces, hablar de la ejecución de penas en un estado democrático en el que la privación de la libertad es utilizada, debe realizarse como se menciona en el capítulo anterior desde un derecho penal de *ultima ratio,* lo que significaría dejar detrás la idea inquisitiva

---

33 Cuellar V, Angélica, López U. Antonio, *et. al.,* "Derechos Humanos y ejecución penal...*op.cit.,* pp. 205-230.

34 Bezanilla José M. et al..., Violaciones graves a derechos humanos: violencia institucional y revictimización, p.1. https://www.uv.mx/rmipe/files/2016/08/Violaciones-graves-a-derechos-humanos-violencia-institucional-y-revictimizacion.pdf

35 RAE, ejecución penal, 2020, https://dpej.rae.es/lema/ejecuci%C3%B3n-penal

de la venganza y el exilio social para transitar hacia un sistema de ejecución de penas con fines mayores y distintos al castigo.

Dentro del DEP existen sujetos específicos para su funcionamiento; los jueces de ejecución, las autoridades administrativas y las personas privadas de la libertad.[36] El artículo tercero de la LNEP define al juez de ejecución como "la autoridad judicial especializada del fuero federal o local, competente para resolver las controversias en materia de ejecución penal, así como aquellas atribuciones que prevé la presente ley". [37]

En lo que respecta al juez de ejecución, es en esencia, el encargado de crear el vínculo entre el DEP y la PPL por medio de la imposición de la pena y la verificación de su cumplimiento, sobre el tema Sarre señala:

> La garantía judicial ordinaria sobre la gestión del sistema de ejecución penal se sustenta en la interpretación conjunta de los artículos 21, tercer párrafo y 89, fracción XII, de la CPEUM. Por un lado, la primera de estas normas establece que "La imposición de las penas, su modificación y duración son propias y exclusivas de la autoridad judicial". Por otro lado, la segunda coloca a las autoridades administrativas como auxiliares de los órganos judiciales en el cumplimiento de sus determinaciones. [38]

La figura del juez de ejecución toma gran relevancia si se toma en consideración que previo a la existencia del derecho de

---

36 Autoridad Penitenciaria: A la autoridad administrativa que depende del Poder Ejecutivo Federal o de los poderes ejecutivos de las entidades federativas encargada de operar el Sistema Penitenciario. Persona privada de su libertad: A la persona procesada o sentenciada que se encuentre en un Centro Penitenciario

37 Ley Nacional de Ejecución Penal, Congreso de la Unión, publicado en el DOF 16-06-2016, art. 3. http://www.diputados.gob.mx/LeyesBiblio/pdf/LNEP_090518.pdf

38 Sarre, Miguel y Manrique, Gerardo, Sistema de justicia de ejecución penal. Sujetos procesales entorno a la prisión en México, México, Editorial Tirant Lo Blanch, 2018, p. 65.

ejecución penal, el destino del centro penitenciario y por tanto de las personas privadas de la libertad dependía de la autoridad penitenciario, en este caso del director, lo que resultaba un monopolio del poder penitenciario con el escenario perfecto para la corrupción y preservación de actos violentos contra los internos.

De acuerdo con LNEP, dentro de las funciones que realice el juez de ejecución deberá observar algunos preceptos,[39] en primer momento deberá garantizar a las personas privadas de la libertad el pleno ejercicio de sus derechos acorde tanto a las leyes nacionales como a los estándares internacionales, además de garantizarles una defensa adecuada y la ejecución de la sentencia condenatoria con apego a la normatividad vigente; además deberá decretar las medidas de seguridad o custodia de cualquier persona privada de la libertad que por su condición de salud requiriera algún trato diferenciado o especial en razón de que su salud o vida se encuentra en riesgo y por último un aspecto importante es que el juez de ejecución es el encargado de decretar las modalidades de supervisión de cualquier persona que haya obtenido algún tipo de beneficio; por tanto también estará obligado dentro de su observancia de la ley a aplicar aquella que resulte más favorable para la persona privada de la libertad.

Tal es la relevancia del juez de ejecución respecto del sistema penitenciario que de acuerdo con la LNEP en el artículo 116[40] se determinan aquellas controversias sobre las cuales podrá resolver, entre las cuales se encuentran:

- Las condiciones de internamiento,
- El plan de actividades de la persona privada de la libertad, así como cualquier tema relacionado con este, tales como vulneraciones a derechos humanos,

---

39 Ley Nacional de ejecución Penal... *op.cit.,* art. 25.

40 Ibidem, art. 116.

- Sobre los derechos de cualquier persona que haya solicitado el ingreso a un centro penitenciario, tales como defensores privados, observadores, defensores de derechos humanos, entre otros y
- La duración, modificación o extinción tanto de las penas como de las medidas de seguridad.

El derecho de ejecución penal encuentra su materialización en dos momentos, el primero de ellos en la emisión del fallo condenatorio que trae por ende la individualización de la pena acorde a las circunstancias y en segundo momento en la ejecución de la pena, es decir, el momento de internamiento de la persona privada de la libertad dentro del centro penitenciario, en ambos momentos la dignificación de la persona resulta de suma importancia.

De tal forma, que el sistema penitenciario actualmente en México, puede decirse a grandes rasgos cuenta con una estructura normativa e institucional claramente delimitada tanto en sus funciones como en su esfera de aplicación, sin embargo, poder hablar de un derecho de ejecución penal consolidado y de un sistema penitenciario efectivo, requiere mucho más que un marco normativo.

Es imperante observar al fenómeno delictivo desde sus causas hasta sus efectos, a las personas inmersas desde el antes hasta el después del delito, a las víctimas más allá de ser simples testigos de hechos, a las personas privadas de la libertad más allá del estigma y a la sociedad desde su necesidad de reconstruirse en medio del contexto violento que hoy nos envuelve.

IV. CONCLUSIONES

Derivado del análisis de la evolución del sistema penitenciario mexicano a la luz de la normatividad nacional e internacional, se pueden establecer las siguientes conclusiones:

Primera.-El sistema penitenciario mexicano ha transitado durante cien años de la idea de la *regeneración* a la *reinserción social*, en búsqueda de la eliminación de ideologías que fortalezcan la segregación de las personas privadas de la libertad, sin embargo, debe considerarse que, si bien este cambio ha fortalecido la evolución normativa, la efectividad de ésta no se genera por si sola.

Segunda.- En materia penitenciaria en México puede hablarse de una evolución normativa, no solo de forma interna sino también en la adhesión a estándares internacionales que establecen los criterios mínimos para generar un trato digno hacia las personas privadas de la libertad, sin embargo, la *centralidad de la persona*, es aún una idea lejana que pueda establecerse de forma profunda como eje central de la reinserción social.

Tercera.- A nivel internacional, se ha establecido que la prisión debe ser la última forma en la que el Estado de respuesta al delito, sin embargo, México se ha caracterizado sobre todo en los últimos años, por el aumento en delitos que ameritan prisión preventiva de manera oficiosa, el aumento significativo en las medias aritméticas de las penas y el uso desmedido del castigo por parte del estado.

Cuarta.- El endurecimiento de las penas, y la falta de prisiones dignas contraviene el principio de reinserción social, el cual es el eje central del sistema penitenciario, puesto que no brinda las herramientas para permitir que la persona que cumpla con la pena pueda regresar a la sociedad en condiciones de no discriminación y segregación.

Quinta.- Si bien, la existencia de la Ley Nacional de Ejecución Penal, es el preámbulo para la especialización del derecho de ejecución en México, materializarla requiere algo más que el texto enunciativo, debe trabajarse en la coordinación institucional, prever que los ejes que integran el plan de actividades sean efectivos y focalizados a las necesidades de la persona privada de la libertad y sobre todo estructurar a nivel social, institucional, cultural y educativo, la idea de la reinserción como medio de fortalecimiento de la sociedad y del estado de derecho.

Finalmente, el sistema penitenciario en México, requiere ser observado con voluntad política, es decir, no solo legislar en la materia para generar un sistema garantista de derechos humanos, sino observar las causas subyacentes del delito, las formas en que este puede prevenirse, además de promover la participación social en estos espacios, con el fin de fortalecer la reinserción de manera efectiva, de tal forma que la observación de estos factores permita generar políticas públicas efectivas en materia de seguridad y derechos humanos.

V. REFERENCIAS

BEZANILLA José M. *et al*..., Violaciones graves a derechos humanos: violencia institucional y revictimización. https://www.uv.mx/rmipe/files/2016/08/Violaciones-graves-a-derechos-humanos-violencia-institucional-y-revictimizacion.pdf

Código penal federal, publicado en Diario Oficial de la Federación el 14 de agosto de 1931, https://www.diputados.gob.mx/LeyesBiblio/ref/cpf/CPF_orig_14ago31_ima.pdf

Congreso de la Unión, Diario de los debates del Congreso Constituyente, Convocatoria al IV Congreso Constituyente, México, 12 de diciembre de 1914. https://www.diputados.gob.mx/LeyesBiblio/ref/cpeum/DD_Constituyente.pdf

GIACOMELLO Corina, "La ejecución penal desde la perspectiva de género", en Vela B. Estefanía (comp.), Manual para juzgar con perspectiva de género en materia penal, México, Suprema Corte de Justicia de la Nación, 2021. https://www.scjn.gob.mx/derechos-humanos/sites/default/files/Publicaciones/archivos/2021-11/V_Manual%20para%20juzgar%20con%20perspectiva%20de%20ge%CC%81nero%20en%20materia%20penal_2_0.pdf

CUELLAR, Angélica, Ugalde A. *et al.*," Derechos Humanos y ejecución penal en el nuevo sistema de justicia en México", Revista Acta Sociológica, número 72, 2017. http://www.revistas.unam.mx/index.php/ras/article/view/58976/52073

GARCÍA Ramírez, Sergio, *"Crimen y prisión en el nuevo milenio"*, Instituto de Investigaciones Jurídicas, UNAM, 2003. https://revistas.juridicas.unam.mx/index.php/derecho-comparado/article/view/3796/4710

GARCÍA, Ramírez, Sergio, "El sistema penitenciario, siglos XIX y XX", Boletín Mexicano de Derecho comparado, México, Número 95, ISNN 2448-4873. https://revistas.juridicas.unam.mx/index.php/derecho-comparado/article/view/3589/4324

ONTIVEROS Alonso, Miguel, *Derecho penal. Parte general*, México, D.F.: Instituto Nacional de Ciencias Penales, Editorial Ubijus, Fundación Alexander Von Humboldt, 2017.

Organización Internacional para las Migraciones, "Los estándares internacionales en materia de derechos humanos y políticas migratorias", Caracas, Venezuela, 2007. https://www.acnur.org/fileadmin/Documentos/BDL/2007/5577.pdf?view

RAE, ejecución penal, 2020, https://dpej.rae.es/lema/ejecuci%C3%B3n-penal

SARRE, Miguel y Manrique, Gerardo, Sistema de justicia de ejecución penal. Sujetos procesales entorno a la prisión en México, México, Editorial Tirant Lo Blanch, 2018.

SARRE, Miguel. Manrique, Gerardo, *et. al.*, El ABC del nuevo sistema de justicia de ejecución penal en México, Instituto Nacional de Ciencias Penales, México, 2018. https://bibliotecadigital.fiscaliamichoacan.gob.mx/Libros/ABC%20del%20Nuevo%20Sistema%20de%20Justicia%20Penal%20en%20Mexico.pdf

Legislación

Congreso de la Unión, Ley que establece las normas mínimas sobre readaptación social de los sentenciado, articulo 2, Ley derogada en 2016. https://www.diputados.gob.mx/LeyesBiblio/abro/lnmrss/LNMRSS_abro.pdf

Congreso de la Unión, Reforma Constitucional de Seguridad y Justicia, México, 2015. http://biblioteca.diputados.gob.mx/janium/bv/hcd/lx/refcons_segjus_gc.pdf

Constitución Política de los Estado Unidos Mexicanos, Congreso de la Unión, art. 18, publicado en Diario Oficial de la Federación el 18 de junio de 2008. https://www.diputados.gob.mx/LeyesBiblio/ref/dof/CPEUM_ref_180_18jun08.pdf

Constitución Política de los Estado Unidos Mexicanos, Congreso de la Unión, art. 18, publicado en Diario Oficial de la Federación el 10 de junio de 2011. https://www.diputados.gob.mx/LeyesBiblio/pdf/CPEUM.pdf

Constitución Política de los Estados Unidos Mexicanos, Diario Oficial de la Federación el 23 de febrero de 1965. Art. 18. https://www.scjn.gob.mx/sites/default/files/cpeum/documento/2017-03/CPEUM-018.pdf

Declaración universal de los derechos humanos, Organización de Naciones Unidas, arts. 3° y 7°. Paris, 10 de diciembre de 1948. https://www.un.org/es/about-us/universal-declaration-of-human-rights

Ley Nacional de ejecución penal, Congreso de la Unión, Publicado en el DOF 16-06-2016.

Pacto Internacional de derecho civiles y políticos, Organización de Naciones Unidas, 23 de marzo de 1976. https://www.ohchr.org/es/instruments-mechanisms/instruments/international-covenant-civil-and-political-rights

Pacto internacional de los derecho económicos, sociales y culturales, Organización de las Naciones Unidas, 3 de enero de 1976. https://www.ohchr.org/es/instruments-mechanisms/instruments/international-covenant-economic-social-and-cultural-rights

Reglas mínimas de Naciones Unidas sobre las medidas no privativas de la libertad, Organización de Naciones Unidas, diciembre de 1990, https://www.ohchr.org/es/instruments-mechanisms/instruments/united-nations-standard-minimum-rules-non-custodial-measures